书山有路勤为径，优质资源伴你行
注册世纪波学院会员，享精品图书增值服务

Easy Selling专业销售方法论系列丛书

B2B销售流程与实战方法

易斌 · 著

销售精英的业绩增长秘籍

電子工業出版社

Publishing House of Electronics Industry

北京·BEIJING

图书在版编目（CIP）数据

B2B销售流程与实战方法：销售精英的业绩增长秘籍/易斌著. —北京：电子工业出版社，2023.11

（Easy Selling专业销售方法论系列丛书）

ISBN 978-7-121-46595-6

Ⅰ.①B… Ⅱ.①易… Ⅲ.①电子商务—网络营销 Ⅳ.①F713.365.2

中国国家版本馆CIP数据核字（2023）第210338号

责任编辑：吴亚芬　　特约编辑：王　璐
印　　刷：北京七彩京通数码快印有限公司
装　　订：北京七彩京通数码快印有限公司
出版发行：电子工业出版社
　　　　　北京市海淀区万寿路173信箱　　邮编100036
开　　本：720×1000　1/16　印张：19.5　字数：312千字
版　　次：2023年11月第1版
印　　次：2025年8月第7次印刷
定　　价：98.00元

凡所购买电子工业出版社图书有缺损问题，请向购买书店调换。若书店售缺，请与本社发行部联系，联系及邮购电话：（010）88254888，88258888。

质量投诉请发邮件至zlts@phei.com.cn，盗版侵权举报请发邮件至dbqq@phei.com.cn。

本书咨询联系方式：（010）88254199，sjb@phei.com.cn。

记得在《大客户营销增长策略》一书中，我们聚焦企业组织在销售方法应用及营销管理体系建设中遇到的困难与挑战，陈述我们的专业态度与思想见解。该书中的55篇文章就是55个突破业绩增长瓶颈的策略。而本书的定位与之不同，本书更多的是在完整地阐述B2B销售流程设计与高效执行方法，旨在为B2B销售型企业和销售从业者提供一套实用、可复制、可迭代的专业销售方法体系，帮助大家在企业销售团队内部形成统一的销售作战语言与行为标准。

现在市面上关于"大客户营销"主题的图书举目可见，那么本书的独特性与价值主张是什么呢？

基于"专业销售方法论"的定位，本书具有以下几个鲜明特色。

第一，源于实践又高于实践。本书并不局限于对某个人或某个企业销售经验的总结，而是建立在对众多标杆企业和销售精英的成功实践进行研究的成果基础之上。近十年来，我们用调研访谈、随访观察、经验萃取、陪伴式落地辅导服务等方式，收集了上万名B2B销售精英人士的行为数据与事实，并从中提炼出销售成功所倚重的工作原则、流程和方法。

第二，具有应用的普适性。本书不是只适用于某个行业或某个企业，而是能与不同的行业及不同企业的营销场景进行很好的连接，实现从通用版本到定制版本的快速转化。事实上,我们已经将本书中的方法论体系在设备、工程、软件、AI、医疗、化工、零部件、物流、金融、ODM[1]、地产等50多个细分行业,进行了深度和成功的应用。我们服务过的客户既有《财富》世界500强企业和中国本土的标杆企业,也有快速发展中的中小型民营企业。

第三,使读者知其然,也知其所以然。我强调,比销售工具更重要的是工具背后的"武林秘籍"。秘籍就是销售心理学,就是销售行为动机。尽管在本书的方法体系中不乏精妙的销售辅助工具,但本书并不追求在工具数量上的简单堆砌,而是希望能够引导读者洞察其原理,从而举一反三,融会贯通。

因此,本书既不属于聚焦解析IBM或华为等标杆企业营销实践的"写实派",也区别于用讲故事或编小说的方式来呈现销售实践的"演绎派"。或者说,我们把B2B销售工作当成一门组织行为科学来研究。成功都是有规律可循的,把直觉和经验上升为一种可复制的方法论体系,用确定性的作战模式来应对不确定性的干扰要素,才是确保成功的关键。

当然,要构建一套既经典又易学的专业销售方法论体系,绝对不是一件轻松的事情,更不可能是"石头缝里蹦出来的猴子"或"梦中白胡子老爷爷的面授机宜",它来自以下专业探索与成功验证。

首先,我们深度研究与融合了全球主流的专业销售方法论体系智慧。毫无疑问,西方国家在现代企业管理方法上的研究成果,对中国企业而言很有借鉴意义。国内企业无须从零开始去独创一套与之完全不同的方法论体系,只需要师夷长技,把西方国家的科学方法与东方古国的文化智慧紧密融合,并在此基础上完成知识体系的升级与重构,让方法论更加通俗易懂,更具有

1　ODM,英文全称为Original Design Manufacturer,意思是原始设计制造商。

实战指导价值。

其次，作为国内为数不多的、始终专注于销售方法论研究与传播的专业机构，Easy Selling销售赋能中心拥有兼具实战经验和理论功底的销售方法论专家团队，并通过销易联盟与B2B新增长智研院等组织持续开展和标杆企业营销负责人的专业对话，在"销售绩效改进专家"订阅号中发表的销售方法论原创文章，也成为企业销售人员按需学习的最佳资源。众人拾柴火焰高，我们集合了销售精英人士的经验与智慧，让这套专业销售方法论显得更加厚重，并能与时俱进，用共创的方式进行持续升级。

再次，"教学相长"是本专业销售方法论体系形成的最重要方式。本人作为Easy Selling销售赋能中心的联合创始人兼院长，直接参与了对数百家企业客户的交付服务过程。有意思的是，我们不仅为客户提供公开课和内训的赋能培训服务，还为企业持续提供销售业绩改进主题的咨询服务，包括微咨询与深度咨询。对于销售咨询服务，有许多商业讲师不愿也不敢涉足，原因是其对专家的实战能力挑战极大，也特别耗时耗力。但我们乐此不疲，不仅是因为我们对自己的专业方法论体系足够自信，更是因为在咨询服务交付中，我们也能从客户身上学到很多东西。很多人惊讶于我们专业水平的飞速提升，其实是因为我们在近距离地与客户共同成长。

本书共9章，基本上以B2B大客户销售流程执行为主线，从客户的采购模式到销售方的销售模式，从客户需求创建到需求引导，从方案共识到成交结案，提供具体的营销理念、作战模式、营销策略、销售方法与工具。

第1章是"大客户销售工作的挑战与机遇"。在本章中，我们不仅会唤醒大家从事销售工作的初心，使大家重新认识销售工作于人于己的价值与意义，也会澄清大家对销售工作的误解与担忧。在本章中，我们会告诉大家，为什么销售工作不应该只是一份职业，而更应该是一份事业；为什么大家能够为之奋斗终生，且随着经验与资源的累积，变得"越老越值钱"。因此，本章内容要认真品鉴，不可跳过。

第2章是"客户采购模式与协同式销售流程"。销售工作有两个特点，一是跟着客户的采购流程跑，随时响应客户的召唤；二是主动带领客户跑，与客户"大手牵小手，始终不放手"，一起走向双赢，而不是被客户和竞争对手"牵着鼻子走"。本章会详细解读B2B大客户的采购行为与决策模式特征。客户各有不同，但采购行为有章可循。与客户协同的销售流程模型，就是销售工作的导航地图，用确定的打法应对不确定的结果。

第3章是"目标客户研究与采购需求分析"。痛则生变，有了改变的动机与迫切性，才会有改变的决心与行动。普通销售人员会基于需求提供方案和报价，而精英销售人员会深度探询客户采购需求背后的改变动机，从而能更全面和准确地理解客户需求，步步为"赢"地引导客户的需求。产品推销人员与销售顾问人员的本质区别就在于此。本章会给大家一双火眼金睛，使大家真正看清客户的需求，甚至做到比客户更懂客户。

第4章是"新客户开发与客户关系培育"。销售工作犹如跑马拉松，有的人起步速度不快，但后劲很足，越跑越快；有的人开跑时快步如飞，但不久后就会遭遇"撞墙"，举步维艰。两者之间的区别在于是否懂得科学的跑步方法与配速策略，这与销售工作的成败原因如出一辙。本章将一针见血地解析新客户开发与客户关系培育两者的依存关系，让大家夯实客户根基，厚积薄发，而不是因基础不牢而造成业绩不稳。

第5章是"销售机会评估与差异化竞争策略"。有了正确的目标客户和持续的价值传递行为，销售机会就会应运而生。但问题是：这个销售机会是不是真的？你的方案能力是否匹配？你有多大可能会赢？你值不值得花费精力赢得这个机会？越是复杂度高的客户采购需求，越需要销售人员展开商机的立项评估及竞争策略的制定。静如处子，动如脱兔。在正式投入营销资源之前，本章的知识技能点可以让你后续的工作方向清晰，事半功倍。

第6和第7章是"目标导向的客户拜访执行"的上、下两部分。客户拜访是销售流程执行中最高频的活动，也是时间成本最高的活动。每次拜访执行都需要客户与销售人员共同投入宝贵的时间与精力。倘若没有达成沟通共识，无异于浪费时间，还会扼杀掉下次深入沟通的可能性。因此，这两章从拜访前、拜访中、拜访后3个阶段，全方位解读销售拜访的策略与技巧，以及如何在拜访中获得客户认可，发展更多、更优质的支持者。

第8章是"双赢销售谈判与价值成交管理"。事实上，在B2B销售中没有什么特别的成交技巧与临门一脚的功夫，只有按照销售流程中的每个里程碑步骤稳步推进，才会有水到渠成的成交结果。当你坐在谈判桌旁，遇到客户提出不近人情的价格压榨时，你的应对策略是什么？有什么好的攻守战术？如何与客户实现双赢合作并守住利润空间？本章不仅会解析谈判工作的道与术，还会从价值维度让你的成交工作更有理有据，更深得人心。

第9章是"销售目标制定与销售过程管理"。作为本书的最后一章，既要能压得住轴，还要能画龙点睛，有所升华。无论是销售管理者还是销售人员，对销售目标的正确理解与分解，都是确保销售业绩持续达成与稳定增长的关键。而且，围绕业绩目标的达成路径分析，以及基于过程管理的KPI[1]设定，都极为重要。销售团队需要做好团队目标达成管理，销售人员也需要做好自我的目标达成管理。希望本章能助力销售精英提升格局，从业务高手向策略高手和管理高手的方向晋级。

最后，我们还想强调一点，本书的内容设定绝无"引流"之嫌。我们希

---

1 KPI，英文全称为Key Performance Indicator，意思是关键绩效指标。

望本书能给读者带来最大的价值，犹如我们在授课或咨询项目中对客户知无不言，言无不尽一样。此外，我们也力求本书内容能够货真价实。只是受篇幅所限，如有不足之处，欢迎指正。

祝大家Easy Selling，Easy Life（快乐销售，快乐生活）。

易　斌

目录

1

第 1 章
大客户销售工作的挑战与机遇

在大众的认知中，大客户销售工作似乎很难被准确定义，而且充满了不确定性。忙忙碌碌的销售人员未必有好的业绩结果，而业绩表现优异的人似乎也没有说得清道得明的销售过程。因此，大客户销售工作被美其名曰"艺术销售"，即有着只可意会不可言传的销售成功秘诀。

事实上，一味停留在"艺术销售"的认知上，只会给企业带来无穷无尽的痛苦。

- 容易陷入价格竞争的陷阱。

- 商机出现失控或赢单率低。

- 新客户、新业务开发乏力。

- 难以成为客户的首选合作伙伴。

- 销售人员成长缓慢及流失率高。

本书希望能够帮助销售型企业及销售人员实现以下目的。

- 从单纯的产品推销向顾问式销售模式转型，从单纯的价格战向价值销售模式转型，从依赖个体销售精英的单打独斗向销售型企业的整体成长转型。

- 通过将销售流程、销售辅助工具、销售技能进行优化与整合，在组织内部形成科学的高绩效销售文化，进而推动销售能力的健康成长，引领销售业绩持续快速提升。

☑ 销售工作的分类与应用场景

一般来说，销售工作分为B2C和B2B两种。B2C的英文全称是Business to Customer，指的是面向个人和家庭用户的销售模式；B2B的英文全称是Business to Business，指的是组织对组织的销售模式。还有一种模式是B2G，其英文全称是Business to Government，指的是企业对政府部门和事业单位展开的销售工作，但其本质还是B2B销售模式，只是在客户的资金来源与决策风格上存在些许差异而已（见图1-1）。

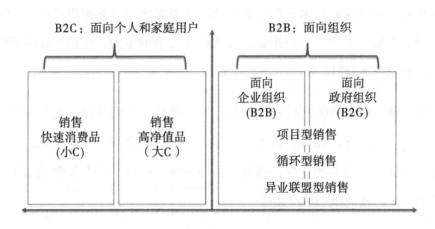

图1-1　销售模式的分类

B2C销售模式

B2C销售模式又可分为两种，一种是基于快速消费品的销售场景，可简称为小C模式；另一种是基于耐用消费品和高净值品的销售场景，可简称为大C模式。

小C模式本质上是不需要专业的销售人员角色的，更多的只需要推销员、导购员或店小二的角色，并且业绩的实现更多的是靠企业的品牌、产品、广告和促销手段。

大C模式则适用于房产、汽车、保险理财产品、健身会员卡服务、装修设计方案等销售场景，因其产品方案具备客单价较高、功能特性比较复杂、标准化程度低或定制化程度高的特点，所以对销售方法和成交流程都有较高的要求。因此，大C模式需要专业的销售人员和专业的销售技巧，如表达技巧、提问技巧、说服技巧、成交技巧等。

B2B销售模式

B2B销售模式相对于B2C中的大C模式而言，更复杂，对销售人员的能力要求更高，不仅需要更全面的销售技巧，还需要更专业的销售流程、营销策略、协同作战能力等。一般来说，按照解决方案的不同，可以把B2B销售模式进一步细分为3种场景。

第一种是项目型销售模式。例如，软件项目、工程项目、工业设备及培训课程和咨询服务产品等销售场景，多属于一次性合作。一般来说，因为这类销售模式既有明确的立项，也有明确的结项，所以销售人员会更加注重新客户的开发与新商机的成交跟进。

第二种是循环型销售模式。例如，工业品、配套零部件、原材料、化工产品，或者按期续费的租赁式服务等销售场景。这类销售模式更加注重与客户的关系维护和需求深挖，强调战略性合作关系的建立。

第三种是异业联盟型销售模式。这种销售场景指的是两个不同业务类型且没有竞争关系的单位组织，因为存在客户资源与营销资源的互补关系，所以组成合作联盟，共同营销获客，如发展经销商/代理商的合作、促成联名营销、开展驻场推广销售等。

除了以上分类模式，还可以把B2B销售模式按照客单价的高低，分为大B和小B模式；按照销售渠道的不同，分为直销和分销模式；按照成交周期的

长短，分为长周期销售模式和短周期销售模式等。但不管如何分类，只要是
B2B销售模式，销售人员就不再是简单的推销员角色，而是专业的销售顾问
角色；不仅要精通自己的产品方案知识，也要对客户的业务挑战与需求有深
入理解，要成为客户心目中的解决问题专家与生意发展顾问。因此，B2B销
售人员的职位名称也从以前的"销售代表"升级为"销售工程师""客户成
功经理""业务发展专员""大客户经理"等。

☑ 销售岗位的价值与发展规划

不管你是跃跃欲试的销售新人，还是征战沙场多年的销售老手，以下的
几个问题都需要得到重新的澄清与认知。

- 销售工作的主要场景与核心任务是什么？

- 销售工作于己于人有哪些价值体现？

- 销售人员的职业发展方向在哪里？

- 未来充满不确定性，销售人员应该如何应对才能常保优势，立于不败
  之地？

☑ 销售工作的不可或缺性

有人说，现在是信息化时代，客户可以从网络上搜索到产品信息，可以
通过在线方式完成商品购买。那么，以人际关系建立和面对面交流为主的销
售工作，会不会被互联网取代？销售工作会不会越来越没有存在的必要性？
我们的回答是：无论是在过去、现在还是未来，销售工作都不可或缺，都无
可替代，甚至会越来越重要。具体原因可简要分析如下。

首先是市场竞争的需要。这是一个同质化竞争异常激烈的时代。无论你的产品有多好，技术有多先进，都会面临无数的同行友商与你争夺市场份额、分抢客户订单的情况。以前是酒香不怕巷子深，现在是酒香最怕巷子深。能做出好酒的作坊多了，客户未必会主动跑到你家来买酒。为了吸引更多的目标客户，销售人员需要成为主动连接产品与客户的纽带，需要作为企业突破竞争对手封锁线的"尖兵连"，把产品方案信息送出去，把目标客户请进来。

其次是客户成功的需要。虽然客户都极力想掌控自己的采购进程，也能自主获取更多的供应商信息，但由于B2B产品方案的复杂性和定制化要求，客户需要的不仅是供应商的产品，同时还需要供应商帮助他们去发现问题，诊断问题，提出解决问题的方案建议，并且在售前、售中和售后阶段，从头跟到尾地服务和满足他们的需求。在客户的期望中，供应商的销售人员应该是一名对"客户成功"全程负责的项目经理。

再次是客情关系的需要。在生意场上，人与人之间的关系在买卖双方的合作交往中，有着不可忽视的重要影响。一位新的客户，从开始的相互陌生到彼此熟悉，从不感兴趣到产生信任度，从没有合作到发展成战略性合作关系，需要销售人员持之以恒地努力付出。应该说，销售人员建立的客情关系，是产品价值之外的又一重要价值贡献，是在成交过程中可以让销售人员获得加分的情感筹码。

最后是公司发展的需要。新产品研发工作离不开销售工作，因为通过销售反馈回来的市场需求信息，是研发工作的创新源泉与指导方向；财务工作也离不开销售工作，无论是现金流的管理，还是应收账款的回收，都需要销售人员拼尽全力。现在是一个快鱼吃慢鱼的时代，没有销售人员支持下的业绩快速增长，企业就很可能逐步失去竞争能力。要知道，现代战争胜负的决定因素仍然是人，而不是物。因此，销售能力永远都是企业内生的、支持企业可持续快速发展的核心竞争力。

☑ 销售工作的独特魅力

B2B大客户销售工作不仅在企业发展中贡献着不可或缺的重要价值，而且随着销售工作职业发展规划越来越好，正吸引着越来越多的精英人士加入其中，他们都希望自己能成为一名乐观积极、目标导向、功成名就的专业销售顾问。销售工作的独特魅力可以归纳如下。

有付出就有回报，付出得越多，回报得越快

销售是企业众多工种中最能用数据说话的。无论是签约额、回款额、利润额这样的结果性指标，还是客户数量、商机数量、有效拜访数量这样的过程性指标，都可以被量化和被衡量。用业绩说话，以结果论英雄。销售人员无须顾虑太多的职场政治关系，只需要全力以赴为客户服务，为企业创收，就能得到大家的认可与尊敬。有付出就会有回报，虽然回报与付出不一定同时发生，但就如播种与收割的关系，有一分耕耘就有一分收获。你比别人更努力，比别人更用心，你的成功就注定会比别人来得更快（见图1-2）。

工作的自主性和创新性俱佳

在国内外众多的B2B标杆企业中，拥有重点本科、硕士，甚至博士学位的人员在销售从业者队伍中占比越来越大，为什么？因为在B2B销售模式下，需要的不是像生产流水线上重复和简单的操作技能，而是需要激发销售人员更大的主观能动性和创造力，这样才能在不确定的竞争环境中稳操胜券。面对不同的目标客户和销售机会，学习能力和行为转化能力更强的人，其自主性和创新性也会相对更高。

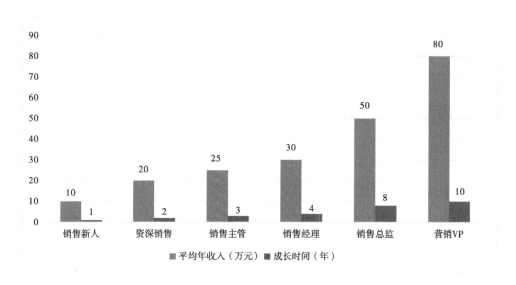

图1-2　B2B销售岗位职业规划与个人收入增长

距离事业成功的顶峰更近

有调研数据表明，《财富》世界500强企业的CEO中，有80%以上都是从营销总监岗位提拔上来的。这充分说明了一个道理：时势造英雄。而销售工作更能培养和塑造英雄，因为销售工作最贴近市场、了解客户；更倡导目标导向、勇猛精进；更善于整合资源、解决问题；更让人永怀激情，充满活力。不想当将军的士兵不是好士兵。做销售就跟打仗一样，既然当了兵，入了伍，就应当志存高远，不懈努力，向着事业成功的顶峰攀登。

销售工作除了有巨大的吸引力，也伴随着巨大的工作压力，如工作心态上的压力、业绩目标上的压力，还必须接受强者生存弱者被淘汰的命运。但通往成功的路上必定充满艰辛，不经历风雨，哪能见到彩虹？在销售工作上取得杰出成就的人，必定要比普通人付出更多时间和精力，但也更容易实现财富自由，更容易积累人脉资源，更容易获得晋升机会与组织的认同。因此，既然选择了销售工作，就风雨无阻，勇敢前行。

☑ 大客户销售模式的显著特征

销售周期长，销售工作需要更多的规划与策略

从找到一个新客户或新需求，到与客户达成合作共识和签订合作协议，短则1~3个月，长则6~12个月，甚至需要更长的时间。销售周期的长短与很多要素有关。例如，销售的产品方案越复杂，定制化程度越高，产品价格越高，客户就需要花上更长的时间来对产品进行了解和评估，决策周期也会随之延长（见图1-3）。

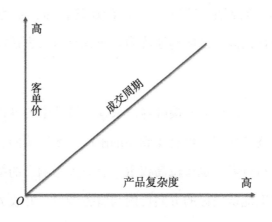

图1-3　影响B2B成交周期的因素

销售周期长，一方面意味着你有较为充裕的时间来和客户培育关系，进行客户需求的探询和引导，因此大客户销售工作应该有策略、有计划和有步骤地推进，不能逞匹夫之勇。另一方面意味着你会面临短期业绩压力与长期客户经营之间的矛盾。与客户的成交时间和成交额取决于很多因素，但绝对不是"因为你想出业绩，所以客户就会立刻满足你的成交要求"。最好的办法就是开发更多的客户，创造更多的新销售机会。不同的销售机会有不同的预计成交周期，就如同"东边不亮西边亮"的道理，只要客户数量和销售机会足够多，只要你在每个月、每个季度都会有成交的机会，你也就能从容应

对公司的短期业绩产出要求。

如何让销售周期更加可控且最终实现成交？这对大客户销售工作提出了关键能力要求。销售周期越长，影响成交的不确定性因素就越多，客户的支持程度也会有各种起伏波动。作为销售人员，不仅要有很好的直觉与经验，还要遵循一套科学的销售流程与方法，才能成功地影响和控制客户的采购周期，与客户始终不离不弃。

沟通对象多，销售工作更讲究协同共赢

销售工作的本质就是"沟通"，而沟通的目的就是达成共识，实现共赢。销售人员应该提高自己的沟通能力，不仅是口头表达能力，还有书面表达能力。

在对外沟通方面，你需要接触客户采购决策链中的各种关键人士，既有产品和服务的最终使用者，也有受到你的解决方案影响的利益相关者；既有采购流程的具体执行者，也有位高权重、有更大影响力的拍板者和决策者。要让他们最大限度地认同你的方案价值与服务能力，并成为你的支持者，你就要与客户在沟通过程中建立协同共赢的关系。你与客户之间不应该是一种针锋相对、尔虞我诈的对抗关系，而应该是一种紧密协同、相互尊重的合作关系。双方的目标是一致的：你帮助客户成功，同时也实现你自己的商业价值。

在对内沟通与协同方面，更不能有丝毫马虎与松懈。因为大客户销售是一种团队协同作战模式，既需要销售人员在前方冲锋陷阵，勇于拓展新客户和新需求，也需要来自后方的强大支持，如市场部门的品牌宣传支持、技术部门的解决方案支持、交付部门的项目质量保障支持，还有销售主管与企业高层在关键时刻的挺身而出，推波助澜。"让听得见炮声的人呼唤炮火"，这里的"炮

声"是指销售人员传递的客户需求信息，而"炮火"就是企业内部的中后台部门提供的各种支持。要想获得足够的"炮火"支持，除了企业既有的运营机制保障，销售人员在企业内部的跨部门沟通能力也极为重要。

塑造价值而不是比拼价格

没有人会为了节省采购成本而去购买品质低廉的产品服务，反而会更多地关注产品方案可以为自己带来什么样的可预期的价值回报。花多少钱固然重要，但能因此赚到多少钱、实现怎样的投入回报率才是最关键的。

销售人员的手中有两把"剑"，一把是价格之剑，另一把是价值之剑。价值越大，价格越低，产品方案的性价比就会越高，客户的认可度就越高。在销售工作实践中，销售人员要学会把价格的比拼放在最后，把努力的重点放在对解决方案价值的塑造上（见图1-4）。

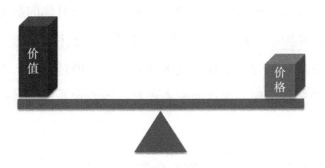

图1-4　客户感知的性价比

当价格不具备竞争优势时，你唯有不断强化客户对方案价值的认知，才能让价值高于价格，提高性价比。当价格具备明显优势时，你同样要全力塑造解决方案的价值，把价值这把利剑举得更高，并在最后的成交阶段亮出价格之剑，这时，客户感受到的不仅是满意，还有更大的惊喜，赢下订单自然就不在话下了。

单一地比拼价格，只会造成两败俱伤的后果。纵然能够凭低价拿下订单，但失去了应有的利润空间，难以担负为客户提供高质量服务的所需成本。而客户也会因为"唯低价者得"的偏见思想，不仅无法得到最好的解决方案，也难以得到供应商全心全意的后续服务保障。

除此之外，销售人员更需要明白的是：价格的优惠尺度，只是企业层面对项目利润水平的取舍决定，并非销售人员创造的功劳与贡献。唯有产品价值的塑造，才是销售人员的关键任务与光荣使命，才是判断销售人员业务能力高低的关键维度。

成功结案也是新的销售机会的开始

在消费品领域盛行的交易型销售模式更多地以成功签单为销售工作的完结标志。但在B2B大客户销售场景中，与客户的合作是一个持续的、循环往复的过程。如果在项目签约后的实施阶段，客户对你的服务跟进非常满意，就很可能将新的或更大的销售机会委托给你，让你继续提供解决方案，或帮你进行成功案例背书推荐，或者热心地帮你做转介绍。不管是项目型销售，还是循环型销售，客户的满意度都是你实现业绩可持续增长的基础保证。

在解决方案的甄选过程中，客户会先后与来自供应商的不同服务角色打交道。但在客户心目中，销售人员才是供应商的最主要代言人，也是客户在遇到问题和寻求帮助时第一个想要联系的人。因此，销售人员应该把成功结案作为新的销售机会的开始，把签订合同作为提供最佳品质服务的开始，以客户成功为导向，诚实守信，尽职尽责，积极统筹与整合企业的各种资源来服务客户，让客户满意，让客户惊喜。

厚积薄发，销售成功需要时间沉淀

有些人认为从事销售工作能够赚大钱，赚快钱。我们可能要给这样的人头上泼一瓢冷水，让他们"降降温"。确实，销售工作因为有各种提成与目标达成奖励机制，只要有可观的业绩，个人收入就会比大多数行政职能部门的人员挣得多、挣得快。但抛开"天上掉馅饼"的运气成分，要想实现业绩的快速突破，要想让业绩表现有可持续的增长，需要销售人员夯实业务能力与客户关系基础。只有脚踏实地，才能厚积薄发，逐步体验到销售工作的成就感与幸福感。

为何是厚积薄发？原因主要有3个。

第一，销售新人对企业、产品和客户的情况都不熟悉，需要有一个从无到有、由生到熟的认知与认同的过程，这样才能像其他资深销售人员那样，在面对问题时，可以快速从自己日积月累的知识储备中找到最佳应对方案。销售新人要达到这样融会贯通的境界，没有一两年的积累是不行的。

第二，尽管有销售主管与内部教练在一旁指引，但销售新人还是会走很多弯路，摔很多跟头。没有人的成功是一帆风顺的，只有在挫折中积累的经验才会刻骨铭心，也只有经历磨砺才能有真正的进步。

第三，从寻找客户到与客户成交是一个漫长的过程。客户做出采购决策的时间有早有晚，客户对销售人员的接纳度也有高有低，最终的赢单比率也会因为销售人员的能力高低差异而有所不同。因此，只有积累足够多优质的目标客户，开发出足够多优质的销售机会，才能保证有源源不断的业绩产生。

"一个优秀的人，十年挖一口井。一个平庸的人，十年挖十个坑。"挖坑很容易，但难以见到井水。挖井很难，但坚持就能胜利。从事大客户销售工作也是同理。不要这山望见那山高，而要立足当下，全心全意地奋斗，厚积薄发，实现业绩的可持续增长。

☑ 销售工作究竟是艺术还是科学

到底什么样的人适合做销售工作？如何才能做好销售工作？销售工作究竟是神秘的艺术，可意会不可言传，还是有规律可循的科学方法论，可以通过后天的学习来掌握，并能够在组织内部实现快速成功复制？针对以上问题，大家众说纷纭，各执己见。

说起"专业"，大家第一时间想到的就是大学里开设的各类专业，如机电专业、化工专业、医学专业、信息技术专业等。有意思的是，还没有哪所大学会开设销售或销售管理专业，与销售工作比较接近一点的是市场营销专业，但营销（Marketing）与销售（Selling）的知识范畴有太多的不同，不能混为一谈。其实，这也不难理解，大学老师几乎没有销售实战工作经验，而销售工作又特别崇尚实战、实效与实用主义，所以大学老师教不了学生如何做好销售工作，更多的人只能在实践中自行摸索和总结销售经验。

更有意思的是，各种职场人士都在拼命学习和考取与自身工作相关的职业资格证书，如财务工作者的注册会计师证、人力资源工作者的心理咨询师证等。而销售人员却找不到类似的销售职业资格认证机会。也正因为缺少这样的专业资质认可，很多人就会误解认为"有鼻子有眼睛会说话的人就可以做销售工作"，还有人认为"最容易找的工作就是销售。只要在面试官面前喊喊口号，拍拍胸脯，应聘成功率接近100%"。有些销售新人甚至会被上级主管们告知：成功的销售没有什么诀窍，只是要对客户死缠烂打，就能让客户乖乖就范。

以上种种，归根结底还是因为社会上缺少对"销售"这个专业学科的官方设定与公众认知。没有经历过销售专业培训，凭自己的直觉与经验打拼出来的销售团队管理者们，更是认为销售工作就是一门只可意会不可言传的"艺术"，而不是什么有章可循的"科学"。但是，所有的艺术创造都是以科学方法作为重要支持的。钢琴大师的"人琴合一"需要声乐专业基础，马拉松比赛冠军取得的个人最好成绩也需要科学的训练方法作为支持。事实上，销售也是一门实实在在的专业学科，在顶尖销售人员无招胜有招的背后，都有着科学与专业的销售方法论的指导与支持。真正优秀的销售人员也一定是超凡脱俗的，将自己的直觉经验与科学的销售方法论完美结合的精英人士。

20世纪90年代初，全球领先的B2B大客户销售型企业IBM，面临严峻的业务转型挑战：在商机项目运作中，需要IBM内部不同角色人员协同合作，但他们各自为政，缺乏共同语言，导致公司内部沟通效率低下，甚至在客户面前出现来自IBM团队内部相互争执的声音，也间接造成了IBM业绩的快速下滑，竞争力排名从全球前3位退步到第20位以后。

也就是从那时起，IBM痛定思痛，开始下定决心在组织内部建立统一的销售语言与行为标准体系，针对当时最严重的"销售人员只关心产品，不关心客户""缺乏准确验证销售机会的能力""缺乏区域和客户规划方法"等痛点，建立了SSM销售流程和SSL销售管理方法这两套IBM特色销售方法论体系。此后连续9年，IBM持续盈利，股价上涨了10倍，再次成为全球最赚钱的公司之一，也才有了IBM前董事长郭士纳先生的《谁说大象不能跳舞》这一畅销巨作的问世。

国内的华为公司在连续经历了西方国家的核心技术封锁与压制后，仍然能够绝地反击，保持整体业绩与利润的稳定增长，华为公司所秉持的"从线索到回款"（Lead To Cash，LTC）销售流程及铁三角作战模式功不可没。

无论是IBM的SSM还是华为公司的LTC，专业的销售方法论一定都是源于实践又高于实践，且用于实践的。它是对高效能销售人士经验与方法的提炼，是对大客户采购模式与决策行为的洞察，也是对人际交往模式的研究。它应该是一门实践的科学，一门具有系统化、结构化特点的行为科学，每个人与每个销售型企业都能学得会、用得上，而且能在整个团队中实现高度复制。

2

第 2 章
客户采购模式与协同式销售流程

销售人员要有"客户思维"，要以客户为中心，做到比客户还懂客户。但说起来容易，做起来难，因为B2B大客户采购模式比B2C客户购买模式要复杂得多，销售人员需要关注和应对的事情也会成倍增加。销售人员在面对大客户时，就犹如进入了一个迷宫：真真假假的信息，形形色色的客户方关键人士、不同风格的客户采购模式与评估流程，让人难辨真伪，头昏脑涨。但万事万物皆有规律，B2B领域的大客户采购决策模式尽管复杂，但其实是有章可循的。供应商（卖方）基于客户采购模式特点来制定营销策略，更能打动客户，俘获客户的"芳心"，赢得订单。

☑ 客户采购模式的显著特征

假如你今天要去某线下商场选购一台手机，那里正好有大的促销优惠政策。虽然你可能不喜欢接待你的导购人员，但也不会影响你当下做出购买的决定。因为在B2C领域，大家更在乎的是产品的优越性及难以抗拒的价格优惠。

B2B大客户采购场景当然比B2C要更加复杂。在B2B领域，客户会与供应商的销售人员长期相处，相互依赖：从最初的需求明确到技术交流活动，从解决方案共识到项目成交后的客户服务跟进，客户都离不开销售人员专业和耐心的服务支持。在两个品质趋同的产品方案面前，客户往往会优先选择销售人员能力更强的一方。因此，销售人员的个人能力水平会在很大程度上影响到B2B大客户的采购决策。

归结起来，B2B大客户采购模式会呈现以下显著特征。

客户更多地偏理性购买和集体决策

任何看似感性的购买决策，一定有理性的原因驱使。在B2C场景中，客户会存在一定的冲动消费行为，如进入某直播间头脑发热地买上一堆没什么用的商品，但事后还是会找出各种理性的借口来证明当时的购买决定是正确的。但在B2B生意模式中，解决方案通常属于大订单采购，客户是不可能存在冲动的个人感性决策情况的。

供应商的解决方案对客户的经营影响越大，对客户中的相关部门及相关利益人影响越深，客户就会越加重视内部对此解决方案的集体共识。因为只有大家共同认定的方案，在未来的执行过程中，才会获得更多的支持与配合。

因此，在许多重要的采购项目中，客户内部往往会成立采购项目小组来集体决策，也会习惯性地采用招标方式或竞争性谈判方式，让更多的供应商参与方案竞争，最终确保选定的解决方案符合客户的最大利益，而且整个过程都充分体现了公开、公平和公正。

客户关注价值胜过关注价格

销售人员应致力于创造价值，而不是比拼价格，因为客户会关注价值胜过关注价格。在这一点上，B2B和B2C很相似。在做出采购决策前，每个人都会在心里算笔账："买这个东西到底值不值？性价比高不高？投入回报比好不好？"客户既不会因为货品的价格高而不由分说地将其拒之门外，也不会因为货品的价格低而不顾品质地将其收入囊中。客户看中的是性价比，价格是分母，价值是分子。价格一定的情况下价值越大，性价比就越高。

在B2B交易中，价格是客观与具体的，但价值往往是主观与感知的，因为对同一种产品方案，不同客户感知到的价值会有不同。例如，同样是采购一台自动化流水线设备，A客户重视设备的运行效率，认为运行效率最高的设备价值最高；B客户则特别关注设备的维保成本，认为维保成本最低的设备价值最高。另外，客户对价值的感知和销售人员的专业引导能力紧密相关。你不应该被动地坐等客户自己把账算明白，而是要主动地帮助客户一起算账，一起憧憬未来，引导客户看到你的解决方案可预期的、可衡量的价值。

客户希望能够自行控制购买进程

客户希望控制购买进程，不希望受到销售人员的牵制。应该说，客户是可以通过自我引导来完成购买进程的，尤其是在互联网时代，客户独立获取信息的能力越来越强。他们可以通过互联网看到别人对各种解决方案和供应商的评估意见，可以轻松了解行业的发展趋势与不同角度的专业思想，也可以找到与自己情况类似的一些成功案例进行参考等。借助这样的能力，客户正在变得越来越独立和聪明，而不是像以前那样，事事都要靠供应商的销售人员提供信息。

当客户致电给你的时候，他们的采购流程往往已经过半。为什么会这样呢？因为客户希望能够控制自己的购买进程，不想被销售人员"牵着鼻子走"，不想让销售人员影响和干预自己的采购节奏。由于获取信息的能力加强，客户逐渐能够进行问题诊断与需求标准的建立，甚至是方案的初步筛选。当客户向供应商正式发出采购邀约时，采购进程已经处于中后期了，而供应商的销售人员甚至都还从来没有对此开展过任何销售行动。

客户采购决策维度的多元化

客户喜欢采用集体决策的方式，自然就会存在采购决策维度多元化的现象，因为客户方不同的关键人士会有不同的评估维度和判断标准。

当面对客户方的老板或最高层时，"公司利益最大化"将成为他们做决策时的首要评估维度。曾经有位客户方的董事长在听取供应商的方案演示时直接发问："你们的方案要多少钱？能帮我们赚多少钱？大概要多久能够完成项目实施？"可见，客户高层的诉求简单直接，更加关注项目的投入产出比。

但公司利益最大化并不是决策维度的全部，对于决策链中其他的中基层人员，"部门利益和个人利益"也许更加重要。我们在这里提及的个人利益并不是指台面下的交易，而是指解决方案能否让利益相关人获益，如获得来自同事和领导的赏识、让自己获得更大的成就感与进步、能够有效降低自己或部门的工作量、能够规避可能引起后续麻烦的执行风险等。对客户部门与个人利益的满足，是供应商在客户内部发展支持者的关键工作。

除此之外，受中国传统文化影响，"情感利益"也不可忽视，因为人际关系始终是为人处世的重要基础。设想一下，如果销售人员与客户方关键人士是亲戚关系、兄弟关系、朋友关系、闺蜜关系等，大家相互之间有着高度的信任，也能给予最大程度的支持，那么情感利益将让决策的天平发生感性的倾斜。

客户的采购行为可能比供应商的销售行为更加积极

作为供应商的营销负责人，会不断强调销售人员要积极地推动客户采购，要锲而不舍。仿佛不如此，客户就会趴在那里一动不动。但事实上，大多数客户的采购行为比供应商的销售行为更加积极和主动。

回想一下你第一次买房的经历，从产生买房的念头起，到开始查询楼盘信息、比较不同房型、家庭内部会议研讨，直到最后做出购买的决定，中间要付出多长时间？短则两三个月，长则半年或更长的时间。但是卖出这套房的销售人员只是和你见过两三次面而已。买和卖之间，明显买方会更加积极。

在另一些销售情境中，客户在没有销售引导的情况下，直接自行选择下单购买，也是因为客户在购买前做足了准备。看来，即使你不会销售技巧，也能卖出东西，就是因为客户具有与生俱来的好坏甄别与主动行为能力，能够独立做出自己认为合理的购买决定。

当然，时效性也是客户的重要关注点。对于亟待解决的业务挑战，客户通常会设定有明确的项目执行及效果衡量的时间表。客户希望在最后期限到来前做出正确的购买决定。因此，越接近最后期限，客户的购买行为就会变得更加紧张和积极主动。

☑ 客户的采购评估执行流程

B2B客户采购执行流程比B2C客户购买流程复杂得多，但其实两者也有很多相似之处。可以通过一个买新车的事例来体会其中的道理。

你在刚刚参加工作时，也许并没有买车的想法，认为地铁与公交完全能满足自己的出行要求，这属于"潜在需求"阶段。但是当你结了婚、生了孩子后，出行的便利性问题就来了。这时候你的想法就变成了想买车，想提高家庭出行的品质，进入"承认需求"阶段。但究竟买什么样的车呢？你会考虑排量、车型、油耗、安全、内部空间等需求及费用预算问题，这就是"确定需求"阶段。等需求标准明确后，你就会频繁出入于各种汽车4S店进行试驾，或者通过网络来收集各种车辆评测信息，看看哪种品牌型号的汽车与自己的需求能最大限度地保持一致，这其实就到了"评估方案"阶段。最终，经过货比三家和讨价还价，你终于选定了自己最满意的车型，很快就进入"签约"阶段。但此时，你会心存担忧，甚至出现反悔情绪，因为你会担心车辆后续的售后维保问题，担心因偿还贷款而可能引发的家庭财务风险问题，这就进入了成交前的"评估风险"阶段。此时，如果汽车导购员能够准确地捕捉到你对风险的关注点，排解你对风险的担忧，而且让你相信自己已得到了最好的价格，交易就会最终达成。

买新车的例子虽然只是B2C高净值品购买模式，但与B2B大客户采购模式也有很多相似之处。接下来，我们把B2B客户采购流程分解为可研与立项、明确需求、评估方案、谈判与签约、项目执行这5个阶段（见图2-1）。

图2-1　B2B大客户采购流程步骤

客户采购流程阶段1：可研与立项

可研就是可行性研究，是指客户需要事先确定做出改变的必要性与紧迫性。客户通常会在每季度的前后、每年度的前后，通过召开会议来对上阶段的工作进行总结回顾，找出存在的主要问题，进行问题处理的优先级排序。在此基础上，确定下阶段要开启的重要改善行动计划，并由此引出对外部供应商和解决方案的需求。

此时，客户最关注的问题有以下几个。

- 有什么问题需要解决？问题很严重吗？

- 问题解决的优先级是什么？

- 为什么一定要现在就开始解决？

除了考虑以上问题，客户还会密切关注是否有可行的解决方案。就像一个人生病了，想治好病，那也得看看他得的是不治之症，还是已经有成功治愈病例和可靠的治疗办法。如果搜寻到的解决方案还不够成熟，或者成功案例很少，或者价格太过昂贵，大大超出了自己的承受能力，客户虽然想改变，但也可能会放弃或拖延改变。

此时，客户最关注的问题有以下几个。

- 有可行的解决方案吗？

- 有类似的成功案例吗？

- 方案的费用投入是否可以承受？

如果以上问题都能得到满意的答案，客户就会下定决心，开启采购评估的正式立项，其典型的采购行为就是成立采购项目小组或委员会、明确项目的改善目标与期望、确定采购项目推进的时间和日程、对外发出采购方案邀约函等。

客户采购流程阶段2：明确需求

客户既然决心要改变，就会想要知道如何改变。好比买新车时需要事先确定排量、油耗等性能指标，客户也需要事先整理出一个对解决方案的能力构想。

以下用客户采购客户关系管理（Customer Relationship Management，CRM）系统来举例。客户需要思考：未来要引入的CRM系统究竟是采用软件即服务（Software as a Service，SaaS）模式还是本地化部署模式？是要和后端企业资源计划（Enterprise Resource Planning，ERP）系统打通还是独立运行？是仅服务于内部团队，还是要连接外部合作伙伴？具体需要哪些功能模块？对行业化定制与自定义能力有何要求？等等。除此之外，客户还会进一步明确项目的预算范围，毕竟大家都明白便宜没好货的道理，只有适合的才是最好的。

有了清晰的需求构想，客户就能以此为标准，对各个供应商的解决方案做出客观全面的评估。但接踵而来的问题是，对于很多复杂的解决方案，客户自身未必有能力独立制定出科学合理的需求标准，而是需要通过外力来予以指导和协助。客户可以求助于行业专家，也可以向同行咨询请教，或者通过参加各种外部论坛活动来收集信息，而最直接也是最常用的方式便是邀请参与竞争的各供应商代表前来介绍与展示他们的产品和成功案例。多沟通几回，多碰撞几次，客户就能逐步由外行转内行，对需求标准的明确也由模糊转向清晰。

客户在"明确需求"阶段最关注的问题有以下几个。

- 对解决方案有什么要求？

- 对供应商的资质有什么要求？

- 具体的预算范围是什么？

- 如何才能制定出合适的需求标准？

客户采购流程阶段3：评估方案

现在，客户做出改变的动机有了，对解决方案的需求标准也有了，接下来就要看看哪家供应商的解决方案与客户的需求标准最契合了。此时，客户主要从两个维度来评估和甄选：一个是供应商方案的适配性，另一个是供应商交付能力的可靠性。

解决方案的适配性，意思是客户想要的，正好是供应商能给的，双方就能一拍即合，携手同行。当然，客户此时需要的一定是个性化的方案，需要供应商基于客户需求进行量身定制。因此，客户通常愿意与供应商展开充分的沟通交流，包括但不限于举行技术交流会、要求供应商进行方案前的调研和诊断、对供应商的产品服务进行试用和体验等。越是复杂性高的解决方案需求，客户就越想参与供应商的方案设计过程，而不是被动地等待供应商的解决方案。当然，受时间和精力所限，客户不可能参与每家候选供应商的方案设计，而是会将精力聚焦自己最心仪的、最具合作意愿的重点供应商身上。

如果某家供应商的解决方案最大限度地匹配了客户的需求，客户接下来会关注项目可能遇到的实施风险。客户此时担忧的是："虽然方案很好，但供应商是否能够说到做到？是否真的会在签订合同后兑现服务承诺？"因此，客户通常需要对供应商的能力进行提前验证。例如，在原材料采购领域，客户会通过一个"审厂"的动作，深入供应商的生产基地与办公场所，全面考察供应商的资质与交付实力。

在"评估方案"阶段，客户通常最关注的问题有以下几个。

- 有满足需求标准的方案吗？

- 哪个方案最适合？带来的预期回报是多少？

- 有哪些可能的风险要规避？

- 如何验证供应商的能力？

客户采购流程阶段4：谈判与签约

完成了对解决方案的评估，采购流程就进入"谈判与签约"阶段。如果客户属于政府部门或国有企事业单位，基本上都会走公开挂网招标的途径，用合规的方式评选出最佳的供应商与解决方案。如果客户属于非国有企业，则可能会选择竞争性谈判方式，一般是邀请三家供应商提交它们最终的解决方案和报价，在权衡比较后甄选出最后的优胜者。

无论是招标还是竞争性谈判，客户总是要和供应商进行一番价格与交付条款上的讨价还价，以确定从供应商那里拿到了最好的价格和最好的服务承诺。当然，客户也不希望把供应商的利润全部榨干，因为大家都知道，如果供应商没有了合理利润，就无法提供最好的产品与后续的维保服务品质，那必定是一个两败俱伤的结局。

在"谈判与签约"阶段，客户通常最关注的问题有以下两个。

- 有没有选择最好的那家供应商？

- 有没有拿到最好的成交价格？

客户采购流程阶段5：项目执行

在"项目执行"阶段，客户与供应商终于"牵手"成功，从此相互之间少了博弈，多了依赖与信任。此时，客户会全面衡量当初采购立项时所订立的改善目标是否顺利达成，同时也会考核供应商的交付实施和售后维保服务表现，以此验证该供应商的真实能力水平。如果项目执行顺利，供应商能力可靠，则客户通常愿意在未来把更多新的项目需求委托给该供应商，从而形成一个正向的、可持续的战略合作闭环。

在"项目执行"阶段，客户通常最关注的问题有以下几个。

- 项目的执行周期是否可控？

- 是否存在设计变更与预算费用的增加？

- 项目的交付质量是否有保障？

- 售后服务的体验感如何？

☑ 协同式销售流程的定义及模型

协同式销售流程的定义

无论是大项目还是小项目，客户都会遵循以上的采购流程阶段来甄选出最心仪的供应商和解决方案。因此，当你获得一个新销售机会时，首先要思考的是以下几个问题。

- 客户处于什么采购阶段？

- 对方是如何到达到这个采购阶段的？

- 是什么因素影响和驱动客户到达这个采购阶段的？

然后，你才能据此制定正确的销售应对策略，以更好地影响和引导客户的采购决策行为，提高赢单率。

什么是与客户共赢的协同式销售流程？这个概念中有3个关键词，分别是与客户共赢、协同、流程，这正是其精髓所在。

首先，"与客户共赢"意味着所有的销售行为必须围绕客户的需求，以对"客户成功"负责任的态度来开展。帮助客户成功，同时也能实现自身的商业价值，这才是真正的共赢，而损人利己或舍己为人的行为都是不可取的。

其次，"协同"不仅指企业内部一线员工与中后台之间的高效协同，也包括与客户之间的紧密协同。毕竟，买卖双方不应该是一种针锋相对的对抗关系，而更应该是一种"手牵手齐步迈向婚姻殿堂"的协同合作关系。

最后一个关键词是"流程"，意味着所有的销售行为都会按照某种科学定义的步骤，一步步地展开和推进。与客户的成交应该是执行销售流程的自然结果，水到渠成。

协同式销售流程并不是一个新鲜的概念，因为它早已被应用于很多B2B大客户销售型企业，帮助它们实现了销售能力的提升与销售业绩的可持续增长。无论是IBM公司的SSM销售流程还是华为公司的LTC销售流程，都是协同式销售流程与企业产品方案和企业文化融合的成果。事实也证明，不管是B2B领域的大公司还是小企业，及早践行协同式销售流程，都是发展中的最佳选择和必然趋势。

协同式销售流程模型

协同式销售流程到底长什么样子呢？它对销售人员和销售团队的管理工作又有什么特别帮助呢？接下来，我们借助一个通用的协同式销售流程模型来讲解。

销售流程步骤

协同式销售流程模型的第一个要素是销售流程步骤。我们通常会把商机的整个成交过程拆解为"S1：发现销售机会""S2：引导需求标准""S3：共识解决方案""S4：谈判/投标""S5：赢单/输单""S6：实施项目与实现价值"这6个里程碑步骤。其中，S是英文单词Step（步骤）的首字母，S1代表步骤1，S2代表步骤2，以此类推。

如同大客户采购流程模型一样，这样的里程碑步骤设定也适用于所有的B2B销售型企业，无论各自销售的是什么样的产品解决方案，也无论它们给各个步骤起什么名字。

必须指出的是，协同式销售流程里程碑步骤和大客户采购流程步骤有着紧密的对应关系（见图2-2）。

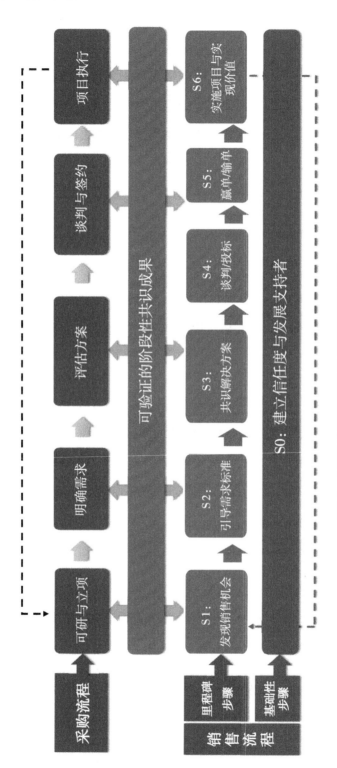

图2-2 大客户采购流程与协同式销售流程的关系

当客户在"可研与立项"时，销售人员应该执行"S1：发现销售机会"；

当客户在"明确需求"时，销售人员应该执行"S2：引导需求标准"；

当客户在"评估方案"时，销售人员应该执行"S3：共识解决方案"；

当客户在"谈判与签约"时，销售人员应该执行"S4：谈判/投标"步骤，以及接受"S5：赢单/输单"的结果；

当客户进入签约后的"项目执行"阶段时，销售人员也相应地投入"S6：实施项目与实现价值"的努力中，一直到项目交付验收与合同款项回收为止。

在每个里程碑步骤中，还会定义一系列的关键销售活动。这些销售活动的指引犹如开车时的导航功能，教会销售人员在正确的时候与正确的人做正确的事情，以加强与客户的有效互动和取得最大沟通共识。

除了销售流程里程碑步骤，还有一个基础性步骤，我们称之为"S0：建立信任度与发展支持者"，它可以发生在每个销售里程碑步骤之中，融汇在每个关键销售活动之中。

可验证的共识成果

协同式销售流程模型的第二个要素是可验证的共识成果。在每个里程碑步骤中，执行相应的关键销售活动后，销售人员都应该与客户就某些双方关注的问题达成共识。这些共识成果必须有清晰和明确的记录，并且能够得到客户的确认和回复，这不仅可以充分证明销售工作的有效性，也可以用来验证客户对销售人员的支持程度。

事实上，可验证的共识成果包括"对外的共识"与"对内的共识"两个层面。对外就是与客户达成的共识，对内则是与供应商内部协同人员达成的共识。"商机立项评估"就是极为重要的内部共识成果之一，涉及是否应该立项？商机属于怎样的业务优先级？可以采取的竞争策略是什么？如何进行方案设计与报价？等等，这些内部共识形成了整个销售流程中的关键审核节点。"攘外必先安内"，内部共识得越好，对外就越能力出一孔，高效高能。

☑ 销售流程的里程碑步骤解析

接下来，就要更深入地分析销售流程执行模型中每个里程碑步骤的行动目标，以及要执行哪些关键销售活动，要取得什么样的可验证的共识成果。

里程碑步骤1：发现销售机会

在这一步骤，销售人员的行动目标是：最多和最快地捕捉到与客户的合作机会，并且确认这是一个值得跟进的销售机会。该步骤对应的标准赢单率为10%。

销售人员要创建和发现的客户合作机会有两种：一种是潜在机会，另一种是活跃机会。潜在机会是指客户还没有产生明确需求，可能是客户还没有意识到解决问题的迫切性，也可能是客户想做出改变，但需求标准并不明确。而活跃机会是指客户已经在主动地向外寻找解决方案，而且需求标准和采购预算都比较明确，希望通过货比三家来甄选到最合适的供应商方案。

"发现销售机会"步骤的关键销售活动列举如下。

- 获得活跃的销售机会信息或锁定客户的潜在需求。

- 新建商机档案，更新目标客户档案信息。

- 进行知己知彼的客户研究与需求分析。

- 进行销售机会的简易立项评估。

- 明确初步的商机推进工作计划。

- 发出客户拜访邀约确认函。

销售人员在"发现销售机会"步骤中希望取得的"外部共识成果"主要有以下几项。

- 客户发来的需求提案（Request for Proposal，RFP ）。可以是招标函或询盘询价邮件等正式函件，也可以是销售人员与客户的有效沟通信息记录。

- 客户回复的拜访邀约确认函。这是销售人员在拜访前发送给客户，以确认拜访行动的目的、会谈参与者及主要交流议题的正式函件。如果能够得到客户的回复，可以帮助销售人员初步确认客户继续交流的意愿。

在该步骤中希望取得的"内部共识成果"也主要有以下事项。

- 客户与商机档案信息。该信息可以帮助销售人员确认是否收集到了充分和有效的客户关键信息，并以此来初步评估商机的真实性与质量高低。

里程碑步骤2：引导需求标准

在这一步骤，销售人员的行动目标是：详细了解客户的现状与需求，帮助客户构建或重塑一个卖方的解决方案能满足的需求构想，同时将客户方关键人士发展成为自己的支持者。该步骤对应的标准赢单率为25%，销售里程碑推进的累计最高赢单率为35%。

该步骤要求销售人员最好不要用产品推销的方式与客户一见面就卖东西，而应该采取顾问式销售方式来帮助客户买东西。也许客户在见你之前，心中想要的只是一个A标准的方案，但经过你的需求探询和引导，客户才发现真正想要的是B或A+标准的方案，这说明你的沟通引导工作是卓有成效的。

"引导需求标准"步骤的关键销售活动列举如下。

- 拜访客户权力结构中的关键人士。

- 探询客户现状及需求。

- 引导/重塑客户需求标准。

- 获得客户的晋级承诺。

- 商机详细评估与竞争策略优化。

销售人员在"引导需求标准"步骤中希望取得的"外部共识成果"主要有以下事项。

- 客户确认的沟通会议纪要。无论是线下拜访还是线上交流，在每次客户会议结束后，你都应及时整理好交流共识记录，发送给客户确认。与客户交流时，交流对象应最大可能地包含客户权力结构中的关键人士，而不是限于局部交流，"吊死在一棵树上"。

在此步骤中希望取得的"内部共识成果"主要也有以下几项。

- 公司确认的商机立项评估表和竞争策略分析表。这是在充分探询了客户需求信息后，在公司内部达成的立项评估与竞争策略共识记录。

- 公司确认的"赢－协同工作计划"。这是在进行竞争策略分析后，在公司内部确定的相对完整的商机推进行动计划，确保销售工作在高效协同中进行。

里程碑步骤3：共识解决方案

在这一步骤，销售人员的行动目标是：获得客户对解决方案的高度认可，同时也向客户充分展示和证明自己兑现服务承诺的能力。该步骤对应的标准赢单率为40%，销售里程碑推进的累计最高赢单率为75%。某种程度上，销售人员也会将该步骤的圆满执行视为最有力的成交结案保证。

我们从不提倡闭门造车式的方案设计，而是更希望销售人员与客户一起设计解决方案。理由是，客户在你的解决方案设计过程中参与程度越高，对你的解决方案的认可程度就越高，因为客户会认为他已将自己的思想与主张充分地融入你的解决方案之中。

"共识解决方案"步骤的关键销售活动列举如下。

- 开展更深入的项目访谈与调研。

- 执行更全面的技术交流活动。

- 促成产品试用和体验的机会。

- 解决方案的设计和完善优化。

- 执行更深度的能力证明举措。

- 获得客户对解决方案的认可。

- 参与和引导客户招标文件的拟写。

销售人员在"共识解决方案"步骤中希望取得的"外部共识成果"主要有以下几项。

- 客户确认的方案共识与能力证明行动计划（以下简称"客户成功计划"）。这是由你主动建议的、买卖双方在确定成交之前的联合工作计划，该计划只有得到客户核心圈人士的确认后才算有效。

- 解决方案获得客户认可的沟通信息记录。

- 客户出示的产品试用评估报告。这可以充分证明你的产品方案的适配性。

- 客户成功计划的执行圆满完成。

在此步骤中希望取得的"内部共识成果"主要有以下事项。

- 公司确认的解决方案设计评审共识。

里程碑步骤4：谈判/投标

在这一步骤，销售人员的行动目标是：与客户就成交价格和交付标准预先达成一致，并在竞争性谈判或公开投标活动前取得客户正式的合作承诺。该步骤对应的赢单率为10%，销售里程碑推进的累计最高赢单率为85%。为什么只有85%？因为还没有完成正式签约，也没有完成交付验收和款项回收，所以"革命尚未成功，同志仍需努力"。

事实上，B2B大客户销售工作没有什么特别的成交技巧，而是销售流程执行后的自然结果。销售流程的工作执行得越好，双赢谈判的实现就越容易。反之，如果之前没有什么作为，到了这一步才姗姗来迟地进入谈判或投标工作中，成交的可能性就会极其渺茫。

"谈判/投标"步骤的关键销售活动列举如下。

- 确定谈判目标/谈判策略。

- 执行谈判工作。

- 参与投标活动（包括召开标前策划会议、确定投标策略、进行标书编写、执行投标活动）。

销售人员在"谈判/投标"步骤中希望取得的"外部共识成果"主要有以下几项。

- 与客户签订的合作意向书。

- 投标文件。

- 中标通知书。

在此步骤中希望取得的"内部共识成果"主要有以下事项。

- 标前会议纪要。

里程碑步骤5：赢单/输单

在这一步骤，销售人员的行动目标是：完成与客户的合作协议签订，或者因输单而关闭商机的推进进程。该步骤对应的标准赢单率为5%，销售里程碑推进的累计最高赢单率为90%。

很多时候，即使销售人员在"谈判/投标"步骤已经得到客户的正式合作承诺，也可能出现迟迟不能签约的状况。造成这种状况的原因有很多，可能是因为有不可抗力因素，也可能是因为双方还有一些重要共识尚未达成。因此，销售人员需要密切关注签约的时机，完成最后的"临门一脚"。

"赢单/输单"步骤的关键销售活动列举如下。

- 合作协议条款确认。

- 确认交付时间/标准。

- 签订正式协议。

- 收取首付款。

销售人员在"赢单/输单"步骤中希望取得的"外部共识成果"主要有以下几项。

- 签订协议。

- 首付款到账。

在此步骤中希望取得的"外部共识成果"主要有以下事项。

- 公司确认的赢单或输单结果记录。

里程碑步骤6：实施项目与实现价值

在这一步骤，销售人员的行动目标是：确保项目执行交付圆满完成，同时也完成所有的应收款项回收。该步骤对应的标准赢单率为10%，销售里程碑推进的累计赢单率为100%。

需要强调的是，成交协议的签署，不是销售工作的结束，而是兑现服务承诺工作的开始。销售人员应该始终做好"对客户成功负责"的项目经理，协调公司的各种资源，处理各种影响交付质量和客户满意度的问题，最终圆满实现客户期望的项目改善价值。

"实施项目与实现价值"步骤的关键销售活动列举如下。

- 完成项目执行交付，通过客户验收。

- 完成应收款项的收取。

销售人员在"实施项目与实现价值"步骤中希望取得的"外部共识成果"主要有以下事项。

- 客户验收合格报告。

在此步骤中希望取得的"内部共识成果"也有以下事项。

- 公司确认的应收款项回收证明。

☑销售流程的基础性步骤解析

除了协同式销售流程模型中对里程碑步骤的设定，还有一个横贯全销售流程的基础性步骤是"S0：建立信任度与发展支持者"，这是B2B大客户销售场景中一项举足轻重的工作内容。销售人员的行动目标是：激发客户兴趣和好奇心，建立和强化客户的信任度，同时也在客户内部培育更多的支持者。

我们曾经调研过很多销售精英，问他们会在哪些销售环节投入更多的时间和精力。他们回答说，会将60%左右的时间投入到"建立信任度与发展支持者"的环节中（见图2-3）。因为客户对销售人员的信任度越高，协同式销售流程中里程碑步骤的推进就会越顺畅。反之，如果缺少客户的信任度和支持者，里程碑步骤的推进就会变得举步维艰，困难重重。

除此之外，"建立信任度与发展支持者"这项工作还应该越前置越好。例如，在客户尚处于"可研与立项"或"明确需求"阶段，你就早早接触了客户，与客户方关键人士交上了朋友，让客户对你有了认知和认同，也发展了一批有影响力的支持者。那么，当客户的需求从潜在机会变成活跃机会时，你就能把握先机，比竞争对手更快和更有效地引导客户向着成交目标前进。但如果在客户已经处于"评估方案"或"谈判与签约"阶段，你才接触客户，才后知后觉地参与方案竞争，就会面临被竞争对手捷足先登的威胁，也容易被客户"牵着鼻子走"，最终沦为"炮灰"或"陪跑员"。

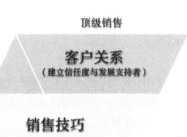

图2-3　顶级销售与普通销售的区别

"建立信任度与发展支持者"步骤的关键销售活动列举如下。

- 向客户介绍公司、成功案例与解决方案信息。

- 向客户持续传递公司的价值主张，包括但不限于行业报告或有专业洞察力的资料信息。

- 邀请客户参加公司的展会、论坛或主题分享活动，包括线上或线下的活动形式。

- 促进双方的互访交流，尤其是建立双方高权力结构人士的交流通道。

- 通过微信等自媒体强化个人品牌、公司品牌和产品品牌的传播。

- 与客户方关键人士发展人际关系，增强接触程度，建立人际好感。

- 其他有利于建立客户信任度与发展支持者的销售活动。

销售人员在"建立信任度与发展支持者"步骤中希望取得的"外部共识成果"主要有以下几项。

- 客户对销售人员表示支持与认可的行为或沟通记录。

- 客户愿意主动和销售人员分享其需求信息。

到此为止，我们已经比较全面地介绍了协同式销售流程的模型框架与设计逻辑，希望能够为销售人员建立对结构化商机推进作战模式的认知，使该模式成为销售型企业内部的共同语言与行为标准。当然，要执行好协同式销售流程，还需要配备对应的销售辅助工具体系，以及根据不同的目标客户与销售机会，制定不同的销售策略与行动计划组合。这些内容将在后续章节讲解。

☑赢单率

随着销售流程里程碑步骤的推进，与成功结案的距离也会越来越近。"赢单率"就是标记每个里程碑步骤所代表的赢单可能性。人们经常使用赢单率进行销售业绩的产出预测管理。例如，某个商机此时被推进到"共识解决方案"步骤，而该步骤对应的赢单率为50%，该商机的预计成交金额是100万元，那么可以用预计成交金额乘以赢单率，得到该商机的业绩预测产出额为50万元。

销售人员往往对赢单率存在很大的误解，这直接导致基于赢单率的业绩产出预测产出极为不准确。事实上，销售流程的每个里程碑步骤都对应一个相对确定的赢单率，所有里程碑步骤的赢单率加在一起，正好为100%（见图2-4）。

例如，当某商机被成功创建时，赢单率为10%。当该商机完成了"S2：引导需求标准"步骤后，赢单率为35%（10%+25%）。当该商机完成了"S3：共识解决方案"步骤时，赢单率为75%（10%+25%+40%）。

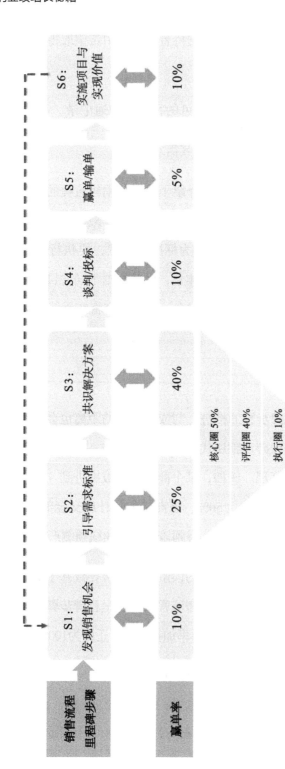

图2-4 销售流程里程碑步骤所对应的赢单率

如果某商机被成功创建后，因为时间紧迫而没有经过S2和S3，直接跳跃式进入并完成了投标环节，此时赢单率最多为20%（10%+10%），而不是85%（10%+25%+40%+10%），因为不能将S2和S3对应的赢单率计入其中。当然，赢单率再低，也有赢单的希望。反之，赢单率再高，也有输单的可能性。

特别要指出的是，如果在商机推进中，供应商参与了客户的招标活动，并成功中标，那么不管其在此之前有无与客户经历过S2和S3的阶段，此时的赢单率都可以直接变更为85%。虽然，我们不赞成用这样的"首投"方式获得成功，但通过"首投"获得中标机会得情况也是有时发生的。

另外，在"S2：引导需求标准"和"S3：共识解决方案"两个步骤中，赢单率的高低还取决于对客户方关键人士的影响深度与广度。因此，在计算赢单率时也应该加入对权重的考虑。销售人员成功影响的客户方关键人士层级越高，赢单的权重就越高。例如，在执行"S2：引导需求标准"时：

如果销售人员只成功影响了客户方的执行圈人士，则S2的实际赢单率仅为2.5%（25%赢单率×10%权重）。

如果销售人员只成功影响了客户方的评估圈人士，则S2的实际赢单率仅为10%（25%×40%）。

如果销售人员只成功影响了客户方的核心圈人士，则S2的赢单率仅为12.5%（25%×50%）。

如果销售人员在S2步骤对客户方的执行圈、评估圈、核心圈的关键人士都进行了成功影响，则S2的赢单率为25%（25%×10%+25%×40%+25%×50%）。

再举一个例子。销售人员小王在对客户的例行拜访活动中，从客户采购部李经理（执行圈）处得知了他们最近的一条采购招标信息。小王认为自己公司的产品方案与客户非常匹配，就向李经理进行了产品介绍。因为距离招标时间已经非常近了，所以小王马上回到公司，辛苦制作完成了标书，也在指定日期完成了投标执行工作，等待客户的开标通知。此时，该商机赢单率的计算方式应该是S1对应的赢单率10%，加上S2对应的赢单率2.5%（因为小王仅影响了执行圈人士），再加上S4对应的赢单率10%，计算结果为22.5%。

☑ 赢－协同工作计划

协同式销售流程是对客户采购流程的响应与协同，但并不代表销售人员要被客户"牵着鼻子走"，一味地盲从和被动应对。销售流程的执行应该是销售人员的主动行为模式，应该能积极地引导客户的采购流程，应该是有步骤、有计划、有策略的推进过程。

如果你发现一个新的需求，而客户此时已处于"评估方案"的采购阶段，这代表着你是中途介入的，也意味着客户此时已经有了比较明确的需求标准，甚至极有可能已经受到了你的竞争对手的影响和引导。客户通常希望你能够尽快提供解决方案与报价，以便其更快地完成后续的供应商评估进程。此时，你应该如何响应客户的诉求？是急客户之所急，赶紧提供产品方案和报价吗？如果你真的这样做了，那就很容易让自己处于"被动挨打"的境地，沦为这场竞争中的"炮灰"和"陪跑员"。那么，正确的应对策略与行动计划应该是怎样的呢？

首先，你需要知道剩余的销售周期还有多长。假如你获得客户需求的时间是8月1日，而客户的决策时间是11月1日，代表你可用的销售周期是3个月。同理，如果客户的决策时间是10月1日，代表你可用的销售周期只有2个月。销售周期的长短取决于客户采购周期的长短，以及你获得客户需求的时间点早晚。

其次，你应该学会"从零开始"，策略性地推进销售流程的执行。从零开始，指的是无论可用的销售周期是长是短，你都应该从销售流程的基础性步骤"S0：建立信任度与发展支持者"开始行动，并在剩余的、可用的销售周期内完成后续的"S1：发现销售机会""S2：引导需求标准""S3：共识解决方案""S4：谈判/投标"步骤。可用的销售周期越长，你的销售行动计划就可以越从容。可用的销售周期越短，你采取的销售活动就要越关键，越要增加营销资源投入，加快销售里程碑的推进节奏。

最后，你还要制订明确的销售行动计划，而且这些计划要有可执行性，能够被追溯并进行成果衡量。你可以按照如下维度来拟订具体的行动计划。

- 客户对你有信任度吗？你已经有了客户方的支持者吗？如果有，你为此曾经做过什么？如果缺少信任度或客户方的支持度还不充分，那么你接下来还需要做些什么？

- 你对客户的需求标准了解吗？客户的需求标准是倾向于你的吗？如果是，你曾经做过哪些需求引导工作？如果对客户需求了解和引导得还不充分，那么你接下来还需要做些什么？

- 你的解决方案与客户达成共识了吗？你们公司的交付能力有得到客户的认可吗？如果是，你们曾经做过哪些方案共识与能力证明的动作？如果方案共识和能力证明得还不充分，那么你接下来还需要做些什么？

在以上的自问自答中，你可以把曾经做过的，以及接下来计划要做的关键销售活动，列入到一张"赢-协同工作计划表"（见表2-1）中。同时每项行动计划还应标注预计执行时间、行动目标、主责任人、所需资源支持等内容，以确保该计划能够得到最大限度的执行。

表2-1 赢－协同工作计划表

项目名称：××××　　　　　适配的解决方案：××××　　　商机跟进优先级（3/2/1）：2

需求创建时间：2023/3/5　　预计招标时间：2022/5/30　　预计成交金额（元）：2 000万

销售顾问（主）：　　　　　销售顾问（辅）：　　　　　技术支持：　　　　　销售主管：

销售阶段	行动事件	预计执行时间	行动目标	是否完成	主责任人	所需资源支持	主管确认
建立信任度与发展支持者	已参加3月的VO新工艺在线直播	2/15	客户研发工程师参与直播学习	✔			
	邀请客户组团参加5月长沙展会	5/10	力争客户方王总和林总出席				
引导需求标准	拜访设备科科长	3/20	完成商机档案信息收集				
	组织技术交流会议	3/30	力争客户方方研发部总监参会			需刘工的协防支持	
共识解决方案	安排一次免费的系统诊断分析服务	4/20	成功向王总进行方案建议的展示			需刘工的协防支持	
谈判/投标							

使用"赢-协同工作计划表",能够让商机推进工作变得更加有策略,聚焦关键行动事项,实现期望的行动目标,获得与客户的更多共识。如果在某个特定商机的成交推进过程中,你还需要获得公司内部更多的协同角色的支持,就可以在"所需资源支持"中标明,并共享给该商机项目的协同跟进小组的成员们。

当然,这张"赢-协同工作计划表"只是销售人员单方面订立的行动计划。要想按照此计划顺利地执行,还需要得到多方面的支持与配合,尤其需要得到客户方的积极响应。但我们始终认为:"与其被动地等待客户召唤,还不如主动规划,对客户进行积极引导。"机会总是留给那些有准备的人的。

还要强调的是,做好计划只是第一步,最重要的是付诸执行,并且要做好过程与结果的检视工作。销售人员可将"赢-协同工作计划表"作为商机检查与辅导工作的基础,邀请销售主管对计划的执行情况进行检视与督导,并且根据执行的进度与质量,在此计划表中陆续增加新的行动计划。

☑ 销售流程与商机管理

协同式销售流程模型固然有极大的通用性,但是面对不同的销售机会,在里程碑步骤设置、关键销售活动及共识成果定义方面存在明显区别。例如,一个千万元级别的商机和一个十万元级别的商机,其销售流程步骤会有不同的设定。一个解决方案复杂度高的商机与一个产品标准化程度高的商机,其销售活动也会大相径庭。

3种商机类型

根据买卖双方的合作性质与交付标的物的不同,可以把商机大致分为3种类型，分别是项目型商机、契约型商机和订单型商机。此外，可分别通过3种不同的销售漏斗商机汇总表来进行产出预测分析。

第一种类型的商机是项目型商机。客户方开启的是一次性采购项目，销售人员也会有明确的需求创建时间、预计成交时间和预计成交金额。一旦你与客户成功签约与合作，就意味着有一笔较为明确的销售收入即将发生。

项目型商机多为"零和一"的博弈结果，你或者成交这个商机，成为唯一的赢家；或者输掉这个商机，成为诸多输家中的一员。

例如，在很多软件工程招投标项目中，客户往往会邀请多个供应商同场竞标。大家会在技术项、价格项、商务资质项等多维度展开竞争。当评标委员会发出最终的评标结果后，中标者会欢欣鼓舞，无论最终的胜利是来自运气还是实力。而落标者将黯然离开，无论你在过程中付出了多少艰辛努力，也只能接受一无所获的事实。这也能充分体现出B2B大客户销售工作的竞争性和残酷性。

项目型商机应该专门归属于项目型销售漏斗，列入"项目型商机汇总表"（见表2-2）。

表2-2 项目型商机汇总表

序号	商机项目名称	客户简称	需求创建时间	预计成交时间	预计回款时间	预计成交金额（万元）	当前所处的销售流程步骤	赢单率（％）	业务优先级
1	××××	×××××	2023/1/2	2023/3/15	2023/4/30	40	S1	10	3
2									
3									
4									

第二种类型的商机是契约型商机。客户方开启的是框架性协议合作伙伴

的甄选。与项目型商机不同的是："对于契约型商机，销售人员的获胜结果只是一纸契约，但并不代表后续会有明确的预计成交金额发生，也不代表在商机竞争中只有唯一的赢家产生。这意味着，在协议签订后，客户会将其采购预算合理分配给多家合作供应商，但只有买卖双方关系最密切、沟通最畅顺的供应商可以拿到最多的合作份额。"

例如，某对公物流公司，销售人员在客户开发工作上的重要目标就是与客户签订一个物流运输合作框架性协议，约定好双方未来合作的价格标准、交付标准及服务承诺等主要事项。协议的签订象征着销售人员所在的物流公司被正式列入客户的合格供应商名单中。

对于契约型商机，应该归集于契约型销售漏斗。虽然没有未来比较确定的预计成交金额，但是在新建商机档案时，销售人员仍然需要预估一下如果双方达成合作，希望一个年度内达成的合作量大小。例如，预估某新签约的客户一年内可以贡献100万元的合作收入。最终实际成交的数量可能会低于这个预估额，也可能会超过这个预估额。但是在将该商机列入"契约型商机汇总表"中时（见表2-3），这个预估额将直接影响该契约型商机的业务优先级，以及销售方将为此投入的营销资源。

表 2-3　契约型商机汇总表

序号	商机项目名称	客户简称	需求创建时间	预计成交时间	预计年度采购额（万元）	当前所处的销售流程步骤	赢单率（%）	业务优先级
1	××××	××××	2023/1/2	2023/3/15	40	S1	10	3
2								
3								
4								

第三种类型的商机是订单型商机。此类商机一般是在完成契约型商机协议的签订后，在后续的客户合作中，陆续产生的以常规订单为主的销售机会。这些订单的成交价格与交付标准已经在对应的契约型商机协议中予以明确，但是实际订单大小与订单数量取决于买卖双方的信任度与相互依赖程度。销售人员希望与客户之间达成战略性合作关系，就是希望在客户的整体采购费用中占据一个主要的、大比例的份额。订单型商机应该归集于订单型销售漏斗，列入"订单型商机汇总表"（见表2-4）中进行分析与管理。

表2-4　订单型商机汇总表

序号	订单名称	客户简称	订单创建时间	预计发货时间	预计回款时间	预计发货金额（万元）	当前所处的销售流程步骤	赢单率（%）	业务优先级
1	×××××	×××××	2023/1/2	2023/3/15	2023/4/30	40	S1	10	4
2									
3									
4									

我们仍以物流行业的买卖关系举例。随着客户业务的开展，其所发出的物流订单势必由几家已签订了合作契约的供应商来分担。一般来说，客户的业务量越大，对供应商的运力需求量就越大。那些运力充沛、响应快速、质量稳定的供应商所获得的运输量份额也就越高。

销售流程与商机管理的最佳实践

以上介绍的3种商机类型，都必须得到销售人员及销售型企业的高度重视与科学管理。下面将向大家分享3个最佳应用实践。

最佳实践1：长周期与短周期的销售流程管理

按照成交周期的长短，以及销售活动执行复杂度的高低，可以将销售流程分为长周期销售流程与短周期销售流程。长周期销售流程讲究稳打稳扎，与客户协同推进成交进程；短周期销售流程则讲究快速响应，服务周到，确保订单稳稳到手（见表2-5）。

表 2-5　不同商机类型的销售流程步骤对应关系

商机类型	S1： 发现销售机会	S2： 引导需求标准	S3： 共识解决方案	S4： 谈判/投标	S5： 赢单/输单	S6： 实施项目与实现价值
项目型商机	✔	✔	✔	✔	✔	✔（项目验收）
契约型商机	✔	✔	✔	✔	✔	✔（首单交付）
订单型商机	✔		✔		✔	✔（交货与付款）

　　项目型商机与契约型商机一般都属于长周期的销售流程，可以遵照完整的里程碑步骤进行推进和结案。有意思的是，对于契约型商机，某些企业会特别强调与客户签约后的"首单交付"，并视其为该销售流程完结的标志。

　　例如，提供第三方医学独立检验服务的企业，会与医院客户洽谈和签订标本外送的年度合作协议，这属于典型的契约型商机销售流程，而该流程的结案标志并不是合作协议的签订，而是首单交付或成功开科。

　　与之不同的是，提供电梯设备销售与安装服务的企业，会与房地产客户洽谈和签订品牌合作的中期框架协议，但何时会有第一次的电梯销售与安装服务产生，要取决于业主方的房产开发规划与后续的项目竞标争夺，所以该契约型商机流程只会以框架协议签订来作为该销售流程结案的标志。

　　订单型商机更多地适用于短周期销售流程。没有必要把一个常规性订单的跟进工作搞得太复杂，只需要按照"创建订单（发现销售机会）—发送报价函（共识解决方案）—报价函回签（赢单/输单）—交货与收款（实施项目与实现价值）"这4个步骤进行简易设定。

事实上，基于买卖双方合作契约下的常规性订单发生，一般都不需要额外建立商机档案，只需要通过ERP系统进行订单服务跟进即可。但订单型商机并不是十拿九稳的收入来源。即使买卖双方已经签订了框架性合作契约，也不代表供应商就能够拿到客户的每份订单，更不代表供应商能在客户的采购总份额中获得更大的比重。每笔订单需求都有预计成交时间和预计成交金额，也都可能面临竞争对手的争抢，所以我们建议对于那些比较关键的订单，如预计成交额超过某个门槛标准的，销售人员要将其纳入商机管理的范畴，以确保订单收入实现的确定性与销售漏斗产出预测的准确性。

关于订单型商机管理，还有两种特殊情况需要重视：一种是对老客户的上量型商机管理，即在不需要签订新的合作契约条件下，希望与老客户达成新产品或新项目的合作机会；另一种是仍然会有一些没有合作契约的零散订单机会需要做好成交管理。

最佳实践2：契约型商机的成交推进也应该被高度重视

遗憾的是，很多销售型企业并没有意识到契约型商机管理的重要性，只把目光聚焦到马上就能带来收入的项目型商机和订单型商机上。事实上，先有契约型商机成交，才有订单型商机出现，如物流行业、化工产品行业、零部件行业等。甚至很多项目型商机的争夺，都建立在与大客户已经成功签订了契约型协议的基础之上（见图2-5）。

图2-5　三种商机之间的关系

　　例如，某电梯产品制造商与房地产开发商之间的合作，就特别注重年度框架性合作契约的签订。在此契约有效期内，对于开发商每次发出的电梯项目采购需求，仍然会有两家或多家供应商参与争夺，但大家都有一个共同的身份标签，那就是与开发商已经签订了框架性合作契约。如果连契约都没有签订，那就根本没有参与竞争的机会。因此，契约型商机与订单型商机之间及项目型商机之间，不仅有着时间上的先后关系，也存在必然的因果关系。

3

第 3 章

目标客户研究与采购需求分析

近年来，大客户销售人员名片上的头衔不断变化和升级，从最开始的"销售代表"升级到"销售顾问""大客户经理""销售工程师""项目经理""解决方案顾问"等。其实不管叫什么名字，最重要的问题都是："你的工作是向客户卖东西，还是帮助客户买东西？你是只了解自己的产品，还是真正懂客户的需求？在客户的眼中，你扮演的到底是什么样的角色？"

☑ 客户眼中的供应商角色

不同的供应商，在客户心目中受尊重和被认可的程度是不同的。我们把客户心目中的供应商分成4个层级（见表3-1）。

表 3-1　客户心目中的供应商层级

供应商的层级		与客户对话的内容	对客户影响的角色	为客户创造的价值	与客户发生的合作
第四层级	生意发展顾问	基于客户发展规划的探索式对话	客户决策层（总经理级）	帮助客户构建未来的竞争优势	主动创建潜在需求
第三层级	问题解决专家	基于客户业务挑战的咨询式对话	客户中高层（总监级）	帮助客户解决当下的业务问题	主动发现潜在需求
第二层级	可靠的供应资源	基于产品领先性与可靠性的展示型对话	客户中基层（经理级）	帮助客户获得有性价比的产品	被动引导活跃需求
第一层级	普通供应商	基于产品卖点与价格的推销型对话	客户基层（专员级）	被动迎合客户的采购需求	被动应对活跃需求

第一层级的供应商称为"普通供应商"。这种供应商的品牌在客户认知中既无知名度，更谈不上美誉度。这种供应商的销售人员往往会被视为"产品推销员"，他们对客户的电话接洽或登门拜访也会被视为一种"骚扰"，因此不会受到客户的尊重与善待。要想和客户做成生意，除了以永不言弃的精神感动客户，以及用降价或搞个人关系谋求突破，他们似乎也找不出更好的破局办法了。

第二层级的供应商称为"可靠的供应资源"。可靠而不是普通，就说明在客户的认知中，这样的供应商是可信赖的，是有良好合作记录与客户满意度的，是产品质量稳定且价格公道的。这种供应商的销售人员会从客户那里获得一些尊重，至少客户愿意与他们保持良好的联系与互动，因为从采购效能的角度，"可靠的供应商"会让客户降低合作中的潜在风险，以及降低在同等质量标准下的采购成本。

第一层级和第二层级供应商的销售人员，仍然是以产品为核心进行销售工作的，仍然是在寻找各种活跃的客户需求，仍然更多的是被动地应对客户的需求，而无法做到主动引导客户的需求。

第三层级的供应商称为"行业顾问"或"问题解决专家"。这种供应商的销售人员习惯以"顾问"的姿态与客户对话。他们沉着冷静，不急着推销自己的产品。他们会更多地询问客户："你们想解决什么问题？"而不是问客户"你们想买什么东西？"

当然，扮演好顾问的前提基础是"客户信任"。因此，花费更多的时间和精力与客户培育关系，建立信任度，是供应商销售人员应该热衷的事情。另外，作为问题解决专家，销售人员通常还能向客户展示其对客户所在行业信息的通晓程度，以及分享更多可行的解决方案信息及其他类似客户的成功案例。这样的销售人员最能捕获客户的"芳心"，获得客户的青睐，得到与客户更多的交流与共创共识的机会。

第四层级的供应商称为"生意发展顾问"，也是在客户心中层级最高、更具含金量的战略合作伙伴。这种供应商的销售人员更像客户的生意发展顾问（Business Development，BD）。销售人员要发展的是客户的生意，要帮助客户规划生意发展模式，引领客户看到前进的方向与成长路径。

销售人员此时往往会更多地与客户的决策层直接接洽，走的是"上层路线"，所以销售人员需要从内到外地把自己包装和修炼成一个可与客户高层平起平坐、坐而论道的形象。在销售人员为客户高层规划的发展蓝图中，也一定会有相应的解决方案建议匹配。这个时候，销售人员不仅能把产品卖出去，还可以卖得更多，更能形成可持续的双赢合作关系。

第三层级和第四层级供应商的销售人员，是以客户为核心来开展销售工作的，更多的是主动发现客户的潜在需求，通过富有行业洞察力与专业价值的对话，引导客户做出改变，并且陪伴客户走向成功。

以上四个层级，不仅是销售从业者的发展方向，也是销售型企业组织的发展方向。这是一个进阶式的蜕变，越向高处进化，就越贴合顾问或BD的角色定位。

要成为受客户尊重的销售顾问，而不是被客户漠视的普通销售人员。销售工作就应该以客户的痛点和需求为核心，所有的客户计划与营销行为都必须围绕这个核心开展。偏离了这个核心，销售工作就会扭曲变形、不着要领。

☑ 客户的业务驱动模型

有个词叫作"痛则思变"，意思是没有痛苦就不会想做出改变。而且痛得不够深，改变的动机和迫切性就不强。这就好像一个人生病了，如果是小病小痛，也许自我调养一下就会痊愈；但如果是大病大痛，就必须去医院治病，而且一刻都不能拖延。

在B2B模式中，目标客户一旦启动了新的采购项目，就意味着该客户做出了一个改变现状的决定。作为专业的销售顾问人员，不仅要关注客户需要采购什么，更要关注客户为什么想做出改变，其背后的改变动机有哪些。一般来说，驱动客户做出改变的因素来自4个方面（见图3-1）。

图3-1　客户的业务驱动模型

受到业绩增长目标的驱动

这是一个"大鱼吃小鱼，快鱼吃慢鱼"的时代，如果业绩增长速度慢于竞争对手，如果不能在行业中快速站稳脚跟和跻身前列，企业就很有可能会失去既有的市场份额与竞争优势。所以，不是大家想"卷"，而是竞争环境让大家不由自主地"卷"起来。

目标压在头上，客户自然要分析有哪些因素制约着业绩增长目标的实现。这是一个揭开现象看本质的过程。例如，对一家生鲜连锁企业客户来说，造成其业绩增长迟缓的原因有哪些？有没有可能是其店铺渠道铺设得不够广、产品的创新亮点不足或品牌推广的力度太小？等等。找准了问题的根源，客户就能对症下药，制定出有针对性的业绩增长策略与改变计划。

受到成本降低目标的驱动

相比业绩增长，降低成本对很多企业而言，效果更加立竿见影，也更有确定性和可持续性。例如，辞退一批低效能的员工，会立刻降低企业劳务成本的支出，而且这种降本效应会一直得到延续。当然，裁员不是客户降低成本的唯一手段，这里的降低成本指的是客户在对其各费用项目进行合理性评估后，减少或剔除无效或低效的成本项，从而提高整体的平均投入回报率水平，让单位成本下降。

成本居高不下，客户必然会分析造成成本高企的真正原因。是采购成本高、报废成本高、退货成本还是运输成本高？其中可能有大家第一时间就会关注的直接成本项，如采购成本；也有大家经常忽视的间接成本项或隐性成本项，如退货成本或停工时间成本等。客户不仅希望供应商能主动降价以降低其直接采购成本，也同样希望供应商可以提供产品质量和服务响应方面的保障，以帮助其减少间接成本的发生。

受到效能提升目标的驱动

这里更多的是指工作沟通的效能、协作的效能、执行的效能。有很多企业的发展受限，不是因为自己的技术落后，也不是因为市场大环境不好，而是因为其工作效能太低，存在大量的人浮于事和磨洋工的情况。

那么，工作效能低下的具体表现又会有哪些呢？是内部效能低下还是外部效能低下？是某个部门的工作效能低下还是跨部门之间的沟通与协作效能低下？造成工作效能低下的原因是制度不健全还是激励机制缺失？是工作意识淡薄还是工作方式陈旧落后？等等。在工作效能低下的状况下，客户需要对现状做出改变，通过新的管理举措来实现从粗放式管理向精益化管理的升级转变。

受到合规政策目标的驱动

企业既要关注社会大环境的合规政策，如行政法规要求、环保要求、节能要求、安全要求、行业标准要求等，也要关注企业内部小环境的合规要求，如企业文化与价值观、管理制度、工作目标等。如果违反了合规政策，企业组织或个人就会受到负激励处罚甚至更严重的品牌危机等。

客户需要关注自己的哪些工作行为是违反合规政策的，并且要衡量对这些违规行为的处理优先级。例如，某家化工产品企业客户污水排放量超标，如不限期整改，就会被政府勒令停工停产，这将对企业的经营工作造成很大的负面影响，这个问题自然就会成为该客户最重要和最紧急的整改项。

☑探询客户需求背后的改变动机

业绩增长目标、成本降低目标、效能提升目标、合规政策目标，以上这四大驱动要素，让任何一家企业都不可能安于现状，而是通过制定与推行各种新的关键业务策略，奋发图强，锐意创新。这些新的业务策略也是客户对外寻求帮助、开启对外采购项目的真正需求来源。作为销售方，要密切关注客户的关键业务策略，这样就能从中捕捉更多有价值的合作机会。例如，某生鲜肉食品行业客户，受到业绩增长目标的驱动，确定一年后将业务区域拓展范围从珠三角延展至全国，也因此对物流配送服务提出了更高标准的要求。如果你是从事第三方物流运输服务的供应商，这就是你应该捕捉到的销售机会来源。

当然，如果销售人员只是自我满足于做一个产品推销员，只要求能把产品讲清楚即可，他自然不会太关注客户要不要买，以及为什么要买。但如果定位是一名顾问式销售人员，就必须以客户需求为中心，基于客户的业务策略来引导客户做出改变，而且是做出正确的改变。

当你面临的是一个活跃的销售机会时，客户已经将他的采购需求摆在你面前了。此时，你应该如何应对？正确的做法是在承诺向客户尽快提供方案的同时，一定要向客户进行如下提问。

- 为什么会有这次采购需求？

- 这个采购项目与贵公司的哪些关键业务策略有连接？

- 贵公司希望解决的业务挑战是什么？

- 贵公司希望达成的改善目标是什么？

探询客户采购需求背后的改变动机，能够帮助销售人员评估销售机会的真实性，以及了解这个采购项目对于客户的战略意义与价值是什么。

当你面临的是一个潜在的销售机会时，客户还没有意识到要做出改变，而你已经知道自己的产品方案对客户的积极改善价值。此时，你应该被动地等待客户的召唤吗？当然不是。正确的做法是化被动为主动，积极促使和引导客户做出改变。

你可以向客户传递对其有帮助的价值主张信息，如行业趋势分析、标杆案例分享、投入回报分析等，帮助客户定位和分析问题，一起规划解决方案，把客户从潜在机会引导至活跃机会，也让你先入为主地获得客户的尊重与认可。

从定位业务驱动因素到制定业务发展策略，再到启动对外采购需求项目，这是客户下定决心做出改变的业务逻辑。而基于客户的对外采购需求项目，反推至其背后的业务发展策略，再探询客户业务发展策略背后的驱动因素，就是顾问式销售人员的需求探询路径（见图3-2）。

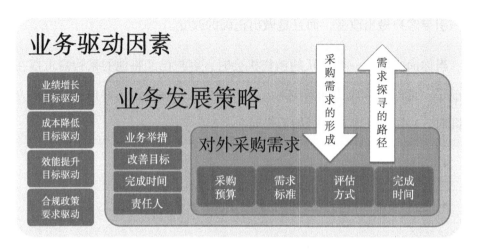

图3-2　客户需求探询路径

把80%的营销资源投入20%的重点客户身上，让这些重点客户为销售人员产出80%的业绩。最佳的业务实践就是锁定每家重点客户（Key Account，KA），无论其是否与你有合作关系，你都应该做好客户研究与需求分析，关注有哪些可能对客户造成影响的业务驱动要素，有哪些客户势在必行的业务发展策略，以及有哪些活跃的或潜在的采购需求，等等，这些都可通过"关键客户业务发展规划分析表"（见表3-2）来进行梳理与分析。

表 3-2　关键客户业务发展规划分析表

目标客户：　　　　　　　客户等级：

销售顾问（主）：　　　销售顾问（辅）：　　　技术支持：　　　销售主管：

驱动因素	业务发展策略	采购项目需求	项目方负责人	预计执行时间	项目进展的阶段（潜在 & 活跃）
业绩增长目标	· ·				
成本降低目标	· ·				
效能提升目标	· ·				
合规政策目标	· ·				

☑ 客户的业务痛点分析

客户决定从外部导入一个新的供应商或一套新的解决方案，一定是基于要解决某种特定的业务挑战，可统称为客户的"业务痛点"。那么应该如何正确地定位和诊断客户的业务痛点呢？"关键业务问题"和"潜在风险担忧"是销售人员需要研究的两大业务痛点范畴。

业务痛点1：亟待解决的关键业务问题

某生鲜食品生产企业要甄选新的物流合作供应商，因为其与原来的物流供应商在合作中出现了两个严重的问题：一是很多物流订单无法及时配送到位，引发了用户的大量投诉；二是物流运输的质量难以保证，因为为客户配送的是生鲜类食品，需要有稳定的冷冻恒温运输条件，但原来的供应商因车辆老旧和保温性能下降，导致货物送到客户手中时，有些已经发霉变质。

客户希望有效地解决以上的问题，这就是客户的第一类业务痛点：亟待解决的关键业务问题，是迫在眉睫，必须马上着手解决的问题。如果哪家物流供应商的服务方案能够解决客户面临的这些问题，就有可能得到客户的青睐，获得参与竞争的机会。

当然，除了定位这些痛点，还有必要对客户的这些业务痛点的影响程度进行量化。对痛点量化的好处就是帮助客户方关键人士明白问题的严重性与解决问题的迫切性。就好比有些男士吸烟，所有人都知道吸烟有害身体健康，抽烟的人却对这一点置若罔闻。为什么？因为这个"有害身体健康"的痛点没有被量化。如果某位吸烟者被告知肺部受损害程度已达到50%以上，再不戒烟的话，就极有可能在一年内引发肺癌，再顽固不化的老烟民也会痛定思痛，采取果断和坚决的戒烟行动。

事实上，很多业务痛点都需要被量化，而量化痛点的方式有3种，分别是计算差距、衡量损失和评估影响度（见图3-3）。拿上文的生鲜食品生产企业的痛点"物流配送不到位"来举例。

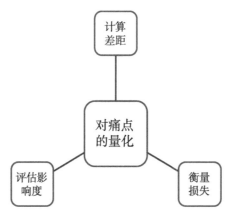

图3-3　量化痛点的3种方式

计算差距：企业要求的准时配送率是95%，现在的准时率是80%。差距是15%。按照每年高达10万笔的配送订单量来估算，这个差距意味着有1.5万笔订单无法及时配送。

衡量损失：平均每单配送不及时的客户补偿费是货品价值的5%。按照平均配送货品的客单价500元来计算，就意味着一年内因配送超时导致的直接客户补偿费是15000×500×5%，即375 000元。这就是衡量可能发生的成本损失。

评估影响度：对于配送准时率低的问题，除了会对物流部门造成影响，企业内部的营销部门及生产部门也对此怨声载道，而且企业的高层领导对此更是有颇多责怪，希望这个问题尽快解决。因为这个问题波及了很多部门与公司领导，所以进行整改的迫切性也就会更强。

业务痛点2：需及早规避的潜在风险担忧

除了亟待解决的关键业务问题，还有一类痛点叫作"需及早规避的潜在风险担忧"，虽然它不像火烧眉毛般那么紧急，但是如果现在不及时处理，或者没有预案应对的话，可能会在不久的将来，让企业面临难以承受的损失，或者失去宝贵的发展机会。

还是以上述某生鲜食品生产企业客户甄选新物流合作供应商为例。销售人员在与客户的深入接触中，还了解了一个重要信息，那就是该客户以前的业务范围是珠三角地区。根据客户的业务发展策略，一年后将布局全国，货物配送范围也将随之延伸到全国各主要地市级区域。但原供应商有限的运输及仓储能力无法匹配要求。距离全国布局还有一年的时间，更换物流合作供应商似乎是一件重要但不紧急的事项。然而，如果现在不积极寻找更合适的物流合作商来进行接洽与磨合，到时候再临阵磨枪，恐怕就是病急乱投医和慌了手脚了。

关于"潜在风险担忧"，还有另外一重理解是：客户对供应商说到做到、兑现服务承诺能力的担忧。

例如，某客户希望引进CRM系统，最想解决的是客户资料丢失、重要商机过程失控、协同打单机制缺失等关键业务问题。即使你的解决方案可以证明能够解决这些问题，也未必就能稳操胜券。因为此时客户还存在另外的担忧：一旦选择了与你们合作，在项目的实施与后续运营过程中，还会不会出现潜在的风险呢？例如，在客户数据迁移过程中是否会发生数据丢失与出错？CRM系统是否存在安全隐患？能否确保系统正式上线的时间？是否能够基于客户需求来完成个性化的功能配置？等等。

以上这些担忧明显不属于引进CRM时就要解决的关键业务问题，但确实是必须引起客户重视的潜在风险担忧。如果这些担忧不能得到很好的解除，客户就有可能会选择放弃或推迟这次CRM系统引进计划。但如果你能够充分证明：对于这些风险，你已经有了成熟的应对方案及可靠的项目实施经验，客户就会对你彻底信任，对你委以重任。

定位客户业务痛点的最佳实践

无论是亟待解决的关键业务问题，还是需要提前规避的潜在风险担忧，都是销售工作的集中发力点，就像射击时的靶心一样，必须清晰和明确。对于客户业务痛点的定位，还有几个最佳实践和大家分享。

首先，不是所有的业务痛点都需要你去努力解决。你只需要关注自己的解决方案能够帮助客户解决的问题。至于你解决不了的问题，也无须打肿脸充胖子，死要面子活受罪。而且，你无力解决的问题，你的竞争对手也未必能解决得了。你现在解决不了的问题，未来也不一定解决不了。世界上本就没有什么万能的方案，客户也从来没有指望你能帮他解决所有的问题。

其次，"改善"也是一种解决方案。销售人员常有这样的心理障碍："客户希望将改善效果提到100分的高度，而我现在只能将其优化到80分，这样是不是就等同于没有帮助客户解决问题呢？"答案是否定的。不要忘记，客户现在的状态可能只有30分，从 30分到80分已经是一个极大的跃进了，是一个了不起的解决方案改善成果。至于余下的20分怎么办？你可以告诉客户，只要大家携手合作，未来就会变得更加美好，不是吗？

再次，只有双重发力才能有双重成功的保险。正如刚才列举的销售CRM系统的例子，大部分销售人员都会不遗余力地向客户展示自己的系统的主要功能模块，但常常会忽略展示自己在系统实施落地时的专业服务能力。问题在于，主流的CRM产品在主要功能上也许都比较相似，客户可能也不会对此表达太多的意见与异议，但客户会特别重视CRM系统上线前后由供应商提供的项目实施服务。因为CRM行业有着"三分软件、七分实施"的说法，意思是说，在影响CRM系统导入的诸多成功要素中，系统功能完备度只占30%，而项目实施与后续运营的扶持举措却有高达70%的影响力占比。因此，CRM系统销售人员要学会双重发力，既要展示CRM系统的主要功能模块与客户业务痛点的关联，也要强调CRM系统在上线实施过程中的风险规避预案与成功保障方案。

业务痛点分析表

"业务痛点分析表"是帮助销售人员更好地定位和分析目标客户业务痛点的销售辅助工具（见表3-3）。

表 3-3　业务痛点分析表

业务痛点	原因分析	谁最希望解决此问题
设备故障不能及时排除	• 对机械设备的工作原理不了解 • 设备本身轴承等零配件质量缺陷多 • 缺少设备故障预防方法	电气工程师 设备管理科

"业务痛点分析表"主要有3列，分别是"业务痛点""原因分析""谁最希望解决此问题"。

第一列是"业务痛点"。必须指出的是，这里罗列的痛点都应该是你的解决方案能够帮助客户解决的，当然也是客户希望借助外部供应商的帮助去解决的。你能给的，也应该是客户想要的。而客户想要的，却未必是你全都能给的。在这张业务痛点分析表中，需要罗列的业务痛点应该是你与客户之间最大的交集（见图3-4）。

图3-4　在我方解决方案能力范围内定位客户的痛点

第二列是"原因分析"。对于你定位的每个业务痛点，都要帮助客户进一步分析造成这个痛点的具体原因有哪些。就好比对家长来说，"孩子考试成绩不理想"是一个痛点，但究竟是什么原因造成的呢？有没有可能是因为孩子严重偏科？有没有可能是因为孩子最近玩手机的时间太多？有没有可能是因为孩子考试前后的作息时间出现了混乱？只有搞清楚了具体的原因，才能找到应对的方法。当然，按照业务痛点定位方法，对于分析出来的每条原因，都应该是你的解决方案可以解决或改善的，否则这个业务痛点就没有必要列示在这张表中。

第三列是"谁最希望解决此问题"。在客户的采购决策链中有很多关键人士。由于每个关键人士的KPI不同，因此他们关注的问题及希望解决的业务痛点也不同。你去问客户的HR总监是否关心其公司的销售业绩目标的达成，他一定会口头表示很关心，但其真正关心的是与HR总监岗位相关的KPI及对应的痛点，如"用工成本高""员工的满意度低""人才流失率高"等。HR总监内心中会认为，销售业绩目标的达成，应该是销售总监最应该承担的责任。

为什么要研究客户方关键人士与各业务痛点的连接关系？我们认为，

"真正能够做出采购决定的是客户组织中的关键人，支持你的客户关键人的人越多，赢单的希望就越大"。只有锁定客户方不同关键人士的业务痛点，有的放矢地展开交流，才能引起对方足够的兴趣和共鸣。

下面举一个实战案例来示范如何正确使用业务痛点分析表（见表3-4）。

表 3-4　某电梯维保公司的客户业务痛点分析

序号	业务痛点	原因分析	谁最希望解决此问题
1	设备故障发生率高	• 故障预防和监控机制缺失 • 设备使用环境恶劣 • 设备的耗材使用不符合规范	物业总监 工程部经理
2	设备故障难以及时排除	• 对机械设备的工作原理不了解 • 故障检测装置失灵 • 配件供应不及时	电气设备工程师
3	维保服务成本高	• 配件成本高 • 耗材成本高 • 人工成本高	工程部经理
4	安全事故隐患风险高	• 现场安全防护设施不全 • 安全施工意识缺乏 • 安全巡检制度缺失	物业总监 工程部经理

假如你是一家电气设备维保服务供应商的销售人员，你的目标客户主要是大型商场或写字楼的业主单位。你需要打交道的客户方关键人士包括业主单位负责人、物业总监、工程部经理、电气设备工程师等。

首先，你需要问自己：我们的维保服务解决方案能够帮助客户解决哪些业务痛点？

根据过往的服务实践经验及维保解决方案的能力配置，你可以罗列出"设备故障发生率高""设备故障难以及时排除""维保服务成本高""安全事故隐患风险高"这4个业务痛点，这些都是你的解决方案能够解决或改善的，当然也是客户希望解决的。

接下来，你需要对每个业务痛点进行原因分析。

先来分析造成"设备故障发生率高"的原因有哪些。事实上，造成故障发生率居高不下的原因有很多，但最主要的，也是与你的解决方案紧密相关的有如下几种。原因A：故障预防和监控机制缺失，也缺少对设备运行数据的收集与分析。原因B：设备使用环境恶劣，温度、湿度和酸碱度等基础条件都不理想。原因C：设备的耗材使用不符合规范，存在大量非原厂、不兼容和质量差的耗材。这几个原因既有电梯设备本身质量的问题，也有安装环境的问题，还有电梯防护者与使用者的问题等。

最后，你还要分析一下客户方的哪些关键人士最希望解决"设备故障发生率高"这个业务痛点。

现在客户方有两个关键职位，一个是物业总监，一个是工程部经理。物业总监的KPI是租户投诉率、物业收费回款率等。而工程部经理的KPI是设备故障率、设备维保成本等。物业总监自然会关注"设备故障发生率高"这个痛点，因为设备如果经常出故障，租户投诉率就会增加，物业收费回款率就会降低。但最希望降低设备故障发生率的应该是工程部经理，因为在他的KPI中明确有"设备故障发生率"这一指标。换句话说，如果存在电气设备故障发生率高的情况，业主单位负责人一定会对工程部经理进行处罚，但不一定会对物业总监进行处罚。

按照这样的分析方法，你还可以对客户的另外几个业务痛点一一进行原因分析。事实上，对原因项的专业分析，能够体现出你作为问题解决专家的行业经验和专业价值，而且能够让你后续呈现的解决方案有更大的公信力。

在该客户案例中，业务痛点分析表可以帮助销售人员快速了解目标客户的需求。事实上，相同的行业，相同的职位，其可能的痛点也是相似的。例如，同属于饮用水行业，娃哈哈公司与乐百氏公司的市场部经理，职责与KPI接近，面对的业务挑战也应该大体一致。如果你是一家从事广告传媒行业服务的销售人员，你就可以深度研究饮用水行业市场部经理职位的业务痛点，并由此及彼，实现快速和高效的客户开发与需求创建。

借助多年积累的行业服务经验，你还可以对目标客户所在的若干个主要垂直行业开展研究，分别建立各个目标客户行业专属的业务痛点分析表。例如，刚刚列举的电气设备维保服务提供商的目标客户主要分布在学校、医院、写字楼、商场、住宅小区、工厂这六大领域，各自的客户需求与服务场景也有所区别，该电气设备维保服务提供商可以分别制作6份不同领域的业务痛点分析表，以方便销售人员按图索骥，快速地定位出客户的业务痛点。

☑ 客户的个人痒点分析

客户决心做出改变，更多的是出于业务痛点的考虑；而客户决定选择与你合作，除了因为你能证明自己有解决客户业务痛点的能力，还会因为你在满足客户个人痒点方面表现不凡。

什么是客户的个人痒点？个人痒点就是与客户方关键人士的个人利益相关，希望能被满足，但又不好意思向你公开提出要求的需求点。

可能有人会狭义地认为这样的个人痒点是指某些"桌底下的交易"，如给客户方关键人士一些私下的回扣等。但我们要强调的是，从事销售工作，必须要持正念、用正法、走正道。那些靠塞红包或给回扣才能拿下的订单，最终只会害人害己，难得善终。销售人员不应该和竞争对手去比谁给客户的回扣更多，而要比谁对客户更用心、更诚心。简而言之，不是"比钱"，而是"比心"。

客户究竟会有哪些个人痒点希望得到满足呢？我们把这些个人痒点大致归纳为6个方面，希望能给你一些正确的销售行为指引（见图3-5）。

图3-5　客户的个人痒点

赠送进修机会

某些客户方关键人士的求知意愿比较强烈，希望通过与供应商的合作，获得一些宝贵的外出学习进修机会。例如，某国际知名互联网公司凭借自己享誉业界的品牌号召力，开设了一家特殊的"企业商学院"，目的不是培训该公司的内部员工，而是服务公司的目标客户。在该公司的业务拓展活动中，销售人员总会适时地向客户赠送一些免费的商学院学习名额，从而获得客户更多的好感与支持度。

支持专业评级

某些客户方的关键人士，尤其是评估圈中的技术负责人、研发负责人等，在其工作领域经常有专业评级或发表论文的诉求。例如，某医疗大数据服务公司，其目标客户对象为三甲医院的主治医师。该公司会为这些主治医师免费提供一些重要的诊疗数据或联合发表论文支持，因此能够获得这些主治医师的特别垂青。

打造政绩工程

在很多客户的期望中，不仅要求供应商要把项目做好，还得把项目变成一块金字招牌，名扬四海。对于这些特别注重外在荣誉的客户，你要尽可能地投其所好，提供力所能及的支持。例如，帮助客户申请行业标杆项目的评选，与客户联合召开项目启动的新闻发布会，撰写客户成功案例并在行业论坛上发表，等等。这些额外的服务支持承诺，往往会让你在竞争中获得客户的更大的差异化优势。

提升个人品牌

打造政绩工程主要是基于客户组织层面的需要，而提升个人品牌却是基于客户方关键人士个人层面的需要。有些关键人士希望借助供应商的力量，以本次项目合作为契机，扩大自己在单位内或行业内的个人品牌知名度。对此，你应该大力支持，如邀请对方在行业论坛上发表演讲、对其个人进行专访报道、邀请其担任某些行业组织的特聘专家等。

迎合兴趣爱好

志趣相投在人际交往中特别重要。例如，某些客户方关键人士喜欢跑步，就希望和同样爱好跑步的人交流；某些客户方关键人士喜欢喝茶，如果你对茶道小有研究，就能和客户煮茶论道，让客户觉得与你相见恨晚。因此，要想成为客户喜欢的销售人员，你就要培养自己更多的兴趣爱好。合作往往是从双方兴趣爱好的合拍中愉快地开始的。兴趣爱好最好是有益身心健康的，而不是喝酒或打麻将这些上不得台面的低级爱好，毕竟人们都越来越重视身体健康，越来越喜欢和有正能量的人交朋友。

助力个人事务

客户虽然拥有与谁合作的决定权，但也不能脱离五谷杂粮和柴米油盐的普通人生活。我们常把客户的个人事务诉求归结为"三就"：就医、就学和就业。如果客户碰巧有此诉求，而你又能整合身边的资源帮助客户满足其诉求，你就能得到客户的特别感激与尊重，客户选择的天平自然也会向你这边倾斜。所以说，销售人员在平日的工作与生活中，要不断接洽和累积有帮助的社会人脉资源，如医生、教师、律师、专家、公务人员等。朋友多了路就好走。有朝一日，这些人脉资源说不定就能帮助上你的客户。

我们经常说，要想让客户愿意和你做生意，除了需要帮助对方解决与工作相关的业务痛点，如果你还能提供基于个人痒点的支持与帮助，那才是真正的两全其美。当然，对于客户的个人痒点，销售人员无须有求必应，但求尽心尽力，以诚相待即可。

☑ 客户采购决策链中的关键人士

很多人认为B2B销售工作虽然比B2C要更复杂、挑战度更高，但都是与人打交道，都要与客户方关键人士达成共识，取得对方的信任与支持。两者的区别在于，B2B模式下的销售人员要接触的客户方关键人士更多。接下来，我们将重点对客户采购决策链中的关键人士与接洽策略进行详尽的分析。

权力结构图

先来看一张描述客户采购决策链状态的"权力结构图"（见图3-6）。纵轴表示职级高低，横轴表示影响力大小。职级高低比较容易辨识和确定，如董事长的职级高于总经理，采购总监的职级高于采购专员。影响力大小是指一个人对项目选型决策的影响力大小，与职级高低并没有正相关关系。也就是说，高职级的人不一定有大的影响力，低职级的人却可能对采购决策产生不可忽视的影响力。

影响力大小与很多因素有关，你可以用正式或非正式的沟通方式，通过与不同人的探询和求证，从客户某个关键人士的专业水平与个人利益两个维度来判断其真实的影响力大小。一个人的专业水平越高，与项目关联的个人利益越大，在项目选型中的参与度就越高，所能施加的影响力也就越大。

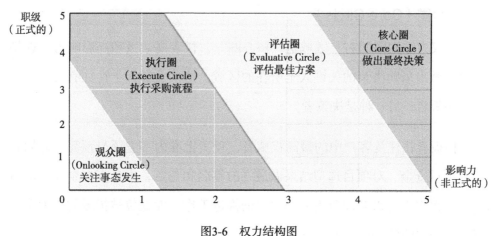

图3-6 权力结构图

对专业水平的探询，可以参考以下问题。

- 他是哪些特定领域的意见领袖？

- 他的专业资历与权威性如何？

- 他有哪些成功案例与优秀业绩表现？

- 他是需求标准制定的主要参与者吗？

- 他是否掌握了重要的技术/信息资源？

对个人利益的探询，可以参考以下问题。

- 该项目给他带来的收益是什么？

- 他不采取改变行动的后果是什么？

- 他在评估小组中扮演怎样的角色？

- 他在项目执行中需要承担哪些责任？

- 他与项目其他受益人的关系怎样？

核心圈（Core Circle）

在权力结构图的右上区域是"核心圈"，代表高职级和高影响力，这是有权力做出采购决策的关键人士所在的区域。这些关键人士往往有两种，一种是拍板者，另一种是决策者。

拍板者往往是客户中的最高权威者，负责批准内部立项与预算、筹划和拨付项目资金、对项目选型结果做最终的签名和盖章，也负责在企业内部指派一名得力干将来全面负责采购项目的推进工作。而这位被指派的得力干将就是核心圈的第二种角色——决策者。

我们也将决策者称为"变革副总"，因为他受拍板者的授权与委托，对采购选型结果负责，也会对项目后期的执行与运营结果负责。正常情况下，拍板者不会参与采购选型的具体工作，而决策者因为重任在肩，一定会参与项目的选型工作，如组建采购评估项目小组、听取评估意见、解决采购进程中的重大问题等。正常情况下，由决策者认可的解决方案，在呈送到拍板者的面前时，都会获得例行性通过，这是拍板者对决策者的充分授权与信任。

在中小型采购项目中，拍板者和决策者往往就是同一个人。但在很多大型采购项目中，拍板者与决策者会由不同的人来扮演。他们都有权力同意或否决选型结果。因此，获得核心圈人士的支持，是供应商赢得订单的关键。

评估圈（Evaluative Circle）

在权力结构图的中部区域是"评估圈"，属于中等职级和中等影响力，这是负责对供应商能力和解决方案适配性进行综合评估的关键人士所在区域。这些关键人士虽然没有权力确定选型结果，但绝对有权力否决选型结果。因为如果供应商的解决方案不能通过评估圈关键人士的评估与验证，就不可能在众多竞争方案中脱颖而出，更不可能进入核心圈关键人士的最终审批步骤。

评估圈的关键人士大致分为两类，分别是内部评估者和外部评估者。内部评估者是客户公司的员工，受公司委托，与不同的候选供应商进行充分沟通，负责制定需求标准，并评估哪些供应商的解决方案与需求标准最吻合，哪些解决方案给公司带来的可预期改善价值更高。而外部评估者更多的是在相应的专业领域有深厚造诣与实战经验的外部专家，他们虽然不是客户公司的员工，但其专业建议会对最后的评估结果造成极大的影响。

例如，Easy Selling销售赋能中心（以下简称Easy Selling）的专家团队，就经常被邀请参与很多企业客户的CRM系统甄选评估工作。企业的内部评估者更多地由客户自己的营销负责人和IT负责人担任，而Easy Selling作为外部评估者，会从营销管理体系建设的专业方法角度，确保最终的选型评估结果更加全面与客观。

执行圈（Execute Circle）

在权力结构图的左边区域是"执行圈"，代表较低职级与较低影响力。

相对来说，客户执行圈的关键人士也分为两类：一类是执行采购事务的关键人士，他们负责收集候选供应商的信息，协调安排处于中高权力结构中的人物与供应商的各种交流活动，以及代表公司与入选的供应商完成最终的合作谈判与签约过程。另一类是执行财务和法务合规事务的关键人士，他们负责与供应商就采购资金的结算方式、协议条款的法务风险规避等方面达成一致。

执行圈的关键人士虽然不会对最终的评估结果产生较大的影响力，但不能被忽视和随意僭越。例如，你要和客户的采购经理处理好关系。有了采购经理的支持，你的解决方案才能获得参与竞选的资格，也才能在最终的谈判中不至于受到过多的价格压榨。

观众圈（Onlooking Circle）

在权力结构图的左下区域是"观众圈"，这个区域的人通常不会参与对供应商和解决方案的直接评估，被俗称为"吃瓜观众"，但这些人的作用也不容忽视。我们同样把观众圈的关键人士分为两类：一类是使用者，另一类是转介绍人。

使用者就是客户内部最终会真正使用你的产品和服务的人群。一般来说，他们不在采购决策链中，也不会参与采购评估小组的会议，但他们是你的产品使用体验意见的发表者，有时候甚至是采购需求的最初倡导者。例如，客户想在评估决策之前试用你的产品与服务，那么使用者就会成为你需要重点关注和争取其支持的人群。他们对试用结果反馈的好坏，会直接影响评估小组成员的判断。

转介绍人也不可或缺，这些人有可能是公司的保安，有可能是总经理的秘书，也有可能是客户方关键人士的某个好朋友。他们与项目本身没有很大的利益关系，但他们可以帮助你牵线搭桥，或者提供一些客户内部的重要信息。一个好汉三个帮，能够结识更多的转介绍人，对你的销售工作总归是有帮助的。

接触程度与支持程度

权力结构图是销售人员在做客户研究时的重要辅助工具。基于你对客户信息的收集和掌握，将采购决策链中的相关人士一一放置在权力结构图中的对应位置，从而知晓你应该找谁去沟通，以及还有谁没有和你产生有效的交流。在此过程中，接触程度与支持程度是你要重点关注的内容。

我们常把受客户喜欢的销售人员形容为"又红又专"，"红"是指销售人员与客户方关键人士的人际关系；"专"是指销售人员帮助客户战胜业务挑战的能力。

首先来看看与客户方关键人士的接触程度。销售人员经常反馈说自己与客户方某个关键人士的关系有多好。但关系是不是真的好？究竟好到什么程度呢？这不应该是销售人员单方面的主观感知，而应该基于双方接触的事实来做出判断。

关于销售人员与客户方关键人士接触程度的评分，可参考表3-5。

表 3-5　与客户方关键人士接触程度评分

评分	5	4	3	2	1	0	×
接触程度	家庭级接触	朋友级接触	商务级接触	公务级接触	例行级接触	无有效接触	不愿意接触
	两个家庭之间的交流活动	成为私人朋友，融入私人交际圈	可以私下交流（吃饭/赠礼）	可以一对一进行工作沟通	在一对多的会议中有过交流	暂无接触或仅有点头之交	明确拒绝与我方接触

支持程度是指客户方关键人士对你的解决方案的认可度与接纳度。销售工作的目标就是在客户采购决策链中大力发展支持者，从而获得更多的合作

支持。权力结构图中支持你的人越多，你的竞争优势就越明显；而高权力结构人士越支持你，你获胜的概率就越高。

根据客户对销售人员的支持程度，可以将采购决策链中的关键人士分为3种：支持者、中立者和反对者。客户支持程度评分可参考表3-6。

表 3-6　客户支持程度评分

评分	5	4	3	2	1	0	×
支持程度	完全支持	非常支持	较高支持	私下支持	一般支持	中立	反对
	愿意为我方承担责任	公开表态支持我方	帮我方引荐高层	愿意匿名为我方投票	愿意与我方交流需求	不支持也不反对	反对此采购项目的立项

支持者就是支持你的人。他们的支持行为和支持程度各有不同。有的人对你的解决方案绝对信任，甚至愿意为引进你的解决方案而提供个人信用担保，并愿意对此承担责任，这是最强烈的支持态度。也有人会在内部会议上公开表明对你的支持态度，或者愿意帮助你引荐更高层级的关键人士；还有的人可能平时较为低调，但对你抱有好感，在关键时刻能给予你投票支持。这些人都是你要极力争取的，也是你拿下订单的坚实保证。

中立者就是没有明确表达支持态度的人，他们可以接受你的解决方案，也可以接受你的竞争对手的解决方案。

对于中立者，你应该敬重有加，友善待之，努力将他们拉到你的支持者阵营。这样即使你不能达成所愿，也不至于让他们进入你的竞争对手的支持者阵营。

反对者就是明确表达反对态度的人。但必须申明的是，反对者并不等同于你的竞争对手的支持者，他们很可能只是反对实施这次采购项目，或者认为应该将这笔采购预算用于其他用途而已。例如，某客户想采购CRM系统，客户内部有些人对此表示反对，觉得这样的系统无法支持销售业绩的提升，甚至会给销售工作带来不必要的工作负担。

对于反对者，你的接洽态度不应该是记恨他们，更不能拒绝与他们交往，而是始终保持开放和友好的态度，或者利用你的支持者去影响和引导他们。反对者对你的反对程度低一点，你就离成功近一点。

要特别指出的是，不要轻易相信客户方关键人士对你的口头支持承诺，而要看他们是否表现出真正的、可以被验证的支持行为。例如，客户方的某个关键人士私下表示会支持你，却不愿意在公众场合表明对你的支持态度，或者不愿意为你引荐更高层的人物，对于这样支持的态度就要打上一个大大的问号，需要你做进一步的核实与验证。

☑ 目标客户档案的建立

建立和健全目标客户档案，是销售人员的重要工作，也是销售人员必须养成的好习惯。建立的客户档案信息越真实、越全面，就代表你对客户越尊重。你尊重客户，客户同样也会尊重你，这是双方建立合作关系的重要基础。

目标客户档案究竟该如何建立？客户的哪些关键信息应该被记录下来？建立目标客户档案的工作又有哪些最佳实践？接下来，我们将为大家一一讲解。

目标客户档案可以分解为客户组织档案、客户关键联系人档案和关键商机档案3个部分。客户组织档案相当于一幢房子，客户关键联系人档案相当于住在这幢房子的人们，而关键商机档案就是这些人与外部供应商合作的重要故事。

客户组织档案

客户组织是指在B2B模式下，你要与之洽谈合作的某个企事业单位组织，也许是一家企业，也许是一个政府部门，也许是你的一位经销商或代理商等。客户组织档案模板如表3-7所示。

表 3-7　客户组织档案模板

客户名称				
基本信息	客户属性		所属行业	
	所有制形式		年产值	
	组织架构		员工人数	
	客户来源		主要联系人	（我方经常打交道的1~3位客户联系人姓名和职位）
经营信息	发展历史	（描述客户的发展历程，重要的发展转折点与里程碑）		
	经营范围	（客户对外提供的主要产品/服务，主要的业务区域分布）		
	规模实力	（客户的品牌知名度、行业排名、市场份额、是否上市公司、营收增长趋势等）		
	市场与竞争状况	（客户所处行业的市场发展趋势、有哪些主要的同行竞争对手）		
	业务发展规划	（客户在未来的1~3年中有哪些与我方相关的战略规划与业务举措）		
	面临的业务挑战	（客户当下存在哪些需要解决的、与我方相关的业务挑战与潜在风险）		
财务信息	授信等级		资金状况	
	结算方式		回款账期	
合作信息	合作状态	无/低/中/高	开发等级	A+ / A / B / C
	合作模式		采购规模（年度）	
	我方产品适配分析	（我方有哪些产品/服务方案可以适配客户的需求？合作潜力情况如何）		
	人才/技术资源配置	（与我方解决方案相关的客户已有的人才/技术/设备/系统配置情况等）		

续表

客户名称		
合作信息	上下游合作资源	（与我方相关到客户现有的上游供应商及下游渠道/客户资源情况）
	过往合作历史	（记录客户与我方及与我方竞争对手过去的主要合作，以及客户满意度状况）
其他备注		

如表3-7所示的组织档案一般会分为基本信息、经营信息、财务信息和合作信息四个部分，企业也可以根据实际业务场景对该档案模板进行个性化调整与优化。

客户组织档案中有些字段信息可以通过客户官方网站或其他第三方平台轻松获取。但更多的字段信息需要我们与客户在日常沟通中逐步地获取与完善，就好比拼图一般，一点一点地将客户状态信息变得完整和翔实。

客户组织档案中所有的字段设定都应该是与供应商的产品服务息息相关的。例如，一家销售CRM系统的公司，会关注客户方的销售人数、销售模式、业务范围等信息；一家销售物流服务的公司，会关注客户的主要产品、经营区域、商品单价、主要的配送方式等信息；一家自动化设备生产企业，会关注客户的经营规模、员工人数、年产值、合作模式等信息。不管怎样，以下的几个字段对于大多数业务场景都是极为重要的。

业务发展规划与面临的业务挑战：这些都是客户采购需求的源起与改善期望。我们在"客户的业务驱动模型"章节中分析过，客户对外采购项目的发起，源自业绩增长目标、成本降低目标、效能提升目标及合规政策目标等因素的驱动，因此会制定和推行各种新的业务发展策略与变革举措。在与客户的接洽过程中，你需要认真探询客户的业务挑战与业务规划信息，并从中发现与你的解决方案相关的战略规划和业务举措。这可以帮助你更早、更快地捕捉到客户的需求信息。

我方产品适配分析：是指基于客户未来1~3年的业务发展规划，存在哪些与你的产品方案相适配的合作机会。有些合作机会可能已经在客户的资金计划中，有些合作机会可能还处于可行性研究分析与内部立项阶段，甚至还有更多的合作机会处于潜在需求阶段，客户自己都未察觉或意识到。在B2B销售模式下，重要的不是客户现在有没有向你发出合作邀请，而是从专业洞察与客户价值的角度，你是否能判断出哪些产品方案会让客户比现在过得更好，能帮助客户解决更多的问题创造更大的改善价值。

人才/技术资源配置：了解客户的人才/技术资源信息很关键。这就好比你要卖出一台先进的设备，如果客户端没有人会用，或者客户不能提供设备运行所需要的必要环境条件，那这台设备就只能是一个被闲置的"废物"。因此，对于在客户端实施的复杂程度较高的解决方案，你必须关注客户方是否有充分的人才和技术资源来承载。

上下游合作资源：了解客户的上下游合作资源也很重要。例如，提供第三方产品检测认证服务的供应商，如果能获取客户公司的上下游合作资源信息，不仅能够有更多的业务突破口，说不定还能把该客户公司的上下游合作厂商发展成自己的目标客户。

过往合作历史：是指该客户在过去与你及你的竞争对手之间有过哪些合作的事实与轨迹。这一信息有助于你更好地评估与客户的关系紧密程度，以及你会与哪些同行对手展开竞争，应该采取怎样的竞争策略等。尤其是对于那些你从来没有合作过的新客户，更要搞清楚他们当前合作的供应商有哪些。要打破客户与竞争对手既有的合作同盟，需要你付出更多的信心、耐心和行为策略。

客户关键联系人档案

除了客户组织档案，客户关键联系人档案也特别重要。客户关键联系人档案模板如表3-8所示。

表 3-8　客户关键联系人档案模板

信息维度	信息收集指引				
联系人名称					
基本信息	性别、电话、邮箱、职务、所属部门、工龄与成长经历				
工作职位信息	权力结构	核心□ 评估□ 执行□ 观众□	影响力	高□　中□ 低□	
	政治关系	向谁汇报？受谁影响	选择偏好	品牌技术价格	
	支持程度	3□ 2□ 1□ 0□ ×□	接触程度	5□ 4□ 3□ 2□ 1□ 0□	
	面临的业务挑战	基于职位 KPI 的痛点信息	个人利益诉求	基于个人利益的痒点信息	
人际关系信息	个人爱好		性格特质		
	社交媒体（1）		社交媒体（2）		
	重要纪念日（1）		重要纪念日（2）		
	家庭情况		重大人生经历		

与客户组织档案一样，客户关键联系人档案中的基本信息也相对容易获取，如某个联系人的性别、电话、邮箱、职务、所属部门、工龄与成长经历等。但有两个维度的信息获取更加关键，分别是联系人的工作职位信息与人际关系信息。

首先是工作职位信息。关于权力结构、影响力的定义已在前文中有所介绍，此处不再赘述。

政治关系：指的是客户关键联系人在公司内向谁汇报、谁能向其施加影响、其与哪些人交往密切、属于怎样的非正式人脉圈层等。

选择偏好：指的是客户关键联系人基于自己的价值观和认知度，对供应商的品牌与资质、解决方案的技术路线的选择偏好等。例如，选择供应商时，某些客户指定要找外资品牌、行业标杆，还要和自己公司"门当户对"等，这就是某种典型的选择偏好。

客户方关键联系人对你的支持程度，以及你与该客户关键联系人的接触紧密程度也需要如实记录和评价。支持程度和接触程度越高，你能够获得的支持者帮助就越多。

前文分析了客户组织面临的业务挑战，在客户关键联系人档案中，你更关注的是不同的关键人士分别有哪些与其KPI相关的业务挑战（业务痛点），有哪些个人利益方面的诉求（个人痒点），这需要你在与客户的深入沟通中进行探询和获取。

其次是人际关系信息。我们经常强调要与客户方的关键人士交朋友，是指真心地交朋友，而不是出于成交目的假心假意地交朋友。要想和一个人成为好朋友，你就得学着去了解他，与他趣味相投，对他念念不忘。具体来说，你需要了解这个人的兴趣爱好，才能更好地投其所好；你需要了解这个人的性格特质，才能用最合适的沟通方式让其感到愉悦；你需要知道这个人常用的社交媒体软件，才能与其建立稳固和多维度的交流方式；你需要掌握这个人的重要纪念日，如生日、结婚纪念日等，以便在这些重大节日来临时及时送上问候；你甚至还需要了解这个人的家庭状况，虽然这会涉及个人隐私，但如果对方愿意和你分享，你也可以借此获得更多帮助他解决个人事务难题的机会。另外，关于这个人还有哪些重大的人生经历，如高考、参军、创业、重大升迁等，你都可以留心记录下来，它们会成为你与对方交流时增进人际关系的最好话题。

关键商机档案

除了客户组织档案和客户关键联系人档案，还有关键商机档案。每份关键商机档案的建立，都代表着你在销售漏斗中又新增了一个有价值的销售机会。关键商机档案模板如表3-9所示。

表 3-9　关键商机档案模板

商机名称			
业务优先等级	□ H	□ M	□ L
适配产品方案		商机来源	
需求创建时间		预计招标时间	
预计成交时间		预计成交金额	
销售流程类别	□ 项目型销售流程 □ 契约型销售流程 □ 订单型销售流程	销售流程阶段	
项目拍板者		项目决策者	
技术评估者		使用评估者	
对方案的技术要求		对供应商的资质要求	
主要竞争对手		竞争策略	

目标客户档案建立的最佳实践

目标客户档案的建立是一项基础性工作。优秀的企业与个人都非常重视此项工作，并且将目标客户档案信息视为企业的重要资产。资产是可以保值与增值的，优秀的目标客户档案是实现销售业绩可持续增长的基础保证。以下是目标客户档案建立的若干最佳实践。

1. 可借助CRM系统来管理目标客户档案。CRM系统相比传统的Excel表格，在信息记录的便利性与信息更新的及时性方面都有着先天的优势。事实上，除了客户组织、关键联系人和商机这3份档案信息，CRM系统还能把与客户接洽过程中的有效沟通信息记录下来，同时在销售人员离职或转岗时的客户跟进关系变更、客户分类定级、私域客户资源池与公海客户资源池的管理方面游刃有余。因此，建议B2B销售型企业尽快上线CRM系统。

2. 目标客户档案信息的记录要符合及时性、完整性和准确性要求。及时性是指只要有新的有效信息就必须及时更新；完整性是指对于客户档案模板中预设的字段，要尽可能填写完整；准确性是指输入的信息必须客观和真实。输入的客户档案信息质量越高，对你的销售工作的指引价值就越大。反之，如果输入的都是一些"垃圾信息"，客户信息数据库就会变成一个无人问津的"垃圾场"。

3. 把目标客户档案建立工作纳入销售人员的KPI中。你需要关注客户档案的数量与质量结构，以及客户信息的完善程度。管理者应该对销售人员的客户建档工作进行定期抽检，并给予及时的反馈与奖惩。在销售管理与工作沟通中，也应该基于CRM系统中的客户档案信息来开展，帮助大家养成使用CRM系统与健全客户档案的好习惯。

作为一名专业的销售人员，客户研究与需求分析是一项基本功，是把"以客户为中心"的营销理念落到实处的重要体现。销售人员需要学会多观察、多提问、多倾听，多收集和整理客户的重要信息，这样才能真正做到懂客户和帮助客户。

4

第 4 章

新客户开发与客户关系培育

大多数销售型企业都会对销售人员明确见习期的业绩考核标准，如达到多少签约量、要实现多少回款、要达到多少利润等。有业绩要求固然是好，尤其是对于成交周期短、产品方案相对比较简单的销售场景，销售人员完全有可能在3~6个月的见习期内，成功斩获一些订单与业绩。但对B2B大客户销售模式来说，销售周期很长，产品方案复杂，客户的决策模式也非常谨慎。销售人员要想在见习期内实现业绩突破，几乎是不可能的事情。当然，万事都有例外。如果你幸运地"撞"上了一个活跃的销售机会，而你的产品方案也恰好是客户最想要的，那么确实有可能在短期内成交。但这种"天上掉馅饼"的好事可不是人人都能遇见的。

根据Easy Selling销售赋能中心的观察，销售人员在见习期内如果以完成业绩目标为导向，势必会产生急功近利的思想，盲目追求短平快的出单效果。但是，理想很丰满，现实很骨感。销售新人既没有客户资源储备，也没有客情关系基础，只能是哪里有活跃的销售机会就往哪里跑，最终导致的结果就是，销售新人不仅难以达成业绩目标，而且因为四处碰壁而变得疲惫不堪和灰心丧气。销售人员在见习期内主动辞职或被企业辞退，对企业和销售人员来说，都是一段让人遗憾、成本巨大的痛苦经历。

☑ 新客户开发的重要性

人们常说"万丈高楼平地起"。所谓的"高楼"，是指销售人员的业绩表现，而"地"是指新客户开发与客户关系培育工作。举个例子。

小李是一家第三方检测认证服务公司的销售人员。他没有像其他人那样一心只想着早点出单，而是在见习期内脚踏实地，一步一个脚印地从新客户开发工作做起。在3个月的时间里，小李开发了超过100家目标新客户，也添加了近200位客户方关键人士的微信，还从中捕获了5个质量不错的销售机会。可惜的是，这些商机没有那么快成交，都处于跟进状态，所以也没有达成公司要求的签约和回款的业绩指标。在转正考核时，小李向主管表达了自己能在不久的将来为公司创造优秀业绩的信心。让人惊讶的是，主管对小李见习期的工作表现给予了高度认可，认为小李虽然业绩没达标，但只要对这批新开发的优质客户继续跟进，就一定会有好的结果出现。

主管对小李见习期工作的评价，充分反映了新客户开发工作对销售人员成长的重要性，具体可以归结为3点（见图4-1）。

图4-1　新客户开发工作的必要性

找到正确的客户

要坚信，只要找到了正确的目标客户，就一定会有正确的销售机会出现。因为对客户而言，活跃需求既是一种刚性需求，也是一种必须借助外部供应商的帮助才能得以满足的需求。活跃需求是必然存在的，只是客户需要选择与哪家供应商合作而已。如果销售人员接洽了这样的客户，向他们及时传递了自己的产品方案信息，就有可能获得参与竞争并赢得订单的机会。

"行业对了，客户就对了；客户对了，需求就对了"。这句话的意思就是，销售人员只要知道自己的产品方案所适配的客户行业有哪些，清楚在这些行业中的目标客户有哪些，以及在这些客户中的具体应用场景有哪些，就可以以此为线索，发现足够多的销售机会。

找到充分数量的客户

要坚信，只要找到了充分数量的客户资源，就一定会有持续的销售机会出现。东边不亮西边亮，你跟进的客户不一定都会在同一时间产生需求，但一定会陆陆续续、源源不断地产生需求。

例如，小李在同时跟进100位目标客户，那么在未来的3年，每位客户都有可能为他贡献至少一个销售机会。这也意味着，小李将有可能在未来3年获得100个销售机会，平均每年会获得30个左右的销售机会，基于正常的赢单率，小李就可以得到相对确定的成交业绩。当然，每名销售人员跟进的目标客户数量既不能太多，也不能太少。客户数量太多，容易贪多嚼不烂，导致大量客户资源被闲置和无效占用。客户数量太少，又容易出现业绩青黄不接的局面，因为很少的客户数量只会产生更少的销售机会。

一名销售人员能跟进的客户数量应该根据不同的销售模式来定。

在项目型销售模式下，因为单个客户的商机产生有明显的不连续性和不确定性，所以可以将客户跟进数量的上限提高一点，以确保在"大数法则"下，在某个时间段内，总会有一部分客户出现销售机会。而在循环型销售模式下，如在化工产品、零部件行业等，销售人员一方面要不断开发新客户，另一方面还要腾出时间和精力来服务老客户，确保既有的老客户订单份额不降反增，因此可以将客户跟进数量的上限放低一些，确保"抬头看路，也要低头走路"。当然，客户跟进数量的上限，可参照销售人员所在公司的具体标准和要求来确定。

明确新客户开发的定义

必须申明的是，这里所说的"新客户开发"，并不等同于"新客户成交"。事实上，公司必须对"新客户开发"做出清晰的定义。举例如下。

在A公司，销售人员只要能够接触到目标客户中的关键人士，与对方建立电话或微信联系，以及在CRM系统中新建立一个目标客户档案，就被视为成功完成了一个新客户开发。

B公司则要求销售人员在A公司的标准之上，增加一次有效的客户实地拜访或在线会议，只有这样才能被视为一次合格的新客户开发行为。

C公司更多是短周期的销售模式，所以对新客户开发的定义与A公司和B公司截然不同，其以客户成交作为新客户开发的衡量标准。

很难说以上哪家公司对"新客户开发"的定义更好，因为存在就是合理的。关键是销售人员要理解公司对"新客户开发"的目标要求，然后以目标为导向来规划和管理好自己的销售行为。

☑ 新客户开发的渠道与模式

明白了新客户开发工作对销售人员成长的重要性之后，接下来要思考的问题便是"新客户从哪里来"，以及"如何更高效地完成新客户开发工作"。

一般来说，销售新人在新客户开发工作上虽然是从零起步，但并不需要像无头苍蝇一般四处乱撞，而是可以把新客户开发聚焦到以下来源与渠道上。

通过公司既有的CRM系统来获得新客户资源

大部分销售型企业都有CRM系统，销售人员也通过CRM系统来管理自己的客户资源与销售机会。一般来说，公司的市场部门通过各种市场活动来创建和分配新的销售线索，资深销售人员也会将自己不再跟进的客户资源转入公海客户资源池等待公司重新分配。销售新人可以从中甄选和申领到合适的目标客户来进行开发。因为CRM系统公海池中的大部分客户档案都有客户关键联系人的联系方式及过往的沟通记录，所以接洽起来相对比较轻松。

通过互联网搜索来挖掘新的客户资源

公司的目标客户画像是销售人员在互联网上寻找新客户的行动指引。例如，小李所在的第三方检测认证公司，主要的目标客户集中在家用电器行业。因此，小李可以在互联网中搜索"××区域家用电器行业排名"等关键词，先收集和筛选出优质的目标客户清单，再通过客户在官方网站或在第三方平台上留下的联系方式进行接洽。这种开发方式的优点是聚焦重点垂直行业客户，一旦实现成功接洽，就能逐步激发出客户的业务合作潜力。但缺点是开发效率不高，有时候还需要通过客户公司的前台或总机的盘查，被拒绝率也相对较高。

通过转介绍中心来获取新的客户资源

转介绍中心就是指那些在你的目标人脉资源圈层中有较高的影响力，能够较为便利地获取目标客户需求信息的人物。人们习惯把供应商群体称为"乙方"，把目标客户群体称为"甲方"。乙方有乙方的交流社群，甲方也有甲方的交流社群，而且乙方由于身份所限，很难打入甲方的交流社群。例如，你是某企业管理咨询培训机构的销售人员，作为乙方代表，如果你能够将一些优秀的甲方企业培训负责人培养为你的转介绍中心，则可以通过他们在甲方交流社群中发布或收集你需要的商机信息，或者让他们帮你引荐一些有意向的目标客户方关键人士，这是再好不过的事情了。对于转介绍中心的成员，你需要和他们发展高信任度、协同共赢的合作关系，当然也要规避一些违法违规的执行风险。

通过异业联盟方式来获取新的客户资源

你需要发展的异业联盟对象，是指那些虽然与你不存在产品竞争关系，但拥有与你相同的目标客户资源的公司或机构。异业联盟成员之间可以共享目标客户资源，也可以联合开展营销推广活动，甚至可以进行产品方案的捆绑销售，实现"1+1>2"的协同共赢效果。对于实力较强、规模较大的异业联盟合作对象，需要你所在公司的市场部门来统一进行平台对接与关系维护。但对于规模较小的异业联盟资源，你完全可以独立进行开发与管理，或者以转介绍中心的形式进行运营。例如，做CRM产品的公司找做OA产品的公司开展异业联盟，做企业培训服务的公司找做第三方人力资源外包服务的公司开展异业联盟。你还可以找到各种相关的行业协会、商会、联盟、企业家或经理人俱乐部等社团组织来开展异业联盟。

通过行业展会/论坛方式来获取新的客户资源

要想在行业中立足和发展，一定要不断地融入行业的圈层，扩展自己的人脉资源。展会和论坛就是你的目标客户资源聚集度最高的拓新场所。你不仅可以在各种展会上轻松接触自己想要的新客户资源，而且客户在设展时，通常都会有公司高层或关键人物出席，你如果能够在现场和他们打个照面，互相交换名片，给对方留下一个好印象，日后再逐步深度交流，那就再好不过了。

除了以上列举的新客户开发方式，还有一些更有创意、更加与时俱进的方式也可以大胆尝试,如在抖音或视频号等平台进行直播引流、通过微信朋友圈发布合作信息、利用电子邮件或DM投送方式来传递价值主张信息等。不同年龄层的人有不同的行为习惯与能力特质,也有不同的新客户开发方式。至于哪些方式是最有效的、最适合你的,只有经过大胆尝试和大量实践后才能确定。但不管怎样,作为销售人员,如果在起步期就能够夯实新客户开发基础,对其职业生涯的发展至关重要。

☑ 新客户开发周期管理

新客户开发对销售人员成长的重要性不言而喻,但也充满了诸多困难和业务挑战,如经常遭遇客户拒绝、辛苦找到的客户却被其他业务员捷足先登、与新客户的关系若即若离进展不大、给客户发送了很多信息却石沉大海等。以下是我们总结和提炼的新客户开发周期管理最佳实践,可以帮助你解答很多曾经或在未来可能遇到的业务难题。

要尽可能在见习期内完成新客户开发任务

尽管新客户开发工作很难,但对销售人员的能力要求不高,比起新商机的成交工作要简单很多。另外,随着见习期的结束,销售人员的工作任务会变得越来越繁杂,业绩压力会越来越大,能够在新客户开发工作上投入的时间和精力也会越来越少。因此,如果销售人员在见习期内就能达到新客户开发的数量和质量要求,就等同于建立了自己的私域客户资源池,有了在未来可以精耕细作的"一亩三分自留地"。虽然在见习期结束后,还会因为客户转介绍等方式,陆续有新的客户资源流入,但新客户开发数量将不再作为销售人员主要的KPI,销售人员的工作重心将转移到更有挑战性的客户关系培育和商机成交工作上。

要对新客户开发的数量指标进行合理分解

如果在3个月的见习期内要完成100家新客户的开发，那么分解下来，每个月要开发34家，但每周只需要开发8~9家，每个工作日开发1~2家即可。100家的开发量指标看似很高，很有挑战性，但分解到每天，就有很高的达成性了。以上演算还没有包含周末时间，销售人员如果能利用好周末两天时间，开发的压力还会进一步降低。事实上，新客户开发就是一项日积月累、循序渐进的工作，销售人员只需以目标为导向，化大为小，一步一个脚印，就能积少成多，成功达标。曾经有位销售新人这样形容其新客户开发的心路历程：很枯燥乏味，但也很有动力，只要一想到见习期结束后就能"龙出生天"，不用再每天重复这些枯燥的工作，就会备受激励，现在再苦再累也都能坚持下去。

每天在"心流时间"内进行新客户开发工作

"心流时间"是指一个人在做某件喜欢的事情时，能够沉浸其中，甚至忘记了时间和空间的存在。新客户开发特别需要有心流时间，原因恰恰在于这是一项充满挫败感且最难产生心流的工作。如果只是等到以后有空了才去做，那就基本上找不到太多的空闲时间，或者做起来难以保持专注和平和的心态。我们倡导销售新人每天都给自己留一个特别的时间段，如一个半天，或者连续的3~4小时，在这段时间不被其他事务所干扰，只专注于新客户开发工作。如果能这样，即使在开发过程中有诸多不顺，这些不顺也会被销售人员视为前进路上的一些小插曲，痛并快乐着。

新客户开发和客户关系维护工作要同步进行，不可失之偏颇

大家都听过"捡了芝麻丢了西瓜"的故事，左手捡，右手丢，忙来忙去，最后却所获甚少。我们可借助一个客户开发与客户关系培育的演变示意

图（见图4-2）来阐述其中的道理。横轴代表新客户开发的累计数量目标，纵轴代表销售人员的时间和精力投入。

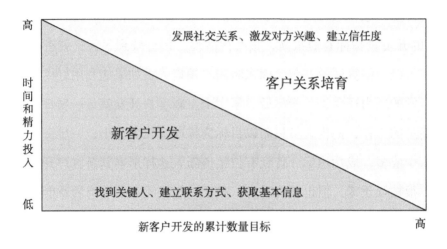

图4-2　客户开发与客户培育的演变示意图

在见习期刚开始时，由于销售新人手头的新客户数量为零，因此要将100%的精力投入新客户开发工作中。随着成功接洽的新客户数量越来越多，距离开发目标越来越近，销售新人就可以逐步分出一部分时间来对已开发的客户进行关系维护。随着见习期的结束和新客户开发目标的达成，销售人员可以将100%的时间投入客户关系维护和需求深挖上。起步和达标的这两个时点，就是销售人员职业生涯中的两个重要里程碑，也是在工作内容上的两个重要分水岭。

新客户开发要做好质量结构上的优化

大家都知道，越是品质高的客户，就越难以成功触达，就像越优秀的人，身边就越不缺少追求者一样。有太多供应商的销售人员都在向高品质的客户主动靠近，争相示好。对销售新人来说，这些优质的目标新客户如同一座座难以逾越的大山，需要花费更长的时间和更多的耐心去慢慢征服。在专业技能和心智模式还不太成熟的阶段，过多的受挫极有可能让销售新人一蹶不振。

因此，我们强烈建议销售新人先从品质中等的目标客户入手，甚至可以先通过与品质一般的目标客户接洽，从中积累经验与信心，然后转向对高品质客户的专业开发。如图4-3所示，我们常把客户按照业务合作潜力大小分为A、B、C等若干级别。在起步期，B类和C类客户居多，A类客户占少数；在成长期，A类客户的数量慢慢增加，C类客户的数量相应地会慢慢减少；在成熟期，A类客户的占比逐步稳定在20%左右，B类客户占50%左右，C类客户则锐减到30%左右。这就是新客户开发质量结构的持续优化。

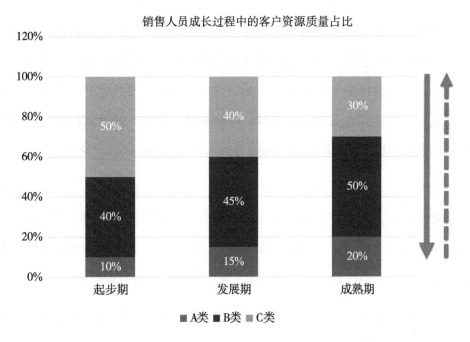

图4-3　客户质量结构的持续优化

总之，新客户开发工作充满了挑战，但也是销售人员成长过程中必须跨越的一道关。销售人员越早完成新客户开发目标，就能越早夯实业绩产出的客户基础，也就能越早厚积薄发，实现可持续发展与成长。反之，如果在起步期没有积累足够的目标客户数量，总想着快点出单，急功近利，成长通道就会变得越来越窄，难以为继。

把树先种上，后续再精心地施肥、浇水、防虫，硕果累累的收获季节就指日可待了。同理，新客户开发对销售人员来说，是里程碑式的工作任务。在销售工作起步期，应该把新客户开发工作放在最优先的位置，最快速度和最高质量地完成。

☑ 客户覆盖模式的升级

与正确的人，用正确的方法，做正确的事情，才能有正确的结果产生。同理，在B2B销售模式中，要想有好的业绩表现，首要的就是找到对的客户，找到有高合作潜力的客户。不难发现，在所有成交的客户群体中，20%的重点客户为销售人员贡献了80%左右的业绩。因此，从投入回报比的角度看，销售人员也应该将80%的时间精力投入这20%的重点客户身上。

作为销售人员，你需要解决的问题是，谁才是你的目标客户？哪些客户对你来说更重要？对于不同重要程度的客户，你如何分配有限的营销资源以获得最大化的业绩回报？好钢用在刀刃上，有针对性和倾向性地执行客户覆盖工作，是绝大多数销售团队成员需要掌握的核心销售技能。

小李刚刚拿到一家客户的招标通知书，觉得自己公司的服务方案与客户需求非常匹配。小李给客户打了好几次电话，想登门拜访，做面对面的需求沟通，但客户总是以各种理由拒绝和他见面，只是告诉小李按照标书上的规定正常参加投标就行了。小李很郁闷，就向他的主管请教。

主管反问小李："这家客户你之前接触过吗？客户对你有认知和信任度吗？这家客户里有你的支持者吗？你在发现这条需求信息之前对客户有过多少了解呢？"

小李的回答也证实了主管的判断：小李之前从来没有接触过这家客户，而且小李过往跟进的商机绝大部分都是从一些招标网站上找到的活跃需求，然后通过投标活动来参与竞争。其结果可想而知，小李不仅难以得到客户的待见，而且在竞标中获胜的希望也是微乎其微。

小李的工作模式其实就是"先盯商机，再拓客户"。平时不愿投入时间与没有活跃需求的客户做关系维护。等到客户商机出现时，才开始想着投入精力与客户建立关系。我们称之为"见机行事"的客户覆盖模式。

真正的销售高手，会采用"先盯客户，再拓商机"的策略。只要识别出有合作潜力的目标客户，他们就会用心地培育与客户的关系，建立客户对自己的信任度和支持度。当客户有需求出现时，他们自然就能先入为主，占据先机，提高赢单率。我们称之为"见客行事"的客户覆盖模式。

"见机行事"中的"机"指的是销售机会，对应的是客户主动向外寻求解决方案的活跃需求。而"见客行事"中的"客"指的是目标客户，是与你所在公司的客户画像相符，具有合作潜力的目标客户。从"见机行事"向"见客行事"转变，是客户覆盖模式的升级，也是"以客户为中心"的营销理念在实践中的最佳体现。

采用"见机行事"的客户覆盖模式，虽然也能侥幸斩获一些订单，但对销售业绩的可持续增长会造成巨大的"瓶颈效应"，其原因可简要分析如下。

首先，由客户主动发出的活跃需求数量只是极少数，更多的目标客户处于"潜在需求"的状态。如果你一味地"守株待兔"，被动等待，就意味着你会把绝大多数潜在需求拱手让给了那些懂得"先入为主"的竞争对手。

其次，你在捕捉活跃商机时，一定会全力争取赢单，但"闻到腥味前来夺食的绝对不止你这一头狼"。这无异于要与竞争对手"近身搏杀"。虽然说狭路相逢勇者胜，勇者相逢智者胜，但如果你没有明显强于竞争对手的能力优势，"输单"和"低价赢单"必定是大概率的结果。

最后，当客户有需求时，你对客户笑脸相迎；当客户没需求时，你对客户爱搭不理。缺少了与客户的"日久生情"，客户也会对你缺失信任度与人际好感。这会导致你被客户牵着鼻子走，被客户施以价格压榨，甚至被客户当作炮灰等。

见客行事相对于见机行事，就是化被动为主动，心中时刻装着客户，无论你的目标客户有无提出活跃需求，只要评估其符合你的目标客户画像标准，认定其可以通过你的产品方案解决问题，你就应该提前和主动地与客户接洽，建立和培育客情关系。这种客户覆盖模式能有效地将目标客户从潜在需求状态推进到活跃需求状态，你也因此可以先入为主地成为客户心目中最想合作的Mr. A（首选合作供应商）。

如何才能做到见客行事？可以从客户优先跟进权益与培育与开发责任两个维度来进行剖析。

首先，你在公司内部对自己跟进中的客户资源可获得优先跟进权益。这句话的意思是，在优先跟进期间，公司内部不会有其他销售人员进行重复跟进和恶意抢单。这样你就可以专心和耐心地对自己跟进的客户进行关系培育与持续经营。

在不同的销售型企业中会有不同的优先跟进机制。例如，普通级别的客户由一名销售人员优先跟进即可，重要级别的客户由两名或多名销售人员联合优先跟进，就像电影中的主角与配角关系，主销售人员与辅销售人员互相配合，服务客户。客户优先跟进权益机制就相当于让每名销售人员拥有一个私域客户资源池，而区域内所有的目标客户都被分配至一个个的私域客户资源池中，被销售人员尽职尽责地跟进和服务着。

其次，你要对自己跟进中的客户资源履行培育与开发责任，以确保这些目标客户被你有效地覆盖，而不是闲置在你的私域客户资源池中。权利与义务永远都是对等的，具体有以下几项责任与义务需要你来执行。

第一，设定客户跟进的数量上限与质量结构。

优质的目标客户资源是有限的，销售人员的能力和精力也是有限的。在优先跟进权益机制下，一名销售人员最多能够跟进多少家客户，至少受两个因素的影响。一是销售模式。在项目型销售模式下，因为商机的出现具有不确定性和不持续性，所以每个销售人员覆盖的目标客户数量可以多一些，甚至可以达到200~300家。而在循环型销售模式下，销售人员还要同时承担老客户后续订单维护的工作，所以跟进的客户数量会少一些，如50~100家。二是销售能力。相比销售新人，资深销售人员跟进客户的数量上限可以更高一些，高质量的客户资源占比也可以更大一些。

第二，履行客户信息完善与客户需求开发的责任。

既然拥有了优先跟进的特权，就要负责对客户进行有效的开发。就好比你申请把果树种在自己家的院子里，也享受优先采摘果实的特殊待遇，你就必须履行浇水、施肥、捉虫和对果树建立生长档案的义务。同理，你也应该按照公司要求，建立和更新目标客户档案，包括客户组织信息、关键联系人信息、客户跟进信息、商机信息等。

要按照客户覆盖的行为标准和频次要求，进行例行性的客户接洽与价值传递，包括但不限于电话、拜访及市场活动邀约（见表4-1）。

此外，还要做好产出管理。尤其是对于重要和优质的客户资源，你应该向公司做出目标客户的产出预测分析与目标承诺，并全力达成。当然，如果你不能尽到对优质客户的开发责任，公司也有权将客户资源回收，再进行择优分配。

表 4-1　客户跟进节奏及行为标准参考

客户级别	客户关键人	电话量（次 / 月）	拜访量（次 / 月）
A+/A	核心圈		
	评估圈		
	执行圈		
B	核心圈		
	评估圈		
	执行圈		
C	核心圈		
	评估圈		
	执行圈		

备注：以上销售活动量标准是在客户处于无活跃商机的情况下，销售顾问对客户的日常接洽的工作基本要求，以建立客情关系，及时获知客户需求动向。如果客户处于有合作关系或存在高意向合作机会时，拜访的频次可以相应地增加。

需要强调的是，客户资源都是公司的资产，无论该客户是你独立开发的，还是由公司统一分配给你的。毕竟，作为公司的一员，享受着公司给予的薪酬福利待遇和客户跟进权益保护，你所有的客户开发活动都是公司营销运营体系的一部分，千万不能有"这个客户是我找到的，我爱怎么跟就怎么跟，谁也管不着"的狭隘思想。

一个只会捕捉活跃机会的人，销售能力再强，也只能"近身搏杀"，纵然英勇非常，也难逃杀敌一千、自损八百的结局。只有善于捕捉潜在机会的人，才能占据先机，获得更多的客户生意合作机会。从"见机行事"到"见客行事"的转变，是销售拓客模式的重要转型升级，也是提高工作效能、实现业绩倍增的最佳路径。

☑ 目标客户画像与分类定级方法

销售人员小张加入公司快一年了，销售业绩一直都不太理想，几乎到了被淘汰的边缘。主管发现小张并不是智商和技术有问题，也不是不够勤奋。当主管查看小张的客户资源池时，问题的根源终于暴露了。原来，小张这一年中辛辛苦苦开发出来的客户，与公司对目标客户的标准要求大相径庭。这些品质不高的客户，无论小张怎么花工夫去软磨硬泡，都很难产生优质的合作机会。看来，对小张来说，现在最要紧的不是商机成交能力的突破，而是提升其客户质量评估与分类定级能力。

世界著名的产品交互设计之父Alan Cooper曾经说："任何产品服务都有其独特的客户属性，每个产品都是为特定目标群的客户服务的。如果这个产品是适合每个人的，那么其实它是为最低的标准服务的，这样的产品要么毫无特色，要么过于简陋。"意思是说，每家公司的产品都有特定的目标客户对象，像奢侈品与普通品牌的目标客户群体就有很大的区别。你应该专注于发现与自身产品的调性、采购预算、品质要求相一致的目标客户对象，并勾勒出你们公司的理想目标客户画像。

创建目标客户画像的步骤

在B2C领域，目标客户画像更多的是从消费者大数据中提炼而成的。在

B2B领域，目标客户画像的方法与B2C领域的原理相似，但也有一些不同之处。接下来可以按照以下4个步骤来创建目标客户画像（见图4-4）。

图4-4　目标客户画像的创建步骤

Step 1：设定好目标客户标签

可以选取一些与你们的解决方案能力密切相关的客户标签，如客户的区域分布、行业分布、所有制形式、经营模式、经营规模、行业排名、员工数量、需求预算大小等。当然，标签的数量并非越多越好，一般控制在5～12个最佳。

Step 2：选择已合作客户样本

找出一定数量的、有代表性的客户，按照过往合作规模大小，将其分为3个合作层级：低合作（零星级）、中合作（普通级）、高合作（战略级）。样本数量可根据已合作的客户总数量来确定。一般来说，每个层级的客户样本选取20～30家为宜，3个合作层级的客户样本数量在60～80家。

Step 3：描述样本客户的特征表现

不同合作层级的客户在同一个标签维度的具体表现可能有所不同。例如，对于"区域分布"标签，中高合作层级的客户可能会更多地分布在沿海一线城市，而低合作层级的客户可能更多地分布在内地的二、三线城市等。你可以按照客户合作层级对每个标签的数据表现进行梳理与提炼，找出数据分布的规律（见表4-2）。

表4-2　样本客户标签数据统计

样本客户	合作层级	标签数据表现				
	（高/中/低/无）	标签 1	标签 2	标签 3	……	标签 n
客户 1						
客户 2						
……						
客户 n						

Step 4：创建目标客户画像

目标客户画像是辨识客户真伪的标准，也是引导你的新客户开发方向的重要依据。因此，可以设定"优先覆盖"（对应高合作层级）、"次后覆盖"（对应中合作层级）及"谨慎覆盖"（对应低合作层级）3个标签特征描述维度（见表4-3）。

表4-3　目标客户画像（示例）

序号	客户标签	标签特征描述			
		优先覆盖	次后覆盖	谨慎覆盖	备注说明
1	所有制形式	股份制企业	非股份制企业	国有企事业单位	
2	规模实力	行业排名前列	行业排名中等	初创企业	规模实力包括行业内的排名、营收额、市场覆盖范围等
3	员工人数	1 000 人以上	500 ～ 1 000 人	500 人以下	指企业员工在编人数，不含劳务合作人员

- 符合"优先覆盖"特征的客户应该大力开发、重点开发。

- 符合"次后覆盖"特征的客户，可以做好跟进，但因其产出能力有限，所以要管控好投入的营销资源、时间和精力。

- 符合"谨慎覆盖"特征的客户，建议不做跟进或减少跟进，因为其极少有产出的可能性，或者与你的解决方案能力关联不大。

客户合作潜力量化评估

虽然你明确了客户特征标签，也做了优先覆盖、次后覆盖与谨慎覆盖的分层描述，但还需要更精准和量化地定义每家客户的合作潜力。因为合作潜力越高的客户，你越要投入更多的时间和精力进行开发与维护。那如何进行合作潜力的评估呢？

通常可以从上述客户特征标签中选取5个最具代表性的标签，用于客户合作潜力的评估。这些标签必须尽可能符合可量化、容易取数、客观真实这3个特征。例如，"销售人数"这个标签就非常符合，而"市场占有率"这个标签虽然可以被量化，但很难取数，也不一定客观与真实。

下面用某CRM产品公司的客户画像来举例说明。该公司选择了5个标签作为目标客户合作潜力的评估维度，分别是销售人员数量、行业知名度、销售模式、产品方案复杂度、成功案例充分度（见表4-4）。对于每个标签，又可以按照与该公司CRM产品方案的适配度进行1~5分的量化。每个标签最高5分，得分越高，说明合作潜力越大。

表 4-4　某 CRM 产品公司的目标客户合作潜力评估（示例）

序号	标签	合作潜力评分				
		5分	4分	3分	2分	1分
1	销售人员数量	200人以上	100~200人	50~100人	30~50人	不足30人
2	行业知名度	知名品牌/上市公司	知名品牌/准上市公司	知名品牌/非上市公司	知名品牌/地区企业	非知名品牌/地区企业
3	销售模式	全直销	直销为主，分销为辅	直销和分销各占一半	分销为主，直销为辅	全分销
4	产品方案复杂度					
5	成功案例充分度					

一般来说，对业务合作潜力的评分，可以按照你的主观判断来计分。例如，5分（非常符合）、4分（比较符合）、3分（一般符合）、2分（基本不符合）、1分（完全不符合）。

当然，也可以对1~5分制定出更加具体、客观和量化的评分标准与具体描述，方便销售人员对照标准进行更精准的评分。

一家目标客户在5个业务合作潜力标签上可获得的满分为25分，最低为5分。

拿"销售人员数量"标签来说明。因为该公司的CRM产品是基于SaaS模式进行交付的，按照目标客户的销售人员数量多少开通账号并按年收费。因此，客户的销售人员数量越多，预计成交规模就越大，合作潜力当然也就越大。

再拿"销售模式"标签来说明。如果客户偏向直销模式，其对终端客户资料的管理要求就高，销售人员使用CRM产品的必要性就大。反之，如果客户偏向分销模式，终端客户资料大都掌握在经销商的手中，客户导入CRM系统的意愿度就会低一些，合作潜力自然也会受到影响。以此类推，还可以对其他3个合作潜力标签做出1~5分的特征描述。

在业务合作潜力评估方法的实际应用中，每个合作潜力特征标签的重要程度应该有所不同。你可以对每个标签再设置不同的权重，这样通过加权累计的得分可以更真实地反映出该目标客户的业务合作潜力大小（见表4-5）。

表 4-5 目标客户的业务合作潜力评估

客户名称	合作潜力评估					潜力分汇总(无权重)	潜力分汇总（含权重）
	标准一（50%）	标准二（10%）	标准三（20%）	标准四（10%）	标准五（10%）		
客户一	5	3	4	2	5	19	21.5
客户二	3	5	3	3	4	18	16.5

对合作潜力各评估维度增加权重因素考虑后，潜力分计算公式为

$$潜力分汇总（含权重）=\left[\sum（标准分值\times权重）\right]\times5$$

所以，

客户一潜力分 $=（5\times50\%+3\times10\%+4\times20\%+2\times10\%+5\times10\%）\times5=21.5$

客户二潜力分 $=（3\times50\%+5\times10\%+3\times20\%+3\times10\%+4\times10\%）\times5=16.5$

以上就是进行理想目标客户画像的操作方法，简单易行，但对工作的指导意义极强。许多销售型企业都没有做到以上要求，导致"眉毛胡子一把抓"，客户开发工作无重点，营销资源投入无方向，最终只会是事倍功半和事与愿违。

客户分类定级方法

目标客户画像与客户合作潜力的评估，是销售型企业推行客户分类定级工作的重要前提与基础。而客户分类定级的结果，又可以作为销售人员在不同目标客户身上投入时间和精力多少的参考依据。一般来说，客户定级有两大衡量维度，分别是业务合作潜力与过往合作规模。前文对业务合作潜力已经做过分析，此处不再赘述。过往合作规模可以分为4个层级：无合作、低合作（零星合作）、中合作（普通合作）、高合作（战略合作）。

对于项目型销售模式，因为客户需求具有相对不确定性，所以客户分类定级主要看业务合作潜力维度。而对于循环型销售模式，需要同步关注过往合作规模维度。例如，某家化工原材料生产企业与老客户之间存在持续的、稳定的订单合作。现在合作的订单量很大，意味着在未来合作的订单量也可能很大。因此，在循环型销售模式中，过往合作规模也是业务合作潜力的另一种特征表现，而且更加直观和更具预测精准性。

接下来介绍目标客户分类定级表（见表4-6）的设计原理与使用方法。

表 4-6　目标客户分类定级表

客户名称	业务合作潜力评分	过往合作规模 （高 / 中 / 低 / 无）	分类定级
富利地产	19	高	A+
和牌塑料	15	无	B
兴旺家居	15	中	A
友谊办公	18	无	A
……			

表中第一列是正在覆盖和跟进的客户名称。

表中第二列是对业务合作潜力的评分。你可以将18分及以上视为合作潜力高，12分及以上视为合作潜力中，12分以下视为合作潜力低。当然，此划分标准也可以按需要进行微调。如果按照18分及以上为高，则最终发现能够达到高合作潜力的客户数量非常稀少，说明我们的高潜力分值门槛太高了，可以将18分适当调低为17分或16分。反之亦然，如果我们发现有很多数量的客户都是合作潜力分高于18分，又说明我们的高潜力分值门槛太低了，可以将18分适当调增为19分或20分。

表中第三列是对过往合作规模的评估，根据实际情况对每家目标客户的合作状态选择"高/中/低/无"的某种标记。

表中第四列是基于对业务合作潜力与过往合作规模的评估，得出的客户分类定级最终结果，通常包括A+、A、B、C 4个级别。

客户分类定级的执行标准如下。

- A+类客户，是指满足"业务合作潜力高，存在持续的合作关系，且过往年度合作累计金额达到或超过某个额度，对我方营收目标的实现至关重要"的客户群体，A+类客户有时也被称作S类或KA客户。

- A类客户，是指满足"业务合作潜力高，无论过往是否合作过，或者业务合作潜力中等，但有过合作关系"的客户群体。特别要指出的是，对于从未合作过的目标新客户，只要其具有高的业务合作潜力，就应该将其定位为A类客户。因为这种客户一旦开发出来，就会给你带来可观的营收贡献。如果没有将其放在A类客户的范畴，就意味着你不会投入更多的精力去主动开发，也就没有可能实现与该客户的合作突破。

- B类客户，是指满足"业务合作潜力中等，无论过往是否合作过，或者业务合作潜力低，但有过合作关系"的客户群体。

- C类客户，是指满足"业务合作潜力低，且没有合作关系"的客户群体。

以上目标客户画像与客户分类定级方法简单、实用和高效。你可以按照这样的方法与逻辑设计出适合自己的客户评估方法，让自己在正确的客户身上投入正确的营销资源，产出正确的业绩结果。

☑ 客户覆盖策略与行动计划

在B2B大客户销售中有两个重要概念：客户开发与客户经营。客户开发更加重视销售机会的获取与成交结案，以实现销售业绩为主要目的，偏重短期行为；而客户经营更加重视客户的成功，希望能长期、可持续地陪伴客户成长，偏重中长期行为。大客户销售工作应该努力做好客户经营，而不能仅满足于客户开发。

销售人员小张按照主管和公司的要求，对自己私域客户资源池中的客户进行了科学的分类定级，也开始有意识地加强对优质客户的定向开发，逐步淘汰了一批合作潜力不高的客户资源，客户质量结构也越来越趋于合理。但私域客户资源池中的客户数量仍然很多，小张的时间和精力有限，实在难以做到"雨露均沾"。主管告诉他：越重要的客户，越要投入更多的营销资源进行覆盖跟进；而对于次重点和非重点客户，就要做好时间和精力的合理分配与管理，不可滥用。其实，主管提及的，正是科学的客户覆盖策略与行动计划。

前文介绍过销售人员在起步期、发展期和成熟期3个阶段，其私域客户资源池中客户质量结构所发生的此消彼长的变化。销售人员到了成熟期，各类客户的占比趋于稳定，A类（含A+类）客户约占客户总数量的20%，B类客户约占客户总数量的50%，而C类客户约占客户总数量的30%。后续，这个结构比例还会因为客户资源的优胜劣汰而发生变化，但也不会偏离太远。

接下来，我们再向大家展示一下在销售人员成熟期的客户分类与营销资源投入比例（见图4-5）。从图中可以看出，销售人员在A类（含A+类）客户身上投入的营销资源占70%左右，在B类客户身上投入的只有25%左右，而在C类客户身上只有5%左右的资源投入。

下面来做一个试算。假设小李正在跟进100家目标客户，其中A类客户20家，B类客户50家，C类客户30家。一个月以22个工作日计算，按照上述营销资源投入参考比例，小李理应投入15.4天在A类客户身上，每家A类客户可以分配到0.77天的服务时间，所以小李可以有充分的时间对每家A类客户进行深入拜访与交流。小李还会投入5.5天在所有B类客户身上，相当于分配给每家B类客户的服务时间只有0.11天。小李平时会更多通过在线方式与B类客户进行交流，以及在对A类客户专程拜访时，顺道拜访一下B类客户。最后，小李在所有C类客户身上只剩下1.1天可投入，相当于每家C类客户只能分配到0.04天的服务时间，这一丁点时间注定小李必须高效借助市场（Marketing）手段来影响C类客户，最大限度减少面对面拜访这样的传统销售（Selling）手段。

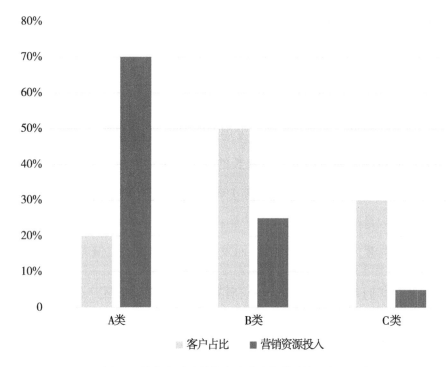

图4-5　销售人员成熟期客户分类与营销资源投入比例

接下来，将更加详细地解读针对不同类别客户的覆盖跟进策略。

贴合策略：A（含A+）类客户

A类客户由于其采购能力强大，很少会主动向供应商示好，更多的是供应商们围着A类客户，希望能够获得与其合作的机会。但是，有耐心和恒心的销售人员毕竟还是少数，大部分人都会在A类客户的拒绝声中悻悻离去，只有坚持到最后，能够真正呈现出差异化能力优势与卓越价值的销售人员，才能最终获得客户的垂青与认可。事实上，A类客户并不是真的心高气傲，而是对供应商的解决方案能力要求较高，也希望能够真正找到有实力的供应商，与其建立长期、稳定的战略合作关系。

贴合策略的实施要领主要有如下3点。

首先，不要急于求成，要从激发客户兴趣和建立信任度开始。大家都明白"冰冻三尺，非一日之寒"。尤其对于已经有了固定供应商的A类客户，要想打破客户与原供应商的合作关系，需要慢慢地渗透与瓦解。你可以先和客户方关键人士建立人际关系，传递价值主张，让客户对你有更多的认知与认同。这个过程可能会很长，有时需要一年、两年甚至三年的时间。你需要在双方积极的互动中等待合作机会的出现。要不抛弃、不放弃，做到日久生情，日久见人心。

其次，要珍惜和把握每次可能的合作机会。对于A类客户的需求，无论其订单规模大小，也无论其项目利润高低，都要积极参与，认真对待。即使合作不成，也要给客户留下一个良好的印象。如果合作成功了，哪怕是一个小订单，也要尽心尽力地做好服务，让客户满意和惊喜。毕竟，只有成功"撕开一个小口子"，你才有机会在未来获得更大、更优质的合作机会。

另外，对于已经有合作关系的A类客户，同样也要保证每次交付质量都不打折扣，品质极佳。否则哪怕是一次小项目上的失败，也会产生恶性的连锁反应，让你在A类客户身上辛苦建立的合作信任度基础瞬间土崩瓦解。因此，要对A类客户的每个新的销售机会做好商机立项评估。如果交付风险过高和不可控，宁愿放弃，也不要硬着头皮上，否则会因小失大，抱憾终生。

最后，对每家A类客户都要做到"一客一策"。可以借助"重点客户覆盖计划表"来加强对A类客户的服务跟进（见表4-7）。在此表中列出每家A类客户的名称，然后分3个部分来对这些重点客户进行覆盖策略的制定。

第一部分：以年度为单位，确定在每家重点客户身上的业绩产出目标，以及年度覆盖策略与重要行动计划。

第二部分：在年度目标与年度覆盖策略的指导下，按季度分解和制定对每家重点客户的季度覆盖策略与行动计划，并且在下季度开始时对上季度的工作完成情况进行回顾。

第三部分：梳理本季度内对每家重点客户正在跟进的商机项目，以及预计成交金额、预计成交时间和所需资源支持。

表4-7　重点客户覆盖计划表（模板）

销售人员：		上级主管：		覆盖计划提报时间：20××年××月××日				
客户姓名	年度业绩目标		年度覆盖策略	上季度工作回顾	本季度覆盖策略（工作规划与目标）	正在跟进的商机项目	预计成交金额	预计成交时间	所需资源支持
	目标一	目标二							
富丽地产						项目一			
						项目二			
航向软件									
招云科技									
……									

这张重点客户覆盖计划表一般由销售人员每季度向主管汇报一次，其目的是向公司表明自己对私域客户资源池中的重点客户格外重视，而且制订了因客而异的客户覆盖行动计划，能够确保这些优质客户得到最好的照顾与有效开发。当然，销售主管也有责任对销售人员提交的重点客户覆盖计划表给予及时的指导和相应的资源支持。

重点客户覆盖计划表的应用示例如表4-8所示。

表4-8　重点客户覆盖计划表（应用示例）

销售人员：　　　上级主管：

覆盖计划提报时间：2023年3月31日

客户姓名	一季度工作回顾	二季度工作规划与工作目标	正在跟进的商机项目	预计成交金额	预计成交时间	所需的资源支持
富丽地产	• 成功中标了客户供应链管理系统采购项目 • 成功邀请了客户研发部刘总参加我司2月技术服务讲座	• 对客户现有财务系统运行状况进行分析，提交年度运行诊断报告 • 邀请李明总率队来我司交流，促成高层洽谈 • 提供试用版体验，并提供半天的技术培训	年度维保续约服务	30 000 元	4 月 15 日	
			进销存及财务系统	100 000 元	5 月 20 日	高层支持
航向软件	• 成功邀请了客户IT经理刘莉参加我司2月技术服务讲座	• 促成与航向软件的IT团队的技术交流会议 • 向IT经理刘莉探询其信息化系统升级改造的可能性	二期系统升级项目	—	—	无
招云科技	• 完成与售前张工的实地拜访，举行了技术交流会	• 准备一个与招云科技同行业的成功案例，促成标杆考察交流 • 进行表述文件准备，参与投标	营销数字化项目	400 000 元	6 月 10 日	标杆基地考察资源
……						

保温策略：B类客户

因为B类客户的业务合作潜力不高，可分配到的营销资源也有限，你只能通过更高效的接洽方式来与B类客户保持客情关系，在其身上发现一些有合作价值的活跃的销售机会。如果一定要对B类客户进行实地拜访，也应该在拜访A类客户的行程中顺道拜访B类客户，或者降低对B类客户的拜访频次，管控好在B类客户身上的营销时间和精力投入。

必须强调的是，B类客户的合作潜力虽然不及A类客户，但在客户资源池中也扮演着极为重要的角色。首先，B类客户的基数比A类客户大，对外采购的需求较为活跃，而且容易接洽，成交周期也相对较短。如果你的跟进工作到位，就能从B类客户身上获得持续的成交产出，且聚少成多，你的业绩表现也会更有稳定性。其次，B类客户一般处于快速成长期，未来做大做强的概率很高。只有陪伴B类客户一起成长，你才能成为客户心目中的优选合作对象。再次，与B类客户的成交量虽然不大，但B类客户可为你提供更多的背书推荐及转介绍机会。因此我们习惯把A类客户称为"头部客户"，把B类客户称为"腰部客户"。只有腰部力量好，才能有足够的耐力与爆发力。

孵化策略：C类客户

在实际销售工作中，很难对C类客户实施面对面拜访或一对一的VIP式销售活动，但你可以更多地借助市场部门的宣传活动，或者利用你的自媒体工具，对C类客户进行传播和影响。

C类客户的数量占比在30%左右，合作潜力不高，暂时还没有与你形成合作关系，但其存在的价值不可或缺。首先，你提供的解决方案很多元化，既有高质高价的，也有物美价廉的。向不同类别的客户推荐最适合他们的产品，是正确的选择。其次，小体量的客户也可能有大预算的需求。因为小客户面临的市场竞争与业务挑战更加激烈，转型升级的需求也更加强烈。再次，C类客户也会成长，等到C类客户的业务合作潜力提高了，有优质的需求出现了，你可以重新审视和调整对C类客户的评估定级。

综上所述，客户评估分类与客户覆盖计划，是B2B模式下最好的营销策略与销售作战模式。凡事预则立，不预则废。好的计划能让你的工作效能变得更高。当然，所有的客户覆盖计划都要付诸实施。就像第二次世界大战期间乔治·巴顿将军所说的："我宁愿有一个好的计划被很好地执行，也不要一个完美的计划从来没有被执行过。你必须准备好把计划付诸行动，否则什么也不会有。"

☑ 激发客户兴趣与建立信任度

在B2B销售模式下，从找到新客户，到与客户实现成交，会有一个很长的销售过程。而"激发客户兴趣与建立信任度"就是一项常态化的工作，而且是从一开始就要用心去做的工作。其行动目标就是通过各种价值传递，让客户对你从不认知到认知，从认知到认同，从认同到愿意把你作为其心目中最想合作的Mr. A。

一切美好的事情都是从兴趣被激发而开始的。只有客户对你有兴趣了，才会愿意和你交流。只有客户对你有信任度了，才会与你分享其业务挑战与需求信息。

需求创建矩阵

如今，互联网和社交媒体已与人们的工作生活息息相关，如微信、钉钉、QQ、抖音、微博、百度等。人们每天通过互联网来找朋友聊天、选购心仪的商品、消磨无聊时光，当然也有人喜欢在线学习充电、查询有用信息、寻求解决方案等。无论是B2C行业还是B2B行业，互联网已经在深度影响着客户的购买方式，也大大改变了销售人员与客户的互动行为。

有销售人员反馈说，他们山高水远地去拜访客户，却经常遭遇客户的冷漠，因此内心愤愤不平。但是，你有没有想过客户为何不待见你？其实，拜访是一个时间成本极高且带有进攻性的销售行为。如果你在登门拜访前或拜访中，不能在客户心目中建立充分的信任，激发客户对你的兴趣度与好奇心，那么被客户冷淡就是意料之中的事情。

激发客户兴趣的工作来自两个层面，一个是公司层面推出的品牌宣传与各种市场营销活动，具有高势能和覆盖面广的特点；另一个是销售人员个体层面开展的营销推广工作，如通过微信或邮件等在线方式向客户进行价值传递。无论哪个层面的营销工作，都需要基于需求创建矩阵来做好规划与执行（见图4-6）。

需求创建矩阵有四大构成要素，分别是明确目标客户、设计价值主张、选择传播方式、管理传播执行。下面为大家一一解析。

图4-6　需求创建矩阵

明确目标客户

明确目标客户的意思是明确你要影响的目标客户对象是谁。例如，你要影响的是某家客户中的某个关键人士，或者同类型客户中的某个职位人群，或者是针对所有目标客户的所有关键联系人群体。

有两个要点需要明确，一是相同行业企业的相同职位，其业务痛点也基本一致。例如，精细化工产品生产企业的生产负责人的KPI不仅类似，而且面临的工作挑战及希望达成的改善目标也非常相似。当你拥有了一个帮助某精细化工产品企业改善生产效能的成功案例，你就可以将其推送至客户资源池中所有精细化工产品生产企业的生产负责人，以此激发客户兴趣和创建需求。二是客户方关键人士不同，但他们期待获得个性化服务的诉求是一致的。每个人的需求既有共性，也有个性。越是个性化的服务，越能体现出你作为销售人员的用心和客户身份的尊贵。事实上，公司层面的营销活动无论有多热闹，都无法了解每个目标客户的具体需求是什么，更无法确保每次活动信息都能够精准地触达客户，因此需要销售人员在洞察客户需求的前提下，对客户进行个性化的价值传递。

设计价值主张

价值主张就是那些既能凸显出你的服务价值，又能让客户认可且受益匪浅的专业思想、理念和信息。

价值主张最终会以文字、音/视频、演讲或广告的方式进行呈现。回想一下，你在微信朋友圈会关注和阅读什么类型的信息？又会转发和评论什么主题的文章呢？那一定是你认为有价值、有营养、有帮助、有正能量的话题。客户也一样，他们有特定的业务问题要解决，有可能的潜在风险担忧要规避，如果你的价值主张能让客户找到解决问题的思路和办法，那就好比雪中送炭，正合其意。

高品质的价值主张不仅会让客户受益，还会促发客户进行二次转发及传播，因为客户会觉得转发此类有品质的信息，可以帮助更多和自己面临同样业务挑战的同行们，同时也能体现出自己的专业洞察力与乐于助人的品质。

选择传播方式

我们始终强调："客户在哪里收集信息，销售人员就应该在那里发布信息。"现在能够发布信息的平台有很多，如微信、微博、百度、领英、知乎、头条等在线平台，也有主题沙龙、行业论坛、展览会、标杆考察、技术讲座等线下交流平台。

不同的行业有不同的解决方案和目标客户群体，也有不同的信息传播方式组合。但无论怎样，都有两个方面需要引起重视。首先，我们鼓励大家多方面尝试，不拘一格，然后在实践中不断总结和优化，最终找到对自己来说最有成效的传播平台。而且每种传播平台的功能定位有所不同，所使用平台的成本及精力投入也有不同，合适的才是最好的。其次，公司与个人的对外传播要一齐上阵。我们经常发现有些公司的微信公众号不断有新的原创信息发布，但销售人员甚至销售团队管理者的微信朋友圈几乎从不转发与推广，还美其名曰"公私分离"，仿佛传播的责任在公司，而不在个人。这种想法有待改进。要知道，多一种传播方式，就多一份影响客户的力量。何况，销售团队成员是和目标客户最接近的，最能触达和影响目标客户。

管理传播执行

量变引起质变，罗马不是一天建成的。要真正影响和引导客户对你的认知，需要进行长期和鲜明的价值主张传播，这绝对不是一蹴而就的事情。但问题是，这样的价值传播工作属于重要而不紧急的事情。正因为"不紧急", 所以总是容易被大家忽略或延误。倘若有一搭没一搭地执行, 不仅起不到效果, 还会让客户认为你的工作混乱无序, 不值得信任。因此, 对价值主张的传播执行管理非常重要。

传播管理的第一个要点是"谁来负责发布"。通常来说, 公司会有市场部门和销售部门两个信息传播渠道, 大家应该合理分工, 相互借力, 统一规划, 补位传播, 从而收到最佳的传播效果。

传播管理的第二个要点是"发布的频次标准"。发布频次太高, 会让客户出现审美疲劳或厌烦抵触情绪; 发布频次太低, 无法对客户形成持续和深远的影响。这是一个信息泛滥的时代。品质低下的信息即使堆积如山, 也会被客户拉黑和摒弃; 品质良好的信息无须天天更新, 也能培养出忠实的粉丝与读者。

传播管理的第三个要点是"何时发布"。在不同的时间发布信息, 效果截然不同。你需要研究目标客户群体何时有空浏览信息。现代人的工作节奏很快, 时间也被严重碎片化了。找准最佳的碎片时段进行信息发布, 阅读量和转发量才能得到最大的保障。

举个例子, 我们曾经辅导过的一家客户公司就有自己完善的传播管理机制。市场部门每周会在微信公众号中例行发布一篇专业原创文章和一则交付报道信息, 销售人员也被要求在其微信朋友圈中每天有不少于两条高品质信息的分享。另外, 遇到公司搞市场活动需要邀约客户时, 会将80%左右的邀约指标分配给每名销售人员, 其余的20%邀约指标由市场部门通过公众平台引流来完成。在这家公司, 市场部门是为销售部门服务的, 而销售部门也非常善于利用市场部门发布的信息资源, 借势营销, 收效显著。

需求创建矩阵的4个构成要素环环相扣, 层层递进。找到正确的人, 做正确的事情, 让正确的事情持续发生, 这才是实现业绩的充分保证。市场与销售工作都应紧密围绕在需求创建矩阵的周围，以更好地激发客户兴趣和创建需求。

用"专业意见领袖"引领客户认知

在需求创建矩阵中，"设计价值主张"非常重要。这就好像制造炮弹，炮弹越多越好，杀伤力越强越好。其实，我们还真把价值主张称为"糖衣炮弹"，能够"轰炸"掉客户的陈旧认知，更能够"重塑"客户的全新认知。糖衣炮弹表面看起来没有攻击性，甚至甜美可口，但它会让目标客户不知不觉间接受和认同你的理念与能力，这就是"不战而屈人之兵"的商业实践。

"专业意见领袖"主题信息是一种很好的价值主张。这种主题信息应该包含目标客户所在行业正在发生的新的商业趋势、技术趋势或有权威指导性的行业研究成果。同时，这种主题信息中还可以提到客户可能面临的一些主要的业务挑战，以及有哪些可行的解决方案与最佳实践。如果主题信息中能包含可预期的、可衡量的改善结果，就会让目标客户更加兴奋，愿意和你进行更多的了解与探询。当然，一定要记得在主题信息的结尾处留下你的联系方式，以方便客户找到你。

对于销售人员，我们强烈建议大家多多关注你所在公司官方网站或微信公众号中发表的专业意见领袖文案。你要先认真地阅读和理解这些文案，并判断这些文案对哪些目标客户最有用，然后精准地推荐给客户。对于公司举办的各种客户交流活动，无论是线上活动还是线下活动，都要全力以赴地邀约目标客户来参加。要借助价值主张信息的传播，为你的销售工作加油助力。

自媒体专家

小李在公司从事销售工作已经有大半年了。他向主管请教："有位客户特别难沟通，每次给他打电话，他不是拒接就是寥寥数语后挂断。如何才能和这个人建立良好的关系呢？"主管建议他重点关注一下这位客户的朋友圈，不仅要持之以恒地对其朋友圈信息进行点赞和评论，而且要做到真诚和用心，以激发客户的好感与互动。主管还说："以后与新的客户接洽时要记得添加对方的微信。当你主动掏出手机加对方好友时，被客户拒绝的概率不到10%。一旦成功加上好友了，你就有机会更好地了解客户，也更容易向客户传递价值主张。"

其实，主管对小李的要求就是成为一个优秀的自媒体专家，积极使用社交媒体工具与目标客户进行互动和交流。我们经常说，只要你选择了吃销售"这碗饭"，就要把自己当成一个公众人物，做好一个"自媒体"。为什么这么说呢？因为销售工作的典型特征就是对外拓展人脉圈层，你会接触到数量众多的客户方关键人士及合作伙伴成员。他们都会关注你，而你的言行举止也会对他们造成影响，即使你无法成为像明星大咖那样具有一定影响力的自媒体，也照样能影响每个与你打交道的人，这是销售人员个人品牌建设的重要方式。从销售职业生涯一开始，你就应该积极运用自媒体来建设个人品牌，因为个人品牌对销售工作的好处是非常大的。

个人品牌的重要性

首先，拥有个人品牌的销售人员会得到客户更多的尊重和认可。这是除公司品牌及产品品牌外，你可以让客户感受到的全新的影响力，以及全新的差异化竞争优势。其次，人们更愿意将合作机会介绍给拥有个人品牌的人，因为有信任度才会有合作的安全感。因此，良好的个人品牌将为你带来源源不断的生意机会。

我曾经见过一位顶尖销售人员，他的学历并不太高，但客户都尊称他为

"教授"，为什么呢？因为他具备专业学识及乐于助人的态度，在客户的心目中，他就是最好的行业顾问和解决问题的高手。在客户遇到问题和寻求解决办法时，总会第一时间想起他。尤其是在产品同质化竞争激烈的今天，客户更愿意向拥有个人品牌的销售人员购买产品，更需要拥有个人品牌的销售人员为其出谋划策和保驾护航。

销售人员的个人品牌标签

既然个人品牌如此重要，那么客户都希望跟拥有怎样的个人品牌的人打交道呢？

在一次培训课堂中，我问一位企业高层："你现在身居高位，应该有很多供应商的销售人员希望把东西卖给你。那么你愿意与什么类型的销售人员合作呢？"他回答说："我希望给那些可以在他们身上看到我过去的影子的人更多的合作机会。"我马上就问他所说的"影子"是什么。他解释说，他年轻的时候是一个有上进心、有专业度、有理想、有抱负、有情怀的人。正是因为拥有这些优秀的品质，所以他比别人更加努力，也得到了客户的更多尊重。我终于明白了，他说的"影子"就是我们此处强调的个人品牌标签。

销售人员与其他支持部门人员的个人品牌标签有共性的地方，也有不同之处，最特别的应该是以下几处。

第一，要做一个有忠诚度的人。客户看到你对所服务的公司的忠诚度，自然就会对你更加放心。但我们也常见到有些销售人员口无遮拦地在客户面前吐槽自己的公司和产品，其实这是"自掘坟墓"的举动。还有些销售人员经常跳槽，并自诩"周游列国，见多识广"。其实，客户对这种没有忠诚度的销售人员会特别提防，甚至会将其列入合作黑名单。

第二，要做一个有品质的人。从事销售工作，就意味着进入了通往人生成功的快车道，而成功的人意味着拥有高品质的生活。如同买股票时"看涨不看跌"的道理，如果客户看到你生活得穷困潦倒，自然会认为你的销售工作干得很差劲。反之，如果客户看到你拥有高品质的生活，自然会觉得你的销售工作很出色，很受客户的喜爱与认可。当然，高品质的生活未必一定要穿名牌衣服、戴名表，健康的生活习惯、让人赞许的兴趣爱好、精致得体的外在装扮，都能映射出你对高品质生活的追求。

第三，要做一个有爱心的人。要善良正直与待人友好。你可能因为没有钱而不被人重视，但你一定会因为拥有高尚的人格品质而受到他人的尊重。试想一下，如果你尊老爱幼、救死扶伤、善待弱者、热心助人，在客户的心目中，你就不再只是一个利益导向的商人，而是一个有血有肉、有情有义的热心肠的人，客户一定会对你刮目相看，倍加称赞。有爱心不仅体现在你对社会公益事业的参与上，也体现在你对待家人和朋友的友善与感恩惜缘上。

第四，要做一个有资源的人。人们常说："你是谁不重要，最重要的是你和谁在一起。"物以类聚，人以群分。如果你的客户看到你的身边聚集的都是一些非常优质的客户资源和专家资源，他们就愿意成为这些优质资源中的一部分。因此，每次去见客户、参加一些学习活动、参加一些高端聚会等，你都可以和现场的一些专家、大咖合个影，并分享到你的朋友圈。

第五，要做一个有专业度的人。毕竟，高超的专业度意味着高超的解决问题的能力，也是客户规避合作风险、提高合作价值的有力保障。在B2B大客户销售模式中，销售人员是客户采购阶段的全程陪伴者。其对问题的诊断分析能力、解决方案设计与呈现能力、后续服务支持能力，都是客户最倚重的专业影响力。我们建议你经常和客户分享一下专业价值主张信息。即使只是在朋友圈转发一些信息，也可以写一段代表自己专业观点的引导语。

第六，要成为一个有理想的人。人因为梦想而伟大。无论你在实现梦想的道路上经历了多少坎坷崎岖，但你坚持梦想的行动、你富有情怀的努力与奋斗，都会让你获得更多的支持与关注。如果客户眼中的你只是一个贪图享受、胸无大志、安于现状的人，自然不乐于和你交往。因此，我经常鼓励销售人员应该永葆一颗"青涩"的心态，为了更高的理想目标而努力，而且要和客户分享自己的理想与追求。只有这样，客户才更愿意与你合作，为你理想的实现助上一臂之力。

最后一点，就是要成为一个有正能量的人。"正能量"是这个时代的主旋律，是人人都想拥有的宝贵财富。积极的人像太阳，走到哪里哪里亮；消极的人像月亮，初一十五不一样。正能量能够带给你身边的人更多的积极与上进的力量。如果客户每天看你都是一副苦大仇深、怨声载道的模样，估计就不想再和你打交道了。因此，你应该通过朋友圈的信息分享，用自己平凡的一言一行来传递正能量，感染客户，也感染自己。

个人品牌建设中的行为禁忌

以上是销售人员在个人品牌建设中给客户留下的最重要的印象标签。接下来，还有一些会对你的个人品牌建设造成伤害的不当行为，应该减少和规避。

第一，要减少只转不评或只赞不评的行为。任何价值主张信息的转发，都要带上三五句你自己的评论意见，以吸引大家的关注并引导好友们进行选择性阅读。你要对自己转发的信息及看信息的人负责，因为你是"公众人物"。另外，你的客户在他们的朋友圈分享信息时，都希望得到好友的关注与评论。但如果你只是机械地点赞，而不是真心诚意地评论，客户就会觉得你在敷衍了事，缺少诚心。

第二，要避免"三天打鱼两天晒网"式的信息分享行为。你在朋友圈发布信息的频次与密度，不仅是为了建立存在感和提高曝光度，更是为了体现你稳定、积极的人生状态。试想一下，如果一位客户选择和你做生意，打开你的朋友圈，发现你分享的信息稀稀拉拉而且毫无观感，甚至上一条信息还是在半年前或几个月前发布的，就会对你做出差评，甚至对你的人品与能力产生怀疑。

第三，要杜绝谈论一些捕风捉影的话题。你只是一名专业的销售人员，不是一个救世主，更不是一个洞悉万物的大贤人物。尤其是对于你没有亲身经历的事情，对于你道听途说的所谓新闻，更不要妄加评论。在你的个人品牌中，不要被人加上"脑残"或"思想不成熟"的负面标签。还有一点，就是不要对政治敏感话题进行妄议，尤其不要在公开场合或自媒体上发表对政治的看法，以免被人视为逞口舌之勇的"社会愤青"。

以上就是我们对销售人员用自媒体建设个人品牌的专业建议。可能有人会问：执行这些个人品牌标签的行为，要持续多久才能形成鲜明和稳固的客户认知呢？这个没有绝对正确的答案。也许要半年，也许要更长的时间。无论如何，你都要持之以恒地践行和分享这些标签行为，并用你的一言一行来体现。要记住，良好的个人品牌绝对不是喊喊口号、拍拍胸脯就能轻易建立的。

激发客户兴趣、建立客户的信任度与好奇心，是一切成功销售工作的重要前提。销售人员既要积极行动起来，按照需求创建矩阵的指引来开展工作，也要全力整合公司的价值主张信息资源进行传播。只有两条腿走路，才能走得更稳、更快。

5

第 5 章
销售机会评估与差异化竞争策略

我们经常听到销售人员反映：产品同质化程度越来越高，竞争越来越激烈，很难在客户面前建立自己产品和服务的差异化竞争优势；尽管自己辛辛苦苦地展示产品方案的卖点，也难以充分和有效地打动客户。此外，销售人员还会收到客户这样的反馈。

- 你的产品和别人的没什么两样。

- 我们从哪家采购其实都差不多。

- 你提到的这些卖点在你的竞争对手方案中也是有的。

- 你说的这个功能亮点其实我们并不需要。

客户经常在销售人员的耳边重复以上这样的反馈。一开始，销售人员还会觉得客户是在"放烟雾弹"，但这样的假话听多了，很多人就逐渐会信以为真。

- 是呀，客户说得没错。

- 我们的产品其实和别人没什么两样。

- 客户其实从哪家购买都差不多。

- 我们的这些卖点其实竞争对手也有。

- 我们强调的这个功能亮点其实客户并不需要。

一旦你产生了以上趋同的想法，就不知不觉间掉进了客户设定好的陷阱，最后的结果就是：你自己都认为和别人没什么两样了，如果还想争夺客户的这个订单，那就只有降价这"华山一条路"了。

事实上，你的产品方案怎么会和竞争对手没什么两样呢？德国著名的哲学家莱布尼茨曾经说过："世界上没有完全相同的两片树叶。"只要有效地呈现你的产品方案卖点，定位你的差异化竞争优势，就一定能让客户认为你"真的和别人不一样"，从而对你刮目相看，敬重有加。

☑ 差异化能力项清单

把"产品"提升到"解决方案"的高度来做推介，是建立产品方案的差异化竞争优势的基础。

例如，你销售一套房子，就等于销售一个居家生活的整体解决方案。在这个方案中，不仅包括房子本身，还包括与之相伴的物业服务、商业与教育配套服务、交通条件、绿化环境，甚至包括邻里资源圈层、未来的增值空间等。

再如，你销售一部手机，等同于销售一个社交通信的整体解决方案。在这个方案中，不仅包括手机本身，还包括与之配套的操作系统、隐私保护、App资源生态、售后服务，以及与其他设备的兼容能力等。

如果你只是单独售卖一套房子或一部手机，价格自然会便宜一些。但上升到解决方案的高度后，不仅能让你卖出的价格提高，对购买者的价值也会大大增加。

以多胜少：产品方案的能力优势梳理

要从整体解决方案的角度来梳理产品方案的能力项，可以按照客户感知的强烈度将这些能力项分解为核心产品能力、附加服务能力、品牌溢价能力及专业顾问能力4个维度（见图5-1）。

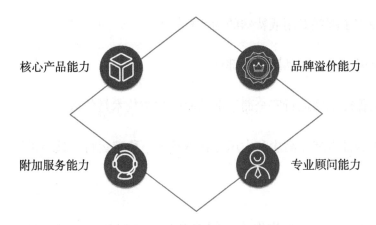

图5-1　产品方案能力的分布区域

核心产品能力

先要搞清楚什么是你的核心产品。上文列举的房子和手机就是你售卖的核心产品。如果你销售的是保险方案，则其中的主要险种就是核心产品，如寿险产品、意外险产品、雇主责任险产品等。因此，核心产品就是你交付给客户的主要内容，可以是有形产品，也可以是无形产品。

在B2B模式下，核心产品通常都具有复杂程度高、标准化程度低、成交单价高且客户认知度较低的共性。如果你不向客户详细解析核心产品的功能特性，客户通常都会对此知之甚少。

例如，你现在要销售的是大家经常使用的电梯产品，虽然大家几乎每天都要和电梯打交道，但普通人对这种特种设备的内部技能知之甚少。你的目标客户是一栋新建办公大楼的业主方，对方希望购进一批安全、可靠和适用的电梯设备。正因为几乎所有电梯的外观都长得差不多，所以作为电梯设备的专业销售人员，你非常有必要向客户详细介绍你的电梯产品。

- 拥有哪些核心功能与参数？

- 采用了哪些独特的技术和工艺？

- 使用了哪些专用或特殊的构造材料？

- 装配了哪些高品质的零部件？

- 为保障电梯运行安全而采取的故障预防技术是什么？

- 为保证电梯在高尘和大风等特殊环境下稳定运行的核心设计是什么？

……

以上这些内容，如果你不介绍给客户，客户又怎么会知晓？客户不知晓，又如何将你的电梯设备与其他品牌的电梯设备进行比较和评估呢？

附加服务能力

附加服务能力维度是凸显产品差异化能力优势的"演舞台"。尤其是在核心产品同质化竞争日益激烈的今天，在附加服务能力维度拉开与竞争对手之间的差距，逐渐成为俘获客户"芳心"的有力举措。

在有形产品领域，围绕有形产品开展的售前、售中与售后服务就是你的附加服务。在无形产品领域，虽然你销售的本来就是服务，但除了主体服务，还有一系列附加的、增值的和相关的服务内容。例如，很多培训机构都在售卖培训课程产品（无形产品），但围绕课程产品而展开的课前调研、课后测试、训后辅导、结业证书、后续的在线学习内容支持等附加增值服务也是影响客户决策的重要因素。

"买有形产品，送附加服务"和"买无形服务，送有形产品"正成为营销领域塑造差异化竞争优势的常用举措。

下面继续以电梯设备的附加服务内容为例。电梯设备本身绝对属于核心产品范畴，而且是有形产品。但围绕电梯运行的全生命周期服务内容也是解决方案中必不可少的部分。

- 售后服务的保修政策。

- 未来的配件及耗材的供应与收费方式。

- 日常和应急服务的响应速度与服务资源配置。

- 对业主方设备管理人员的运维保养技能培训。

- 在重大节日提供的驻场技术支持服务。

......

这些附加服务内容越多越好，越贴心越好。倘若缺失了这些附加服务，客户即使拥有好的电梯设备产品，估计也会提心吊胆，难以安睡，生怕电梯在运行中出现问题而无法得到及时妥善的处理。

品牌溢价能力

品牌溢价能力也是产品介绍中不可忽视的价值创造重点。这就好比一个名牌包的价格抵得上几十个普通品牌包的价格。名牌包之所以价格贵，并不是因为耐用，也不是因为功能特别丰富，更不是因为式样特别新潮，而是因为这个品牌具有超强的溢价能力。在一些人看来，背名牌包是一种高品质生活与尊贵身份的体现。

同样的道理，如果你也拥有知名度和美誉度俱佳的公司品牌和产品品牌，而且能够提供买卖双方品牌链接与共赢的服务支持，就会让客户有种物超所值的感觉。例如，达成合作后，你可以和客户一起举行项目启动新闻发布会、为客户进行品牌背书推荐、与客户开展联名营销等。

专业顾问能力

销售人员自身的专业水平与服务能力也能在某种程度上影响客户的最终决策。打个比方，如果客户现在想买一个20年期的个人寿险产品，一定会优先向那些已经工作了十年以上的保险代理人购买，而不愿意向刚刚入行的保险代理人购买，因为客户很怕新人的流失会让自己的保单成为"孤儿单"，同时也希望获得更可靠、更持续的专业贴心服务。

在B2B销售模式下，客户对销售人员的能力更加重视，在其他产品能力项难分高下的情况下，哪家供应商的销售人员让客户更加信服，客户就会选择和哪家供应商合作。因此，我们始终强调销售人员个人品牌的建设，要通过微信等自媒体平台，让客户认识到你比普通的销售人员更专业，更正能量，更具人格魅力。

当然，客户对"专业顾问能力"的感知不仅来自供应商的销售人员，还来自供应商的解决方案支持人员、项目交付人员及售后服务支持人员等。我们提倡"全员营销"概念，就是让所有与客户有接触面的人员都能拥有很好的营销理念与沟通能力，因为最终的业绩实现需要大家的默契配合与协同作战。

通过对核心产品能力、附加服务能力、品牌溢价能力和专业顾问能力这4个维度的能力项梳理，可以让销售人员对产品价值的呈现从核心产品能力维度扩展到整体解决方案的能力维度，让客户对销售人员的价值塑造有更多的认知和更强的认同。

"把该说的都说出来，以多胜少"，这是销售人员建立差异化竞争优势的策略之一。这一点很容易理解与执行。例如，你的方案和竞品方案的能力难分伯仲，都有20个相似的能力项，但你将这20个能力项向客户做了详尽的介绍，而你的竞争对手只介绍了10项。在同样的报价条件下，客户就会认为你的产品方案性价比要比别人高出一倍。因此，不要再纠结于"我们的产品与别人没什么不同"，只需坚定你对自己产品方案的信心，优化你的销售方法，就能让平淡无奇的产品大放光彩。

具体/客观/量化：产品能力的差异化描述

以多胜少，只是建立竞争优势的第一步。接下来，你还需要在各能力项的表述上更进一步，让客户听得明白，真正感受到你和别人不一样的地方。再举一个例子。

某软件产品系统厂商承诺在系统上线后为客户提供软件使用的培训服务，认为这是在核心产品能力之外新增的服务价值。但客户告诉该厂商的销售人员："你们的友商也承诺为我们提供培训服务。你们的培训服务与他们的培训服务有什么不同之处呢？"

这个示例在B2C和B2B销售场景中都是普遍存在的现象。你以为已经把"提供培训服务"这一能力项告知了客户，但并没有说清楚你提供的培训服务有哪些特别之处，因此客户无法感受到你与其他竞争对手的差别。可以将你的表述做如下补充。

我们提供的培训服务与友商的不一样。我们会邀请公司中具有"黑带"资质的技术专家，在系统上线前一周及上线后一个月内，分两次用线下面授的方式为你们进行赋能培训。

培训内容分3个层面，分别是功能操作层面、系统设置层面和管理决策层面，分别对应贵公司在系统使用上的不同群体。培训结束后，我们还会组织应用技能的考核，包括笔试和上机测试两种，并为合格者颁发由某行业协会认证的上岗资质证书……

如果你能够用上述方式对"提供培训服务"这一能力项进行介绍，客户就会从大概率上认同你的差异化优势，因为绝大部分竞争对手的销售人员只停留于宽泛和不得要领的表述上。两种方式的区别在于表述方式的具体、客观、可量化。

可以尝试着提炼一下上述示例中的关键词："黑带资质""上线前与上线后""线下面授""培训内容的3个层面应用""应用技能考核""某行业协会颁发的上岗资质证书"等，这些关键词会让你对产品卖点的介绍更加丰富和立体化，也会让客户记忆深刻。

梳理差异化能力项

基于以上产品介绍执行方法，销售人员可采用"差异化能力项清单"工具，对自己公司的产品方案进行能力项梳理（见表5-1）。

表 5-1 差异化能力项清单（模板）

序号	能力项概述	能力项详细说明（具体/客观/可量化/客制化）
A	提供培训服务	请什么专家？针对什么对象？在什么时候？在什么地方？培训内容是什么……
B	服务响应速度快	有多快？配置了哪些服务资源？比其他友商快了多少……
C	……	

差异化能力项清单中的"能力项概述"列，是按照核心产品能力、附加服务能力、品牌溢价能力和专业顾问能力这4个维度进行的能力项提炼，可以简明扼要地描述，以帮助你更全面地梳理能力项，减少遗漏。

"能力项详细说明"列是对所提炼的能力项的详细说明，必须符合具体、客观、可量化、客制化的要求。通过使用差异化能力项清单，你就能全面了解自己公司产品方案的服务内容并做出精准的表达。事实上，各家公司的产品方案众多，对于每个或每类核心产品，都应该在核心产品能力与附加服务能力维度梳理出对应的差异化能力项清单，并且让所有的销售人员熟记背诵，这样才能在客户面前脱口而出、自信满满。

下面借用国内某知名销售培训机构的线下课程产品方案，为大家展示一份"销售冠军训练营"差异化能力项清单。因篇幅所限，这里主要罗列了核心产品能力和附加服务能力两个维度的部分能力项（见表5-2）。

表 5-2　某培训机构线下课程产品的差异化能力项清单

序号	能力项概述	能力项详细说明（具体 / 客观 / 可量化 / 客制化）
A	与客户同行业的成功案例	• 有与目标客户同行业的众多成功案例执行经验，如…… • 可提供客户所属行业的销售方法定制版本/企业定制版本的课程
B	提供课前的调研访谈服务	• 提供由授课专家亲自参与的课前免费调研 / 访谈服务（0.5～1天的调研实践） • 可以按需定制内容（模块化、人数、天数） • 可以在课前或课后提供销售流程定制与销售工具开发服务（另行收费）
C	提供配套的在线课程	• 课前和课后都可以提供与线下课程配套的4节在线视频微课学习 • 在线学习账号有效期为12个月，可不限次数地登录学习
D	采用客户真实案例做现场练习	• 结合客户企业真实的客户/商机案例授课 • 采用咨询式培训方法，现场可输出客户专属的销售流程和工具
E	提供配套的销售工具电子模板	• 可提供与课程内容配套的销售工具模板（≥15个），可及时记录现场研讨成果，支持课后的行为转化
F	提供班级项目制运营服务	• 提供专业意见领袖文章包及课前微信群预热服务 • 提供课程前期宣传的海报设计及邮件推送设计服务
G	提供课程结业证书	• 可发放由国际销售绩效改进研究院颁发的课程结业证书
H	提供课后知识点考核题库	• 提供课后的知识点考核题库（在线考试），有20道选择题
I	……	

☑ 产品方案的竞争优势定位

每个产品方案的差异化能力项清单都可以梳理出很多能力项，如果能够充分地向客户做出陈述，这些能力项确实能起到以多胜少的作用。但在销售实践中，销售人员还会遇到两个大的挑战。

一是产品方案的呈现时间有限，尤其是当客户只给了你10分钟甚至更短的时间时，要把每个能力项都具体、客观和量化地讲解一遍，是很难做到的。

二是你呈现的能力项，竞争对手可能也会有，而且客户最感兴趣且能够真正记住的并不多。因此，你需要把最具竞争力的能力项甄选出来，然后在有限的时间内让客户认知和认同。

接下来，我们将通过一个名为"竞争优势矩阵"的工具（见图5-2），让你能够基于差异化能力项清单，更加直观地定位你与竞争对手的差异化竞争优势。

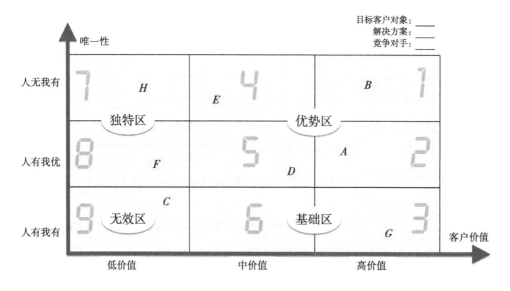

图5-2　竞争优势矩阵

竞争优势矩阵

竞争优势矩阵是一个九宫格模型,每个格分别记录了你的产品方案各能力项的竞争优势大小。纵轴代表唯一性的高低,横轴代表客户价值的大小。唯一性越高、客户价值越大的能力项,竞争优势就越大;唯一性越低、客户价值越小的能力项,竞争优势就越低。

唯一性是指和竞争对手相比,你的产品方案能力项是否独一无二,是否比竞争对手更先进或更优秀。可以设立高、中、低3个档位,分别对应"人无我有""人有我优""人有我有"。"人无我有"的卖点自然弥足珍贵,"人有我有"的卖点也不可或缺,而"人有我优"的卖点最难辨识,这有赖于你的专业判断力与自信表达能力。

举个例子,现在很多手机都有指纹解锁功能,表面看这是标准配置,不值一提。但细细研究,你就会发现不同品牌、不同型号的手机,指纹解锁技术水平有高有低,有的采用电容式指纹识别技术,有的采用光学指纹识别技术,有的采用超声波指纹识别技术。即使都采用超声波指纹识别技术,也存在指纹识别区域大小、解锁速度快慢的区别等。如果销售人员自信心不足,或者对该技术特点不甚了解,就可能会误以为这是一个"人有我有"的卖点。销售人员应该帮助客户认识到,指纹解锁不是一个简单的"人有我有"的卖点,而是一个"人有我优"的卖点。

客户价值是指你的产品能力项对客户的价值与利益大小。某个能力项的客户价值大,说明其在解决客户面临的业务问题方面功效很高。某个能力项的客户价值小,说明其对客户的需求满足来说无关紧要。对客户价值也可以直接设立高、中、低3个档位,分别对应解决客户面临的业务问题的能力大小。客户价值的大小与你的竞争对手是谁没有什么关系。

接下来，你可以把梳理出来的差异化能力项用A、B、C、D等字母进行标序，再基于对其唯一性高低和客户价值大小的判断，定位到竞争优势矩阵的9个区域。

区域1的能力项，意味着"最高的唯一性与最大的客户价值"，应该向客户进行重点推荐和说明。如果这些能力项被客户接受和认同，就会帮助客户形成一个倾向于你的产品方案能力的需求标准。

区域3的能力项，意味着"最低的唯一性和最大的客户价值"，这一区域的能力项也必须向客户推介，因为这是客户需要的，是必不可少的。如果你认为其唯一性低从而不向客户做介绍，客户可能会以为你的产品方案缺失这些能力项，对你产品方案的认同度也会大打折扣。

区域7的能力项，意味着"最高的唯一性与最小的客户价值"。虽然这些能力项属于"人无我有"，但对客户来说可有可无，至少对解决客户当前面临的业务问题来说，帮助不大。但是这些"人无我有"的能力项的存在还是有作用的，也是值得向客户推介的。原因就在于它们虽然无法帮助客户解决当前的问题，但完全有可能帮助客户解决未来的问题。而且在客户方关键人士中，会有一些创新态度鲜明的人，他们对新技术、新应用尤其感兴趣，所以区域7的能力项可以很好地感染他们，让他们欢喜不已。

区域9的能力项，意味着"最低的唯一性和最小的客户价值"。既然是"人有我有"，对客户来说也无关紧要，那么一般情况下你可以少说或不说，这部分能力项对竞争的成败影响甚微。

除了以上4个区域，还有区域2、区域4、区域5、区域6和区域8的能力项，在唯一性高低和客户价值大小方面各有不同。

需要特别强调的是，产品方案体现出来的竞争优势，不会依赖某个单一的能力项，而是多个重要能力项的组合优势。例如，客户希望采购一批户外LED显示设备，分别在户外防护等级、分辨率、功耗、保修政策这4个维度提出了具体的需求标准，现在有A、B、C、D这4家供应商前去投标。经过比较，客户发现，B、C、D这3家供应商的方案都与其需求标准不吻合，不是说它们一无是处，而是难以全部达标，只有A供应商的产品方案得到了客户的青睐，但原因并不是其所具备的4个能力项绝无仅有，而是因为这些能力项形成的整体组合竞争优势较强（见表5-3）。

表 5-3　产品方案竞争优势分析（示例）

需求标准	可选方案			
	A 方案	B 方案	C 方案	D 方案
防护等级 5 级以上	√	√	√	√
分辨率 4K 以上优选	√	√		√
功耗 500W/m² 以内	√			√
保修政策 3 年以上	√			

为了区分各能力项的优势大小，我们把区域1、区域2、区域4、区域5的组合统称为"优势区"。优势区如同雪中送炭一般，与客户的业务挑战及潜在风险担忧关联紧密。分布在优势区的能力项，称为"高光点"。在做产品方案介绍时，你应该对这些高光点进行重点讲解，浓墨重彩地讲解，务必让客户听得明白，理解得透彻，真正得到客户的认知与认同。

另外，我们把区域3和区域6的组合统称为"基础区"。基础区就像房子的地基部分，虽然朴实无华，却不可或缺。在进行产品方案演示时，必须提及这些基础区的能力项，因为它们对客户价值来说不可或缺。如果你不说，客户会觉得你没有，那就得不偿失了。

我们把区域7和区域8的组合统称为"独特区"。独特区就如锦上添花一般，让整个解决方案变得更加吸人眼球，绚烂夺目。对这些独特区的能力项可稍加提及，但不宜大费周章。

最后，我们把区域9称为"无效区"。这里的能力项可有可无，也毫无特色，所以你无须投入时间和精力进行推介。

在竞争优势矩阵的右上方，还需要列明3个关键要素，分别如下。

- 目标客户对象：你要影响的目标对象是什么客户、什么关键部门或什么关键人士？

- 解决方案：你提供的产品方案是什么？

- 竞争对手：你的主要竞争对手是谁？

竞争对手不同，你的产品方案的能力项在唯一性维度的高低定位也会有所不同。例如，面对实力相当的竞争对手，你的产品方案的某个能力项也许只是"人有我有"，一旦换成了实力很弱的竞争对手，该能力项就可能升级为"人无我有"。但在你还不知道竞争对手是谁的情况下，唯一性的高低只能通过与该能力项的行业平均水平对比来判断了。

影响的目标客户对象不同，你的产品方案的能力项在客户价值维度的大小定位也会有所不同。我们曾经提及，客户方关键人士的KPI不同，其业务痛点不同，对供应商产品方案能力的关注点也存在差异。例如，"帮客户解决采购资金问题"这一能力项对客户方财务总监的价值与意义就很大，但客户方的研发总监可能对此并不在意。

竞争优势矩阵的应用示例

下面仍以上文提及的国内某知名销售培训机构的线下课程产品方案为例。小林是该销售培训机构的一名学习顾问，他今天要拜访某医疗器械产品公司的营销副总裁，为其介绍销售培训线下课程服务的特色与卖点。

小林已提前梳理了该线下课程产品的差异化能力项清单，并做了排序，分别如下。

A：与客户同行业的成功案例。

B：提供课前的调研访谈服务。

C：提供配套的在线课程，支持课前预习和课后温习。

D：采用客户真实案例做现场练习。

E：提供配套的销售工具电子模板，支持学习效果转化。

F：提供班级项目制运营服务。

G：提供课程结业证书。

H：提供课后知识点考核题库，支持在线测试服务。

小林面对的主要竞争对手目前还不太确定是谁，所以他只能将自己公司的产品方案与销售培训行业中同类竞品的平均水平做比较。经过前期的客户研究，小林完成了竞争优势矩阵分析（见图5-3）。

从小林的分析结果来看，分布在优势区的有A、C、D、E四项；分布在基础区的有B和F两项；分布在独特区的有H一项；分布在无效区的有G一项。

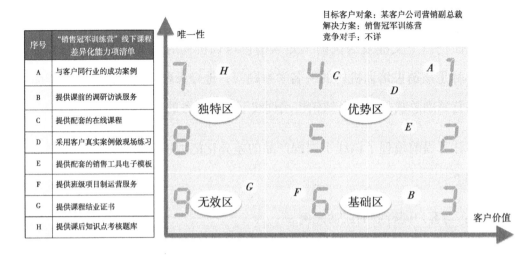

图5-3　竞争优势矩阵应用（示例）

"A：与客户同行业的成功案例"处于区域1，说明客户公司的营销副总裁可能特别重视这一能力项，因为这个线下课程产品已经被国内多家主流企业成功引入，证明了小林公司对客户行业的服务经验极为丰富。

"G：提供课程结业证书"处于区域9，说明这位营销副总裁并不重视这一能力项，因为对于这样的培训课程，他认为更重要的是能够提升销售团队的实战能力，而不是给学员们颁发所谓的权威的结业证书。当然，如果小林这次拜访的不是营销副总裁，而是该客户企业的培训总监，那么G就有可能从无效区调整到基础区，因为这是培训总监关注的能力项，它可以作为培训部门向上级进行工作汇报时的重要成果证据，学员满意度也会因为获得这个结业证书而有所提升。

没有同质化的产品方案，只有同质化的产品推销模式。即使是同样的产品，你也可以通过改进销售方法，让客户感受到不一样的价值和利益。通过竞争优势矩阵的九宫格分析，你可以了解到，在你提供的解决方案中，哪些能力项对客户来讲特别重要，哪些能力项相比竞争对手唯一性更高。你的工作目标就是定位出这些差异化能力项的优势组合，然后有重点、有策略地向客户推介，把这些能力项如烙印一般，印在客户的脑子里，列入客户的需求标准中，为你成为客户心目中的Mr. A打下坚实的基础。

先成为合格的产品解说员

《孙子兵法》云："知己知彼，百战不殆。"这里的"知彼"指的是了解你的客户和你的竞争对手，而"知己"是指了解你有什么产品方案能力，以及你能为客户提供什么。

人们在表达习惯上会说"知己知彼"，而很少说"知彼知己"。"知己"常常排在"知彼"的前面，这也间接地反映了"知己"比"知彼"更加重要。毕竟，对很多销售人员来说，能做到真正的"知彼"是不容易的，因为需要和客户进行多次现状与需求探询。但"知己"不难，因为从入职那天起，销售人员就开始接受公司的产品培训，每天都可以轻松了解自己的产品方案有哪些功能特点，有哪些服务配套，以及有哪些可圈可点、特色鲜明的独特卖点。

根据Easy Selling销售赋能中心的观察，客户在与供应商的销售人员首次见面时，特别期望销售人员能够把产品方案讲清楚、说明白。而且，绝大部分销售人员在客户面前并没有用到过多的顾问式销售技巧，更多的还是在使用产品推销技巧，他们认为这样的方式更直接和容易把控。

存在即合理，产品推销技巧即使没有顾问式销售方法那么"高大上"，但对于销售成交工作的积极意义是毋庸置疑的。

首先，产品介绍是激发客户兴趣的最基础方式。客户当然希望获得其所期望的改善价值与收益回报，但这些都建立在你提供给客户的产品及服务方案的基础之上。皮（产品）之不存，毛（价值）将焉附？如果你的产品都入不了客户的眼，就别奢谈产品背后隐藏的利益与价值了。

有些销售人员不明白这个道理，与客户见面后就开始用顾问式销售方法向客户提问及进行合作愿景引导。殊不知，客户此时最想了解的是产品，也更愿意在获知产品信息后再做出进一步的交流计划。因此，你无须遮遮掩掩，可以干脆一点，大胆地向客户介绍你的产品，以此作为敲门砖，激发客户的兴趣，获得客户的初始信任。

其次，产品介绍也是塑造客户需求标准的最直接方式。前文在讲解客户采购流程时提到，在完成了"可研与立项"工作后，客户就会进入"明确需求标准"阶段。而客户通常都没有能力独立完成对需求标准的设计，更多的是找两三家优选供应商进行产品服务方案的介绍，据此不断丰富自己的认知，最终拟订一个相对全面和科学的需求标准。

此时，如果你能够以最快的速度见到客户，以最有效的方式完成产品介绍，就有机会让客户记住你的产品方案的独特卖点，认同各个卖点背后的客户利益与价值，你就在无形中塑造了客户对其想要的解决方案的需求标准。天下武功，唯快不破。只有先发制人，才能抢占先机。

在成为一名好的销售顾问之前，先让自己成为一名合格的产品解说员。销售人员在使用一套高深的顾问式销售方法之前，需要先把产品推销的基本功练扎实。

我们始终坚信，客户也有是非好坏的甄别能力。只要你能够把自己的公司介绍清楚，把产品的卖点与优势讲解明白，就极有可能吸引客户的注意力，让客户愿意和你做进一步的交流并达成共识。

☑ 销售机会评估的关键节点

很多人喜欢把商战比作赌场，赌场中的人都想成为"赢家"。当然，赢家有两类，一类是手气特别好的玩家，凭着好手气大杀四方；还有一类是在手气不顺的时候懂得及时收手和止损的玩家，他们认为输得少也是某种程度上的"赢局"。这和B2B大客户销售的情景极为相似。商战的目的当然是在竞争中取胜，但销售不可能实现100%的赢单率。对于赢单率低、回报率低及风险不可控的商机，"策略性地放弃"未尝不是一件好事。

我们常说，销售人员要"静如处子，动如脱兔"。销售行动要快速，要坚定，努力的方向和行动策略必须清晰，否则就容易迷失方向，事倍功半。要做到静如处子，首先要学会做销售机会评估，这样的评估工作甚至会贯穿销售流程的全过程，而不仅是获得销售机会的那个短暂片刻。

先来看看被业界普遍推崇的LTC销售流程执行模型（见图5-4）。这个模型最具亮点的部分在于它在全流程中设置了众多销售决策节点与质量风险控制节点，如在从"管理线索"阶段向"管理机会点"阶段过渡时的ATI（立项决策审核），在"制定并提交标书"阶段的ATB（投标决策审核），在"谈判和生成合同"阶段的ATC（签约决策审核）。除此之外，还有ATAC（管理合同/PO变更）、ATCC（关闭和评价合同）等。这就好比你要从A点去往B点，有很长的一段距离要跨越，有很多十字路口需要选择方向。因此，正确地做出决策、阶段性地调整你的策略与方向极为重要。

我们可以引用第2章介绍的协同式销售流程模型，从专业销售方法论的高度定位以下商机评估与销售策略决策节点（见图5-5）。

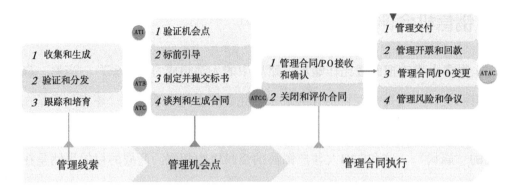

图5-4　LTC销售流程执行模型

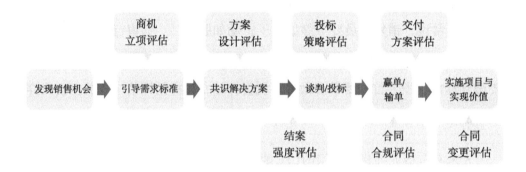

图5-5　协同式销售流程的关键审核节点

第一个审核节点是"商机立项评估"，这是从"线索"转换成"商机"的重要里程碑。

很多人分不清线索与商机的区别。其实，线索代表你发现的客户的需求，它可能是一个潜在需求，也可能是一个活跃需求。对于潜在需求，因为发现的时点还早，客户的改变动机和需求标准还不够清晰，是否值得你现在就调动资源予以驱动与推进，需要你做出销售决策；而对于活跃需求，客户已经开始了积极的采购评估行动，而且你的竞争对手可能已经捷足先登，在赢单率未知的情况下，你究竟要不要投入资源跟进？应该如何跟进？这也是你必须明的问题。

第二个节点是"方案设计评估",这是在完成了与客户的需求探询和引导之后,在进行个性化解决方案设计之前,需要经历的重要销售决策节点。

在B2B销售模式下,销售人员主要负责客户需求的发掘与探询,技术人员主要负责售前支持与解决方案的设计,交付人员主要负责合同签订后的项目实施与完工验收。其中,解决方案将成为决定项目成败的焦点。解决方案的品质会直接影响赢单的概率、客户的满意度、项目的交付风险及后续的售后服务难易程度。因此,在"方案设计评估"节点,需要销售、技术和交付部门同时参与,集思广益并达成共识。

第三个节点是"结案强度评估",这是在和客户走上谈判桌之前要执行的销售评审环节。

此时你要问自己两个关键问题:我是不是客户心目中的Mr. A?现在是不是和客户谈判的最佳时机?如果你在谈判前没有与客户达成高度共识,没有建立客户对你的充分信任与合作意向,而是贸然走上谈判桌,那你只会沦为陪跑员或炮灰。因此,结案强度评估能够帮助你查遗补漏,客观和全面地审视工作中存在的不足之处,及时地采取补救措施,确保与客户谈判的成功。

第四个节点是"投标策略评估"。如果客户采用的是公开招标的评估方式,你对投标工作的规划与管理就至关重要。尤其是对于业务优先级高的关键商机,更需要通过正式的标前策划会来进行投标策略评估。有时候,虽然前期已经做了很多卓有成效的销售工作,但如果投标工作做得不好,你仍然可能马失前蹄,功亏一篑。在此过程中,你需要仔细研读客户的招标要求与操作说明,认真做好竞争的优劣势对比分析,对参与投标的解决方案内容与最终的投标报价达成共识,同时安排标书的制作及投标项目小组的组建等工作事宜。越是业务优先级高的销售机会，"投标策略评估"这项工作越不可或缺。

第五个节点是"合同合规评估"，这是你在获得了客户的合作承诺后，进入合作协议的签订环节时要经历的评审节点。

此时，销售工作已经接近尾声，交付工作即将拉开序幕，合作协议将成为记录双方的权利与业务、明确交付标准的正式文本。究竟是采用买方的协议模板还是卖方的协议模板？你所在公司的法务、财务及采购执行部门对协议条款的审核与优化建议是什么？还有哪些合作细节与执行标准需要再次明确？这些都是"合同合规评估"的评审范畴。销售人员此时应积极地推动买卖双方达成协议条款共识，而不是被动地等待，或者一味地向自己公司抱怨合同评审流程的繁杂与冗长。

第六个节点是"交付方案评估"。这是发生在已完成合同签约，即将进入项目实施阶段的重要客户成功举措。尤其是对于交付时间长、标准化程度低的项目，科学合理的交付方案能够确保交付工作的顺利执行，其作用直接体现在交付资源的高效利用、交付成本的管控、客户满意度的提升及项目验收工作的完成度等方面。

交付工作不应该只由交付部门完成，而应该得到销售部门和技术部门的高度关注与共识。此时，销售人员应该成为对"客户成功"负责的项目经理，检视交付方案能否兑现当初对客户做出的服务承诺。技术人员也应该站在专业角度，检视交付方案中可能存在的技术风险。一次完美的交付应该是大家共同努力的成果。

最后一个节点是"合同变更评估"。如果在项目交付中发生了设计变更要求，如增加新的服务交付内容、调整原有的设计参数与交付标准等，尤其是当这些变更可能需要客户增加新的费用投入时，你就有必要展开合同变更评估，检视设计变更的必要性与可行性，并与客户达成新的共识，补充签订新的协议条款。

以上就是协同式销售全流程中的7个最重要的商机评估与销售策略决策节点。当然，除此之外，很多销售型企业还会设立"合同关闭评审"节点，并与"商机立项评估"首尾呼应。另外，还有"基于商机输赢结果的复盘评审"，可帮助销售团队总结经验教训、持续提升销售作战能力等。总之，商机评估工作贯穿整个销售流程，为商机的正常和有效推进保驾护航。

☑ 商机立项评估方法

好的开始是成功的一半，商机立项评估作为销售流程中的第一个销售决策节点，举足轻重。曾经有一家《财富》世界500强B2B销售型企业用以下4个问题来开展立项评估。

- 这个销售机会是真的吗？

- 我们的方案能满足客户的需求吗？

- 这个销售机会我们能成功争取吗？

- 这个销售机会值不值得我们去争取？

只有这4个问题都得到了肯定回答，公司才同意进行商机的正式立项与销售费用的投入预算。从此之后，合格的商机正式进入销售漏斗，得到公司的充分管理、辅导与资源支持。而不合格的商机也会尽早退出，以免造成营销资源、时间和精力的浪费。

以上这4个问题看似主观，其实背后有一套严谨的商机立项评估方法工具支持，其评估内容可以聚焦销售机会的3个方面：真实性与紧迫性、竞争优势、风险与收益。商机立项评估的输出成果应该是制定销售竞争策略（见图5-6）。

图5-6　商机立项评估流程

商机的真实性与紧迫性评估

从事销售工作较长时间的人都会遇到以下情况：好不容易抓住一个销售机会，销售人员投入了时间和精力，方案和报价也发给客户了，但最后的结果是客户不准备采购了，或者无限期延迟采购项目。销售人员最终发现，他们接收到的采购需求其实是一个"伪"需求，因为客户内部根本就没有达成对外采购的共识，更谈不上项目推进的必要性与紧迫性了。对此，销售人员可以通过"客户改变动机""客户所处采购阶段"这两个维度来对销售机会进行真实性与紧迫性评估。

如何判断客户的改变动机？例如，你收到了某位客户发来的采购需求，希望你能够尽快提供产品方案的介绍材料与具体报价。此时，你可以先进行如下探询。

- 客户为什么会有这次的产品采购需求呢？这对应着客户的哪些年度业务发展规划？

- 这个项目是要解决客户的哪些业务挑战？对客户的经营管理工作的影响是什么？影响有多大？

- 客户实施采购行动的迫切程度有多高？如此迫切的理由是什么？

- 这个需求是由客户的哪个部门或哪位领导倡导和发起的？

以上提问的目的很明确，那就是确定采购需求的真实性与紧迫性。面对一个采购需求，如果其已列在客户既有的业务规划之中而不是某种"临时起意"；如果其对客户的经营影响很大，具有采取采购行动的迫切理由；如果其是由高权力结构的关键人物明确发起的，而不是低权力结构人士的初级想法，等等，那么就可以充分证明，这是一个真实的、迫切性较高的销售机会，需要你赶紧行动起来，与客户展开沟通工作。反之，这就是一个模糊的、迫切性不高的销售机会，你可以再密切观察一下，等到机会成熟一些，再投入重要的营销资源。

除了以上提问示例，你还可以进行"客户所处采购阶段"的探询，如下所示。

- 客户的项目预算是多少？采购资金来源是什么？

- 客户内部的立项时间与项目推进时间表是怎样的？为什么？

- 客户对所要采购的产品方案是否做过充分了解？对产品方案的需求标准是否已经清晰？

- 客户在此之前和哪些供应商沟通过？主要是通过什么方式进行沟通的？

通过以上提问所获取的信息，可以帮助你进一步洞察客户正在执行的采购评估行为，从而帮助你制定对应的销售策略与行动计划。当然，对于以上提问示例及接下来更多评估维度的提问方式，你可以根据自己的语言表达习惯进行微调与优化，以引导客户给予更积极和充分的回应。

商机的竞争优势评估

在B2B大客户销售场景中，赢单率是一个重要的工作绩效衡量指标。赢单率高，对销售人员的自信心与工作状态的影响就会更加正面。反之，赢单率低，销售人员忙来忙去却收获很少，团队的士气与信心就会大受打击。提高赢单率最好的办法就是多跟进有竞争优势的商机，或者在商机跟进中努力提升自己的竞争优势。竞争优势的大小主要从"产品差异化能力"和"客户支持度"这两个维度来评估。

先来研究"产品差异化能力"维度。除了垄断性卖方市场，你现在销售的产品方案大都会遭遇行业中同类产品的激烈比拼。但你可以利用前文介绍的差异化能力项清单及竞争优势矩阵等销售工具，发掘自己产品方案的更多差异化竞争优势。因此，你完全可以针对以下信息进行探询。

- 客户对所采购产品的关注重点和需求标准是什么？你的产品方案能否匹配甚至超越客户的需求标准？

- 你的产品方案中有哪些优势区的高光点？这些高光点与客户面临的业务挑战有什么关系？如何将两者连接起来？

- 你的主要竞争对手是谁？与竞品相比，你的产品方案的"优势比"有多大？是拥有碾压竞争对手的优势、势均力敌，还是实力不如竞争对手？

接下来研究"客户支持度"维度。在该维度，你可以开展如下信息探询。

- 客户采购决策链上都有哪些关键人士？他们各自的权力结构如何？

- 你和客户方关键人士的接触程度如何？这些关键人士对你的支持程度
  如何？

- 客户过往的采购习惯、决策风格及这次评估流程是否有利于你？

- 你的公司及你的竞争对手与客户之间过去分别有哪些合作经历？客户
  的满意度如何？

一般来说，客户方在采购评估过程中都会表现出公开、公正和公平的一
面，但如果你在客户方拥有充分的支持者和支持程度，而客户设定的评估流
程也有利于你们双方进行充分的沟通共识，则你的赢单率就大有保障。反
之，如果客户的评估流程规定，在采购决策前不能和供应商见面沟通，那么
你就无法充分影响客户，赢单率也会大大降低。

商机的风险与收益评估

接下来再进行商机的风险与收益评估。这是一个"值不值得赢"的问
题。销售人员应该有生意人的思维。生意人不仅要考虑如何争取赢下订单，
同时也要考虑为此所付出的努力是否值得，机会成本是否过高，是否把有限
的营销资源投入了高质量的销售机会上？毕竟好钢应该用在刀刃上嘛。

这里说的风险是指交付风险。如果交付风险可控，即使预期收益少一
点，也仍然有立项跟进的价值。但如果交付风险不可控，即使预期收益很
高，也不能铤而走险。

对于成熟型应用场景的客户需求，你自然有较为成熟的产品解决方案，
有充分的客户成功案例与业绩证明。承接这样的客户需求，你可以做到轻车
熟路，风险可控，成竹在胸。

而对于创新型应用场景的客户需求，你通常还没有成熟的解决方案，需

要基于客户的需求进行大幅度的个性化定制，甚至需要动用公司的研发力量进行全新的技术开发，这势必会带来不可控的、潜在的交付风险与技术成本。

很多销售人员在拿到创新型商机时，因为害怕被公司否决，所以不愿意及时提交到公司进行立项评估，而是选择独自默默地跟进，结果大都是在后期因为技术风险而被公司勒令停止。

因此，我们强烈建议，既然"丑媳妇迟早要见公婆"，那还不如早点曝光商机。要及时把这些创新型商机提交给公司进行立项评估，由技术部门、交付部门及管理层进行综合决议。如果大家认为这是风险可控、值得投入的高潜力项目，公司就会以项目小组的形式进行协同作战，而不再让你孤军奋战；如果大家认为该创新型需求的项目风险过大，预期收益有限，或者未来的可复制性不高，"及时叫停"也是最科学合理的决策行为。

对交付风险可控性的评估，可以通过对以下维度的检视来进行。

- 你的技术履约是否存在风险？

- 你的生产供应是否存在风险？

- 你的项目成本投入是否在可承受范围内？

- 承接该项目是否涉及商业道德风险或触犯法律法规红线？

对交付风险进行审慎评估，是你对客户成功负责任的应有态度，也是你的公司健康经营和可持续发展模式的直接体现。

在预期收益评估方面，要学会用生意人的思维来对项目的投入回报算一笔经济账，主要通过以下几个提问来探询。

- 这个项目可以给你带来的短期收益是多少？长期收益是多少？

- 这个项目能否充分利用和盘活你现有的闲置资源？

- 这个项目能否有效提升你在行业中的品牌影响力？

- 这个项目是否具有标杆示范效应？

- 这个项目能否支持你对新战略产品或新战略区域的开拓？

- 这个项目能否将竞争对手从客户原有的供应商合作名单中剔除，让你取而代之？

如果真的可以实现以上目的，即使此项目能给你带来的短期收益有限，也具有很大的战略价值，未来可为你带来可观的和可预期的投入回报。

商机立项评估的输出成果

前文从商机的真实性与紧迫性、竞争优势、风险与收益这3个维度展开了商机立项评估，让你对销售机会质量的高低及你所处的竞争地位有了更多的了解，从而能更科学合理地做出是否立项的决策。但是，立项评估的目的并不只是对某个销售机会做出"生存还是死亡"的宣判，更重要的是通过立项评估工作，推动和实现以下策略目标。

第一，确保将有限的营销资源投入更多赢单率高的项目中。营销资源，尤其是公司级的营销资源，如高层主管的支持、中后台的支持、优惠政策的支持等，难以做到"雨露均沾"，只能向赢单率高的项目倾斜，向预期收益高的项目倾斜。20%的优质商机项目能为公司创造80%的利润。立项评估的目的就是要把这20%的优质商机项目找出来，重点帮扶。

第二，确保对项目执行风险的防控，尤其是对于创新型应用场景的客户需求。商机模式的成败，归根结底取决于客户的口碑与满意度。我们见过太多失败的客户案例，供应商向客户提供技术尚不成熟的解决方案，把客户当成实验用的"小白鼠"，企图靠运气或后期的补漏工作来完成项目实施，最终只会害人害己，后患无穷。商机立项评估的目的就是杜绝这样的投机现象，"力到方能为之"，你应以最大的努力确保项目的成功。

第三，促进销售经理对销售人员的教练辅导，并在团队中形成统一的销售语言与行为标准。很多公司习惯对商机立项评估的各个细项进行打分，然后规定累计分数达到某个标准后才能立项，未达标者不能立项，这是一种严重的形而上学与官僚作风。我们最希望看到的是，通过立项评估环节，为销售经理与销售人员创建正式的、面对面的交流机会，基于实际的商机项目来做好人才教导工作。

第四，制订正确的商机跟进计划与竞争策略，提高赢单率与投入产出比。这是商机立项评估的最大行动目标。不仅要赢，更要知道如何去赢。立项评估之后，你应该输出一套科学合理的、有可行性的竞争策略与行动计划，作为你后续销售行动的指南针与导航地图。

☑ 商机业务优先级的确定

业务优先级，是指对供应商来说，不同的商机有不一样的重要程度，也有不同的营销资源投入策略。在商机的立项评估环节，通过对商机的真实性与紧迫性、竞争优势、风险与收益进行评估，可以把商机的业务优先级分为高、中、低、放弃4个等级（见图5-7）。

"√"表示交付风险可控，"✕"表示交付风险不可控

业务优先级	✕	0（放弃给竞争对手/授权给渠道）	
	√ 1	√ 2	√ 3
协同支持	销售人员 独立跟进	一线经理 联合跟进	部门总监 联合跟进
营销资源投入	基本投入	中等投入	重点投入
项目的预期回报	低		高

图5-7　商机的业务优先级评估

定位为"放弃"优先级的商机，其被放弃的最主要原因来自交付风险的不可控。为确保客户的成功与满意度，供应商不应该将没有把握的、尚不成熟的技术方案在客户身上"做实验"，把客户当作"小白鼠"，除非你事先已经向客户申明了可能的潜在风险，客户也愿意配合你进行大胆尝试。无论项目的预期回报是高还是低，只要存在不可控的交付风险，就应该将商机的优先级定位为"放弃"。

定位为"低"优先级的商机，意味着对你来说预期回报或战略价值不高。尽管如此，你仍然可以选择继续跟进，毕竟它还是能够带来一定的业绩贡献的。低优先级的商机一般来说可由销售人员独立跟进，同时控制好在此类商机上的营销资源投入。

定位为"中"优先级的商机，意味着对你来说预期回报或战略价值中等，必须引起部门领导的重视，由销售人员的上级主管担当联合跟进人，并给予中等的营销资源支持，包括公关费用、价格政策或内部资源供应等。

定位为"高"优先级的商机，意味着对你来说预期回报或战略价值很高，必须引起公司领导的重视，由销售总监或以上级别的公司高层担当联合跟进人，并给予最高等级的营销资源支持，如成立"铁三角"协同作战团队等。

业务优先级的评估结果将会引发出协同式销售方法中的"联合跟进人机制"。围绕某个中高优先级的商机，整合管理者、技术支持、交付支持、市场支持等内部资源，让成交不再是"一个人的战斗"，而是集思广益、群策群力的结果。在商机成交推进过程中，将销售管理者设定为具体商机的联合跟进人，并不是可有可无的策略，也不是搞形式主义，而是让主管们同时扮演销售天才与销售教练的角色，帮助销售人员实现业绩，提升能力。管理者在联合跟进人机制下必须履行哪些责任与义务呢？可以简要归结为以下6个方面（见图5-8）。

图5-8　商机联合跟进人的关键任务

- 协助客户高层拜访：当销售人员成功获得与客户高层交流的机会时，管理者应义不容辞地参与会见，体现公司对客户的重视度。

- 统筹内部资源支持：对内协同与对外协同都很重要。管理者在职权范围内可以调用的营销资源比销售人员更多、更优质，对商机的成交也更有帮助。

- 定期执行商机辅导：管理者应定期召开与销售人员进行关键商机的检查与辅导会议，检视商机推进的进度与质量，并给予行动策略上的指导与协助。

- 参与关键节点评审：管理者应主导和参与商机推进流程中的关键节点评审会议，发挥自身的影响力，强化对销售周期的影响与控制。

- 负责重大事项决策：管理者应对商机的解决方案适配度、报价、合同版本等重要事项做出最终决策，并承担相应的责任。

- 组织输/赢复盘总结：无论商机推进的结果是赢单还是输单，管理者都应组织协同项目组人员召开正式的复盘会议，总结经验教训，并明确对客户的下一步跟进策略。

最后需要强调的是，联合跟进商机的赢单率也可以作为销售管理者的KPI，以促进管理者与销售人员更紧密地合作。

☑ 商机竞争策略的制定

《孙子兵法·谋攻篇》中说道："故用兵之法，十则围之，五则攻之，倍则分之，敌则能战之，少则能逃之，不若则能避之。故小敌之坚，大敌之擒也。"意思是：有十倍的兵力就包围敌人，有五倍的兵力就进攻敌人，有两倍的兵力就分割消灭敌人，有与敌相当的兵力则可以抗击，兵力少于敌人就要避免与其正面接触，兵力弱少就要撤离远地，所以如果弱小的军队顽固硬拼，就会变成强大敌军的俘虏。这个道理也可以充分应用到商机的销售竞争策略制定之中。

明确竞争的目标

明确了商机的业务优先级，接下来要做的就是明确竞争的目标。就像在战争的目标是将敌人赶尽杀绝，还是让敌人跪地求饶，或者只是以攻为守，挫挫对方的锐气，让其不敢来犯。总之，竞争的目标一定是赢，至于赢多少，如何赢，就要看你的实力与胆识了。一般来说，商机竞争的目标可以分为两类：赢的目标和利润目标。

赢的目标

赢的目标大致可以分为4种：排他性赢、协作性赢、主动退让和拖延时间。

排他性赢：如果你与竞争对手相比，占有绝对的优势，完全有能力碾压对手，就可以选择排他性赢的目标。这代表着在这场零和博弈游戏中，你要成为唯一的胜利者，让竞争对手竹篮打水一场空。这是在销售实战中最常见的目标，即"有我无他，有他无我"。

协作性赢：如果你暂时还难以完全战胜竞争对手，但又不愿意放弃竞争的机会，可以锁定在客户的大订单份额中，占据拥有局部竞争优势的部分，就像"三千弱水，只取一瓢饮"。这时候，你甚至要习惯与竞争对手和平相处，或者与竞争对手建立同盟，共同为客户提供优质服务。

主动退让：无论是协作性赢还是排他性赢，你始终都要积极参与竞争。但如果经过竞争优势评估，你发现自己根本就没有赢单的希望，或者这是一个根本就不值得赢的项目机会，就可以向客户明确表示不参与竞争的立场，但照样可以应客户之邀，例行性地提供方案和报价，为客户"货比三家"的候选供应商数量要求做一次补缺。你希望送客户这样一份"顺水人情"，让客户记得你的好，在以后的销售机会中能对你有倾向性的关照。

拖延时间：当你发现自己当前的能力并不能匹配客户的需求，但是在不久的将来就可以满足，甚至拥有更强大、更有价值的方案时，就要想办法拖延客户做出决策的时间。你可以告知客户保持"等待"获得的价值要远远大于现在仓促做出购买决定获得的价值。这就好比顾客想买一部手机，但你可以告知其很快就会有性能更好、性价比更高的新型号手机面世，所以值得再等一等。

对于以上4种赢的目标，你可以具体情况具体分析，择一而行。但必须指出的是：选择什么样的赢的目标，与你的竞争优势大小并无绝对的相关性。意思是说，与竞争对手相比，即使你不占优势，也可以选择排他性赢的目标；即使你拥有绝对优势，也可以选择协作性赢的目标，甚至选择主动退让的目标。

因为除了比拼实力，你还需要考虑客户的选择偏好及各种中长期利益关系的处理。在某些情况下，"少赢"和"退让"也是一种有策略的赢。

利润目标

确定利润目标也非常重要。通俗地说，利润目标就是你希望通过这个商机项目赚多少钱。当然，赚的钱肯定是越多越好，但前提条件是必须能够战胜竞争对手，与客户成交。利润目标的高低，可以通过一张商机竞争中的"定价策略分析表"（见表5-4）来进行定位。

表5-4 定价策略分析表

评估维度	参考度	低	中	高
客户预算	◆◆◆	预算不足，唯低价得	预算一般，重视性价比	预算充分，重视品质
决策风格	◆◆◆	不愿意沟通	封闭式的沟通	开放和积极的沟通
客户支持	◆◆◆	低支持或无支持	部分的支持	充分的支持
方案优势	◆◆◆	竞争对手优势比高	双方差距不大	我方优势比高
定制程度	◆◆◆	无须定制	需局部定制	需高度定制
交付难度	◆◆	难度小，属于标准化交付	难度中，周期正常、风险可控	难度大，周期长、风险高
行业地位	◆◆	追随者	挑战者	领先者
结算风险	◆◆◆	结算及时，无烂账风险	结算周期正常，无烂账风险	结算周期长，有烂账风险
未来成本	◆◆	后续维护成本投入低	后续维护成本投入中	后续维护成本投入大
合作历史	◆◆	无合作或零散合作	有普通合作关系	有战略合作关系

利润目标：　□ 高利润　　□ 中利润　　□ 低利润　　□ 无利润

一般可以选择其中的4个评估维度来略加说明。

一是客户的预算情况。客户预算充分，自然可以通过高价成交获取高利润。但如果客户预算有限，而你又无法促使客户增加预算，自然要降低利润目标。另外，客户的付款方式也要考虑。例如，对于先款后货或付款周期短的情况，可以酌情降低利润目标。

二是客户的支持度。如果客户对你的支持度很高，拥有来自核心圈、评估圈和执行圈的全方位支持，且合作意向极为明确，那么你可以按照高利润或正常利润目标成交。但如果客户持中立立场或缺少对你的倾向性支持，或者仅拥有来自执行圈的支持，那么你需要适当调减利润目标，至少不在价格让利幅度方面输给竞争对手。

三是你的行业地位。你的公司在行业市场中处于怎样的竞争地位？是领先者、挑战者还是追随者？如果是领先者，利润目标可以比竞争对手稍高，因为存在品牌溢价的能力优势。如果是挑战者或追随者，利润目标就要比竞争对手稍低，因为需要通过价差来提高性价比。

四是你的方案优势。在不同的商机项目中，你遇到的竞争对手也会不同，优劣势的比较也会相应不同。如果你们的解决方案有很大的差异化竞争优势，被替代性低，则你可以选择高利润目标。反之，如果你们的解决方案与竞争对手难分伯仲，很容易被竞争对手的方案所替代，为了获得胜利，我们需要降低对利润目标的追逐。

除了表5-4中列示的维度，大家还可以结合自己的业务实践增加对其他评估维度的考量，如"竞争对手的风格"等。如果你遇到的竞争对手擅长通过低价拿单，则你的利润目标需要调减。反之，如果你们双方都不爱打价格战，则你的利润目标可以调高一些。

基于赢的目标和利润目标的设定，你就可以确定某个具体商机的竞争目标了（见表5-5）。赢的目标往往在立项评估时就要确定，因为它会影响你后续的赢–协同工作计划的制订。而利润目标可以在投标之前或正式报价之前再最终确定。锋芒不露，把价格这把"利剑"放在最后，宝剑出鞘之日，也是你取得胜局之时。

表 5-5　商机竞争目标的确定

高利润	—	—		
中利润	—	—		√
低利润	—	—		
无利润	—	—		
竞争的目标	拖延时间	主动退让	协作性赢	排他性赢

竞争策略的选择

确定了竞争目标，你就要开始进一步明确竞争策略和具体的行动计划了。对于接下来描述的几种竞争策略与适用场景，你可基于当前正在跟进的商机状况灵活选择。

首先，面对潜在机会，我们建议你使用"先发制人"的竞争策略。因为客户的需求还不明朗，也很少有人知道，所以你的行动计划就是先入为主，设定需求标准，成为客户心目中的Mr. A。

这种先发制人的策略能够让你很好地把握主动权，占据最有优势的竞争地位，并利用带有倾向性的需求标准屏蔽你的竞争对手，使赢单率最高。当然，你必须做好充分准备，因为这种销售机会的跟进周期往往特别长，需要你有足够的耐心陪伴和推动客户做出采购决定。

其次，面对活跃机会，你需要根据自己的竞争地位与优势比重来选择不同的进攻策略。

最直接和最自信的进攻策略叫作"正面进攻"，适用于你的能力优势是两倍或三倍于竞争对手的情况。此时，你无须顾及和防备竞争对手，因为竞争对手有的，你都有；竞争对手没有的，你也有。因此，正面进攻就是一个碾压对手、以大胜小的竞争策略。但需要注意的是，你要确保让客户方的中高层能够认知和认同你的能力优势，这样赢单率才能有很好的保障。但如果你只是取得了客户方执行圈人员的支持，赢单的可能性就会很低。

除了正面进攻，"迂回进攻"也是最常用的竞争策略，适用于你的能力优势与竞争对手旗鼓相当，或者与竞争对手相比各有千秋的情况。此时，你需要采取"先求同，后存异"的行动原则，就是先认真了解客户的需求标准，看看在客户的需求构想中，哪些是你的能力可以企及的，哪些是你尚不能满足的，尤其要了解你的竞争对手提前在客户认知中植入的那些能力标准。为了塑造差异化竞争优势，你需要通过专业引导，建议客户增加你独有的能力项，拿掉和忽略你不具备的能力项要求，从而帮助客户重塑一个倾向于你的解决方案的需求构想。

还有一种进攻策略叫作"绝地反击"，这适用于你与竞争对手相比，没有明显的优势或处于相对劣势的情况，尤其是在你的竞争对手已经捷足先登，甚至已经占据客户心目中的Mr. A的位置的情况下，你就会更加被动，甚至极有可能沦为"炮灰"或"陪跑员"的角色。要想在这样的逆境中取胜，以弱胜强，唯有绝地反击，出其不意。

隐藏你的攻击点并误导竞争对手，然后在最后关头甩出"王炸"。例如，客户中的高权力结构支持者突然为你发声，或者你突然释放出不利于竞争对手的言论与证据，或者你突然以超低价打破竞争对手的预先布局，等等。当然，在绝地反击策略中，因为你是弱势者或晚到者，势必要付出比正常情况更高的销售成本，或者要舍弃更多的利润预期来争夺这个订单。

先发制人、正面进攻、迂回进攻及绝地反击，竞争策略的选择取决于你的竞争优势大小，以及你在客户采购阶段参与时间的早晚。这些策略既可以单独使用，也可以组合使用，目的就是在客户的感知中，建立你的综合优势，让客户认同你能够带来比竞争对手更大、更可靠的改善价值。

商机评估与竞争策略的制定，不仅发生在创建需求的阶段，更是贯穿整个销售流程的各个里程碑步骤。它能让你保持清醒的头脑，不会盲目乐观和自以为然，也不会一意孤行、渐行渐远，更不会撞了南墙也不懂得回头。销售策略的重要性要高于销售技巧，只有策略对了，技巧才能发挥应有的作用。

6

第 6 章
目标导向的客户拜访执行（上）

客户拜访在全销售流程中不是一个孤立的存在，而是在需求创建与成交结案之间发生的一系列承上启下的销售活动。通过和客户面对面的交流与沟通，可以强化客户对销售人员的认知度与信任度，并可以达成合作的最大共识，将销售流程向着成交目标稳步推进。

每次客户拜访都可能成为决定你生意成败的关键时刻，既可能让你技惊四座，与客户一见倾心，也可能因为你在拜访中表现不佳而被客户拉入黑名单，从此错失良机，难有出头之日。因此，务必要重视和珍惜与客户的每次见面机会，拿出最好的状态与表现，俘获客户的芳心。

☑ 客户拜访的场景分类

客户拜访行为按照发生的物理空间不同，可以分为主场拜访、客场拜访与在线会议3种典型场景（见图6-1）。针对不同的场景，可以制定不同的拜访目标与行动策略。其共同点是：客户拜访活动需要买卖双方同时投入一段专门的时间和精力，所以时间成本很高，务必高效，要价值导向。

主场拜访

主场拜访是指客户亲自来到你的主场进行交流。此时，客户是客人，你是主人。在这种场景中，"我的地盘我做主"，你可以提前布置好交流环境，设定好交流的议程，做好交流前的彩排与演练。更重要的是，你拥有主场作战的心理优势，自信心与主导性会更强。

客户愿意来到你的主场拜访，表明其对你的认可程度，毕竟客户也要为此投入专门的时间和人力物力。主场拜访场景包括但不限于邀请客户来公司参观、邀请客户到你们的标杆示范工程现场观摩、邀请客户到你们的展会现场或你们主办的沙龙活动现场交流等。

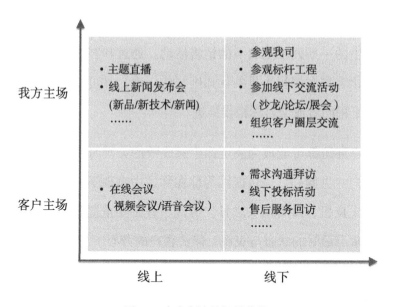

图6-1 客户拜访的场景分类

客场拜访

客场拜访是指你到客户的主场进行交流。此时，你是客人，客户是主人。中国人讲究"客随主便"，到了客户的地盘，交流什么内容、交流多长时间、客户方哪些关键人士会参与交流，原则上都应该由客户做主，你来配合。

为了让客场拜访能够顺利达到你的拜访目的，而不是一味地让客户"牵着鼻子走"，你需要做好拜访前的各项准备工作，既能让客户感受到交流进程是由他们主导的，又能让你在拜访中的优秀表现影响和引导客户的期望与行为，让客户享受与你的沟通过程。

在线会议

在线会议是指买卖双方通过在线会议平台进行深度交流。这种拜访既不在客户的主场，也不在你的主场，而是在"空中"。这就好比两国之间的重要会议，为了显示平等与公正，特意选择在另一个中立的国家举行。

当然，在线会议还有一个前提，那就是缺少线下面对面交流的条件，如一方不方便出门、双方的地理位置相距太远、参会对象分布在五湖四海难以相聚等。在线会议比起线下交流，少了几分面对面的亲切感，所以要对在线会议的时长做好控制，不能拖拉冗长，否则沟通的氛围容易"晴转多云"，双方的体验会由有好感变成极不耐烦。当然，在线会议也比线下交流多了几分执行的便利性与参会成本的可控性，目前已成为越来越多的商务会议的首选交流方式。

社交媒体的局限性

现在，随着QQ、微信、钉钉等社交媒体的兴起，很多销售人员开始习惯用社交媒体工具来与客户互动。他们认为这样的沟通方式更轻松，没有压力，不像面对面拜访那样具有进攻性。例如，用群发助手给客户发信息，或者在客户朋友圈点个赞、打个招呼，等等。但利用社交媒体工具与客户交流也有其局限性。例如，你给某客户方关键人士发送了一条信息，但对方没有回应，这次的交流就只能作罢。如果你不管不顾地继续进行信息推送，迟早有一天你会被客户拉黑的。

客户拜访工作的意义

我们不是要否定社交媒体的价值，而是更想强调正式的客户拜访行为在销售工作中的不可替代性，实战价值表现为如下4点。

首先，只有通过正式的客户拜访，你才能明确自己对客户合作潜力的判断。仅坐在办公室里，通过电话沟通和网页浏览获取的客户信息是不够立体和丰富的。就好比你对着网友的头像浮想联翩，只有真正见面了，才知道对方的真实面貌是否和你的预期相符。同样的道理，只有当你真正走进客户公司，见到其办公环境及实力规模，与采购决策链中的关键人物进行了真实的交流，你对客户的认知才会变得丰满与亲切。

其次，在近距离接触客户之前，你很难了解客户的业务规划与真实需求。在电话中，客户不可能向一个从未谋面也不熟悉的人一诉衷肠。只有面对面的深度交流，才能加深彼此的印象与认知，建立人际好感与信任度，客户也才更愿意向你表露他们的真实想法，你才更有机会与客户深度探询其业务挑战和合作构想。在之前的电话沟通中双方无法展开的话题都可以在面对面沟通的时候一吐为快。

再次，只有和客户面对面交流，才能最终确认你的客户覆盖策略及商机竞争策略是否正确。虽然你在拜访前做了大量的客户信息收集及需求研究工作，但毕竟有许多信息可能是过时的、不准确的。通过面对面交流，你可以更新和完善更多的客户信息，同时也能感受到客户对你的认可程度，以及你在竞争中的真实排名和地位，从而修正你的竞争目标与跟进策略。

最后，只有面对面交流，你才能真正走进客户方关键人士的视野与内心。俗话说："见面三分亲。"既然要做朋友，要提高接触程度，就得多多走动，拉近感情。我们经常强调销售人员要做到"又红又专"，这里的"红"就是指与客户有着紧密的人际关系。因此，销售人员应该经常"泡"在客户身边，花时间和客户面对面交流，而不是满足于隔空发发信息、打打电话等浅尝辄止的交往形式。

☑ 拜访目标的设定与拜访前的准备

有一家B2B销售型企业，销售人员每周都是天南海北地飞，然后带回来大把的差旅费用发票等待主管审批报销。甚至还有销售人员拿着行程记录单在主管面前邀功，说自己是多么敬业，多么舍小家为大家，多么"生命不止，奔波不息"。主管反问他们：这么多的差旅费用支出，究竟取得了哪些拜访成果？创造了哪些业绩贡献？如果只是蜻蜓点水式的拜访接洽行为，难道不更像为航空公司的满座率做贡献吗？

拜访目标的设定

以目标为导向的客户拜访，是指对于每次客户拜访行为，都应该建立清晰的拜访目标，以此规划拜访中的交流议程，检查与回顾拜访的成果和不足，看看哪些拜访目标达成了，哪些完成得还不好，下一次应该改善什么。最糟糕的拜访就是付出了时间和金钱，却对公司、对客户，也包括对自己，没有任何有价值的交代。

归纳起来，客户拜访的目标包括但不限于以下几种（见图6-2）。

图6-2　客户拜访的目标设定

最基础的拜访目标是"建立人际好感"。无论你销售的是什么样的产品和服务方案，都要首先把自己成功"推销"出去，让客户喜欢你，愿意和你继续交流，而不是让客户讨厌你，恨不得在见面后的几分钟内就想将你扫地出门。

第二个拜访目标是"激发客户兴趣"。只有把客户的兴趣与好奇心激发出来，你才有机会让客户打开心扉，与客户做更深度地交流和共识。激发客户兴趣的办法有很多，最主要的是通过行业趋势分享、公司发展介绍、客户成功案例介绍、产品技术交流等，让客户对你从不熟悉到了解，从没兴趣到有兴趣，从没需求到有需求。

第三个拜访目标是"介绍产品方案"。与新客户首次见面时，大多数客户方关键人士都希望能够快速了解你的产品是什么，能够为他们提供什么。既然客户想了解，你自然也不需要故弄玄虚、藏着掖着，大大方方地把你的产品方案介绍清楚，也是不错的选择。

第四个拜访目标是"探询客户需求"。用面对面的方式向客户探询，你所能收集的需求信息，会比电话、微信或邮件等方式更高效，更有质量。我们倡导"多听少说"，就是强调要充分了解客户的现状，聆听客户的心声。善于提问和聆听的人比能说会道的人更有能量与影响力。

第五个拜访目标是"引导客户需求"。销售人员不仅要知道客户想要什么，还要从专业性和负责任的角度引导客户建立更全面合理的需求标准，这是销售人员最显著的工作价值。尤其是在同质化竞争时代，帮助客户重塑一个倾向于你的解决方案能力的需求标准，是在竞争中获胜的关键。需要指出的是，需求标准的引导、解决方案的共识及签约前的双赢谈判，都可以被视为客户需求引导的工作范畴。

第六个拜访目标是"获得晋级承诺"。可能是客户同意与你们有下一次的解决方案呈现会议，也可能是为你们安排下一步与客户高层的见面，又或者是同意组团来你们公司参观考察，等等。客户同意你提议的下一步行动计划，就意味着客户对你的认可与支持。如果你无法得到客户的晋级承诺，本次拜访的成果就会大打折扣。

每次客户拜访的目标都可以不同，因人而异，因势而异。例如，经验丰富、主导能力较强的销售精英人士，可以在单次拜访中多设定几个拜访目标，让工作效能变得更高。而销售新人则每次可以设定一两个拜访目标，适度简化和降低执行难度。同时，你也要关注每次的拜访动作发生在销售流程中的哪个里程碑步骤，每个里程碑步骤下要发生的关键销售活动是不一样的。在不同的阶段做不同的事情，客户拜访目标的设定也会随之不同。

"一心向着目标前行的人，全世界都会为你让路。"有了清晰的拜访目标，你就能制定正确的拜访策略与行动计划。当然，即使在拜访前已经确定了目标，也可以在拜访过程中，因应现场的沟通氛围与客户的配合程度，进行灵活的目标增减与优化调整。但无论怎样，设立好拜访目标都是提高拜访工作效能的关键。

拜访前的准备工作

磨刀不误砍柴工。有了拜访目标，在正式拜访开始前，销售人员需要做好哪些重要的准备工作呢？接下来从拜访资料的准备和拜访前的沟通共识两个维度来进行梳理。

拜访资料的准备

调查显示，销售人员在拜访客户时，充分利用好辅助展示资料，可以提高50%以上的沟通质量与提高20%左右的成功率。要准备的拜访资料包括硬件和软件两个部分。

属于硬件性质的辅助资料，包括但不限于名片、身份证、笔记本、签字笔、小礼物、产品手册或宣传页等。如果属于成交性质的拜访，还需要准备好合作意向表、合同协议模板等。

属于软件性质的辅助资料，包括但不限于用于展示的各种文档材料，如公司介绍PPT、产品方案PPT、客户成功案例资料，或者可以在现场播放的音/视频材料等。

笔记本电脑或平板电脑已经成为越来越多销售人员的出行必备品。为了展示的便利性，你可以在电脑桌面上设置一个文件夹，把经常要使用的展示资料收纳其中，分门别类。千万不要把自己的电脑桌面变成一个眼花缭乱的"垃圾场"，这只会降低调用资料的效率，也会让客户对你的职业素养与工作能力产生不好的印象。

在准备这些销售展示材料时，记得要"出手必求品质"，千万不要打印和展示一些低品质的文档材料给客户。同时，你的个人形象也很重要，外形要得体，包括发型、妆容、佩戴的手表、穿着的服装和鞋帽，以及随身携带的手机、背包、电脑等，都要务求品质，不要邋里邋遢或给人以劣质廉价的感觉。要知道，每个小细节都可能会给客户留下好或不好的深刻印象。

拜访前的沟通共识

拜访前的沟通共识既有对内的共识，也有对外的共识。

首先是拜访前的对内共识。如果销售人员在拜访时邀请了自己公司的领导或技术专家协访，必须提前跟协访者进行必要的客户信息告知和拜访目标共识，包括但不限于以下内容。

- 主动知会客户状况及需求信息。

- 主动表明拜访目的，明确在拜访面谈中的环节设计和分工合作。

- 确定双方要分头准备的资料及设备。

- 提前告知拜访出发的时间与路线安排，以及准备好可能发生的拜访费用。

有一个重要的行为准则是"做好抬轿子的人"。无论大家在公司内部关系有多亲近，到了客户那里，就要主次有序，千万不要把领导不当领导。销售人员是"抬轿子的人"，而陪同你协访的公司领导或技术专家就是"坐轿子的人"。你的轿子抬得越好，坐在轿子里的人就越能在客户面前凸显出权威性与影响力，客户自然也会对协访者表示更大的尊重与认可。

其次是拜访前的对外共识。你可以向客户提前发出一份"拜访邀约确认函"（见图6-3）。在这份拜访邀约确认函中，应该向客户详细列明本次拜访要达成共识的重要事项，包括参与交流的双方人员介绍，简要回顾双方之前在电话或邮件中达成的初步共识，清晰列明本次会谈的主题及会谈纲要等。这样的拜访邀约确认函，不仅能充分体现你的专业度和对本次拜访的重视程度，也会让客户感受到这次拜访交流的重要性，从而同步做出积极的反馈与接待准备。

很高兴您和HR肖总对我们公司发出的行业白皮书《企业大学的定位与未来》感兴趣。

在我们刚才的电话沟通中，您提到想进一步了解如何在公司进行关键人才梯队的建设与培养工作，并且对无法为贵司关键人才成长提供足够的学习机会而深感担忧。

我想和您约一次面对面的交流机会，围绕"关键人才梯队建设的范围和影响"话题进行深入探讨，也会一并提出我们的解决方案建议，以及分享我们过往的成功案例信息。我也会邀请我司的行业客户总监王安先生一起前来参与交流。

不知下周一14:00或17:00哪个时间段更合适？会议时间大概需要1小时。如果贵司还有任何其他人出席会谈，也请及时告知他们的职位信息与会谈期望。

期待我们的见面与交流。盼复！

图6-3　拜访邀约确认函（示例）

在日常生活中，人们经常用"伸手要钱"这4个字来提醒自己，出门前记得带好身份证、手机、钥匙和钱包。同样，为了让大家更好地进行拜访前的工作准备，我们也特意为销售人员设计了一份"客户拜访准备检查列表"（见表6-1）。

表 6-1　客户拜访准备检查列表

拜访客户：　　　　　　　拜访时间：　　　　　　　拜访地点：

拜访对象：　　　　　　　拜访方式：　　　　　　　协访人员：

是否已发送拜访邀约确认函：□是　　□否

拜访目的清单	是否明确	物料准备清单（1）	是否带齐	物料准备清单（2）	是否带齐
建立人际好感	√	手机	√	客户联系方式	√
激发客户兴趣		名片		同业案例名单	
探询需求现状		身份证		合作意向表	
引导客户需求		手提电脑		协议草案	
介绍产品方案		笔记本 / 笔		小礼物	
获得晋级承诺		宣传手册		……	
……		展示视频			
		……			

表6-1中的上半部分是关于本次客户拜访的概况信息，记录了拜访客户、拜访对象、拜访时间、拜访方式、拜访地点、协访人员，以及是否已发送拜访邀约确认函等信息。

"拜访目的清单"明确了本次拜访计划要达成的目标，可以简要地用打钩来进行标注，也可以在对应位置填写详细的行动目标。不仅在拜访前要明确拜访目标，而且在拜访后还要进行目标达成情况的回顾与检视。

"物料准备清单"列示了拜访中常用的一些物料，既有硬件性质的材料，也有软件性质的材料，帮助你在出发前逐一核对，看看是否有所遗漏。

拜访前的准备工作就讲解到这里。要特别记住，无论你是刚刚加入公司的销售新人，还是一名拥有多年实战经验的销售老手，在客户的眼里，你都是公司的品牌形象代言人，你在拜访中的表现会直接影响客户对你公司的认同度。因此，不要打无准备的仗，细节决定成败。

☑ 拜访开场与精彩亮相

做好了拜访前的各项准备工作，接下来就要开启正式的面对面拜访了。这就像已经站到了舞台的演员，即将在聚光灯下开启他的表演。又像一个已经冲向了战场的战士，即将在枪林弹雨中奋勇杀敌。没有时间迟疑，也没有后退的可能，唯有拿出最佳的心态与状态，全力以赴，做到最好。

客户拜访交流的时间，每次多则两三小时，少则30分钟或更短，基本都会有一个简短的开场与破冰环节。如果是拜见已经很熟悉的客户关键人，开场的氛围会很轻松愉快。但如果是拜见首次见面的客户关键人，开场环节则需要更多的严谨态度与合理规划。

建立人际好感

拜访开场的第一个动作就是"建立人际好感"。初次见面时，客户会凭借对销售人员的第一印象来决定是否与其讲话。如何快速建立人际好感呢？你可以发起一个大家都感兴趣的话题，或者给予客户真诚的表扬和赞美，令双方的关系快速升温，从陌生人变成好朋友。

在表扬和赞美客户时，你可以称赞对方在业内的专业影响力，也可以表达对其办公环境或企业文化的喜爱。既可以聊聊彼此的家乡特色或美食风光，也可以说说关于个人兴趣爱好或家庭亲情的话题，甚至可以对客户的长相、声音、气质等给予赞美。总之，从进入客户公司开始，就要眼观六路、耳听八方，快速捕捉到可以给予赞美的好话题。当然，所有的赞美都必须做到真诚而不浮夸，而且整个寒暄时间一般为3~5分钟，视现场气氛及客户的健谈程度而定。

当寒暄结束后，销售人员可以刻意停顿3~5秒不再说话，制造一个小小的"静默"时刻，让客户主动打破静默，看看客户接下来是想继续闲聊还是直奔主题。如果客户愿意继续闲聊，那就再寒暄一阵也无妨，但一定要记住适时将话题切换到会谈的正题上来。

介绍拜访目的

拜访开场的第二个动作是"介绍拜访目的"。无论你与客户是在办公室或咖啡馆进行一对一的交流，还是在会议室进行一对多的交流，一个轻松又略显正式的拜访目的介绍，都会把客户快速拉入会议主题的交流情境中来。先来看看下面这段示范话术。

大家好，我想向各位介绍一下今天的拜访目的。首先我会介绍我们Easy Selling销售赋能中心的发展情况与相关服务内容，然后跟各位分享我们最近与另一家精细化工产品制造企业在销售团队培训赋能方面的合作案例，相信大家会感兴趣。之后，我们也想了解一下贵公司对这次培训课程采购的具体要求与项目期望。最后，我们再共同决定需要做哪些进一步的交流和探讨。各位看这样的安排可以吗？

以上介绍拜访目的的话术，条理清晰，目标明确，使用了"首先……然后……之后……最后"句式，层层递进。尤其是结尾的两句话特别重要。

- 最后，我们再共同决定需要做哪些进一步的交流和探讨。

- 各位看这样的安排可以吗？

这就是告诉客户，今天的交流议程，销售人员只是主动提出了拜访目的建议，但是否合理，是否需要做出补充，还是要由客户说了算，这是授权客户主导会议进程的最好表示。

一般来说，当销售人员做完拜访目的介绍后，客户多半会简单地回应："可以，请继续。"这样的回应其实很正常，并非表示客户不愿意发表看法，而是此时客户还没有做好准备来主导接下来的对话，更愿意按照销售人员的议程规划来做进一步的信息了解。

介绍公司

拜访开场的第三个动作是"介绍公司"。介绍公司的目的是让客户觉得你的公司是一家有实力又有合作价值的公司，值得接下来进行深度的交流。但是你也要杜绝那种夸夸其谈和自吹自擂的行为，所以一般3~5分钟的公司介绍时间比较合适。我们可以用"三条腿的小板凳"来设计公司介绍的内容结构（见图6-4）。

图6-4　公司介绍的内容结构

"小板凳"的凳面就是你对自己公司的"一句话定位"，要说明白你的公司是一家为什么样的客户提供什么产品或服务的公司。举例如下。

- 我们Easy Selling是一家专注于为销售型企业提供业绩改进咨询与销售人才培养解决方案服务的专业机构。

- 我们BSD公司是一家专门为农作物种植企业提供病虫害防治综合解决方案服务的专业机构。

"小板凳"的三条腿指的是你们公司的3种客观事实,用以支持上述的"一句话定位"。

- 介绍公司的规模和实力。可以列举公司成立的时间、分支机构数量及区域覆盖范围、销售额、行业排名、员工数量信息等。

- 介绍公司的专业能力。可以列举公司在专业研究方面的投入、提供的专业服务范围、研发人员的数量与素质、发明及专利成果、来自权威第三方的评选奖项等。

- 介绍公司在客户同行业中的成功案例。可以把公司服务过的客户名单用"爆米花"的方法一口气说出七八个,快速在客户心目中产生"羊群效应"。客户此时会想:原来这么多的同行客户都在跟你们公司合作,你们一定有很多受大家认可的服务能力和让人期待的合作价值。

以下这段介绍公司的示范话术可供大家在职场训练中借鉴。

接下来,我会向大家正式介绍一下我们公司。

近10年来,我们BSD公司始终致力于为农作物种植企业提供病虫害防治的整体解决方案服务。

在经营规模与行业排名方面……(此处罗列公司发展速度、员工规模、营业额、市场份额、市场覆盖范围等相关事实。)

在专业技术与交付能力方面……(此处罗列公司专业资质、产品系列、技术资源配置、第三方权威认可等相关事实。)

同时我们也拥有了很多客户成功合作案例，包括……（此处罗列几个成功案例的客户名称，增强客户信任度。）

使用"三条腿的小板凳"方法进行公司介绍时，可以选择用单一的口头表达方式，但话术必须娴熟和充满自信。也可以借助公司制作好的PPT或视频材料辅助展示，这样显得更为正式，也更能吸引客户的注意力。

需要特别指出的是，公司介绍环节在同一家客户处是可以重复进行的。在交流现场，只要发现客户方有陌生的面孔出现，尤其是有更高职级的关键人物出现，你就有必要抖擞精神再来一次公司介绍，以充分体现你对客户方新出现的关键人的尊重。

介绍客户成功案例

拜访开场的第四个动作是"介绍客户成功案例"。事实上，在拜访开场及随后的深入交流中，销售人员需要高频次地使用客户成功案例来激发客户的兴趣与好奇心。

以下这段介绍客户成功案例的示范话术可供大家在职场训练中借鉴。对话双方是某第三方检测认证服务供应商的销售人员小李和客户方的认证部王经理。

小李：王经理，我想和您分享我们最近与另一家出口型电器生产企业的合作案例，对方的产品同样是销往欧美市场的，与你们的情况比较类似，相信您会感兴趣的。

王经理：可以呀，愿闻其详。

小李：我们当时联系的是对方实验室负责人林总，他负责将公司新产品的样品向外送检并获得新产品的认证证书。对方当时有一批新品出口订单急需权威检测认证报告。认证周期的不可控是对方最头疼的问题，过去经常发生因认证周期延长而导致无法及时出货的情况，后果极为严重。

王经理：这个问题我们公司也经常遇到，是行业里的大难题。

小李：确实如此。我们和林总分析过到底是什么原因造成认证周期的不可控。发现最主要的原因还是林总公司的新产品经常存在结构化问题需要整改，所以反复送检造成的时间浪费很大。林总希望找到一家认证服务机构，具有充分的对口服务经验，能够帮助他们公司从源头诊断出产品的结构化问题，并提供整改的建议与帮助。

王经理：现在的第三方检测机构应该只负责送检后的检测，很难帮客户做送检前的检测服务吧？

小李：是的。但送检前的问题诊断与整改是确保认证周期可控性的关键环节。因此，我们响应了林总的需求，为他们公司派驻了有经验的工程师，对他们新产品的全部机种进行了现场免费检测，快速出具了结构化问题的整改建议书。同时还在后续指导他们公司完成了认证申请资料的填写与初审，降低了因资料出错导致的认证周期延误问题。

王经理：看来你们的服务还是很不错的。

小李：对呀。林总最终将这批出口产品的检测认证工作委托给了我们公司。我们也不辱使命，比原计划30天的认证周期缩短了10天，圆满完成了认证任务。现在，我们已经成为林总公司在检测认证服务方面的战略合作伙伴。我希望未来有机会和您详细分享我们是如何帮助林总公司解决问题的。

王经理：太好了。你们的经验与做法对我们很有参考价值。我也和你分享一下我们现在的状况与需求吧。

我们曾经随访观察过多家企业的销售冠军，发现他们在自己的客户面前都是讲故事（客户成功案例）的高手。每当其客户表达出对某个要点的关注或困惑时，这些销售精英就会迅速分享一个有类似情境的客户成功案例，而且表达得自然流畅，让客户非常佩服，并希望进行更多的了解和请教。

事实上，我们期望客户在听完你的成功案例介绍后，能够感受到你可以为其带来的可预期的改善价值，能够像上述案例中的王经理那样，愿意更开放地向你分享其面临的业务挑战与项目期望，能够对你的专业实力产生更多的认可与信任。

当然，我们也反对凭空捏造的虚假案例，这样的案例不仅经不起推敲，还很容易被你的客户和竞争对手抓住把柄，落得一个弄虚作假的负面印象。我们也不建议你对客户成功案例做过于细枝末节的介绍，因为成功案例的真正作用在于"激发兴趣"，而非"和盘托出"。

以上就是销售人员在客户拜访开场时最常用到的4个销售动作：建立人际好感、介绍拜访目的、介绍公司、介绍客户成功案例。这4个动作可以单独执行，也可以串联在一起使用。例如，用"建立人际好感"来破冰，用"介绍拜访目的"来从寒暄转入会谈主题，然后用"介绍公司"来建立客户信任度，最后用"介绍客户成功案例"进行能力证明的升华。整个过程一般耗时10分钟左右，行云流水，一气呵成，也被誉为"拜访开场的黄金十分钟"。

你在这个"黄金十分钟"的精彩亮相，其实有点像在表演独角戏，而客户就是在台下看戏的观众。你和客户之间只有最简单的眼神交流，或者简问简答型的轻度互动。不过没关系，因为这正好给了你一个不被干扰、尽情发挥的"高光时刻"。只要你能够把这个"黄金十分钟"利用好，表现好，让客户感到佩服与震撼，接下来就是"从独角戏进入二人转"的自然过渡了。

示例如下。

关于我们公司的情况已经介绍得很多了，接下来也想听一下贵司对本次产品方案选型的具体要求和期望。刘经理，您看可以吗？

接下来，你可以把目光投向与你对接本次拜访工作的客户方联系人，静静等待客户开始他们的公司和项目需求情况介绍。这就好比"把客户请上舞台，把话筒交给客户"。

很多人都知道，唐朝有一位开国大将叫程咬金，耍得一手好板斧，但只有三招：劈脑袋、鬼剔牙、掏耳朵，俗称"程咬金的三板斧"。不过这三招却让程咬金在战场上屡建奇功。因此，也常被人用来比喻解决问题的方法不多，但非常管用。上述"黄金十分钟"也是如此，虽招数不多，但极为有效，建议大家多多借鉴，学以致用。

一次成功的客户拜访，取决于很多优秀的销售行为的综合贡献。拜访目标的设定、拜访前的准备工作、拜访开场与精彩亮相，都是一次成功的客户拜访至关重要的组成部分。我们始终强调，客户拜访工作是一项高收益和高成本的工作，能加速与客户达成共识，但也需要付出更多的时间和精力成本。因此，销售人员必须尊重客户和自己的时间付出。我们常说："完成一次客户拜访真不容易，双方都要拿出一两小时的生命来做交流。"如果没有创造价值，不能达成共识，那就是浪费时间，就是"不尊重生命"了。

☑ 客户现状与需求探询

在客户拜访沟通进程中，"客户现状与需求探询"一般发生在拜访开场与精彩亮相之后，也就是在初步完成了客户的兴趣激发与信任度建立之后。当你礼貌地邀请客户来做他们的公司介绍及采购需求介绍时，客户基本都会有所回应，只是在信息表达的详尽程度上有所不同而已。

通常，在客户发言的时候，你要同步做好笔记，并且用点头、微笑及适度的赞许来鼓励客户做出更多的分享。等到客户介绍完毕，你需要表示感谢。

谢谢您的介绍，让我们对贵司的需求有了更多的了解。我这边还有一些小问题想再请教一下，可以吗？

如此有礼有节的请求，估计是没有哪位客户会狠心拒绝的。接下来顺势而为，你就可以对客户在之前介绍环节中时没有提及的，也是你非常想探询的关键信息点，展开进一步的提问。我们把这个环节的提问内容分为3种：现状型提问、需求型提问和挑战型提问。接下来分别做出解析。

现状型提问

现状型提问主要是为了帮助你了解客户目前的现实状态。例如，你要向企业客户推荐销售培训课程产品，就必须知道"客户的销售团队有多少人，采用的是直销模式还是分销模式，客户方的销售人员主要工作职责与KPI、平均销售周期的长短、最近的业绩增长情况等"信息。这些信息很难从客户官网或公开资讯中获得，但又与你要推荐的课程产品息息相关。至于该企业客户主要销售哪些产品、有没有上市、成立于哪年，这些信息都可以在其官网上直接查询，则无须向客户提问，否则会让客户觉得你不做事前功课，不关注和重视他们。

现状型提问的特点是"容易问也容易答"。但你也不要一口气问得太多，因为这只是你向客户单方面索取信息，客户并没有从中获得任何启发与价值回报。假如你没完没了地提问，就有点像"查户口"了，会让客户感到压抑和难受。

现状型提问的作用也是显而易见的：不仅能够快速打开你与客户之间的对话交流，帮助你获取更多有用的客户现状信息，而且有专业度的提问还可以在客户心目中快速建立信任度。

例如，你要向客户方的实验室负责人推荐第三方检测认证服务，你可以提出以下问题。

目前你们实验室的无菌等级是多少？主要开展哪些范围的样品测试？你们现在遵循的测试标准是什么？

如果你要向医院的临床科室主任推荐医疗器械产品，你可以提出以下问题。

你们的门诊病源主要是哪些？转诊率是多少？你们的脊柱手术主要开展哪些品类？微创手术与设备的配置情况如何？

以上这些提问内容，会让客户方一听就知道你是内行。这就像是"高手过招，一试便知"。因此，你平时应该多整理积累这样的现状型提问内容，面对客户时就可以从容提问，提出有意义的问题、有深度的问题，而不是依赖在现场的灵光一闪。

需求型提问

需求型提问主要是为了帮助你获取客户当下的需求构想，以此来判断你在解决方案能力方面是否匹配。需求型提问内容可以用"BANT黄金四问法"来规划。

B是英文Budget的首字母，指的是与客户项目预算相关的内容。常用的提问内容如下。

- 客户本次的项目投资预算是多少？

- 客户项目资金的来源是什么？是客户自筹还是需要进行外部申请？

- 客户的项目资金是否已经到位？

- 客户要求的付款结算方式是怎样的？

......

根据对以上问题的探询，你能大致预估未来要提供的解决方案的服务体量，避免提供给客户的解决方案价格过高或过低。

例如，客户只有100万元的采购预算，但你给出了一个200万元价格的产品方案推荐。这样做的结果只有3种：一是客户不愿意坦然承认自己囊中羞涩，只能放弃或延后与你的合作；二是客户和你讨价还价，希望用100万元的费用购买你价值200万元的产品方案，双方对价格的期望值差距太大，很难达成共识；三是你可以努力引导客户增加预算，但如果你不能成功地影响有预算划拨权力的核心圈人士，结果也只能于事无补，弄巧成拙。

A是英文Authority的首字母，探询的是客户采购决策链与评估流程信息。常用的提问内容如下。

- 该项目是由客户的哪位高层/部门领导发起的？

- 客户方还有哪些关键人会参与评估？他们会怎样参与？

根据对以上问题的探询，你能快速定位客户采购决策链中的关键人物，知道谁是真正的决策者，谁是有影响力的评估者，以及眼前的交流对象处于怎样的权力结构位置。如果对方不是决策者，你稍后还可以请他帮你引荐客户高层。

N是英文Need的首字母，指的是客户对解决方案的现有需求构想。常用的提问内容如下。

- 客户会重点评估解决方案的哪些能力维度？如性能、参数、合规标准、服务支持。

- 客户对供应商的资质有哪些要求？如过往业绩证明、规模与实力、专业资质等级。

- 客户之前执行过类似的项目吗？效果如何？好在哪里？要改进或提升的地方是什么？

- 除了你，客户还与其他哪些供应商接洽过？客户对你的印象和评价是怎样的？客户觉得你的优劣势有哪些？

根据对以上问题的探询，你能够了解客户当前的所思所想，知道客户的关注重点有哪些，从而判断你的产品方案的匹配性，以及是否具有独特的差异化能力优势。

在很多商机项目跟进中，由于销售人员未能全面地探询客户的需求标准，导致最后给出的解决方案并非客户所需，从而与成交失之交臂。因此，销售人员不仅要认真探询，还要向不同的关键人士探询，更要向拥有高影响力和高决策权力的人进行探询。

T是英文Time的首字母，是指对项目日程和执行计划的探询。常用的提问内容如下。

- 客户大概什么时候启动这个项目？客户希望什么时候完成项目的实施与验收通过？

- 客户内部有没有正式立项？是否还需要向内部或外部做什么样的立项申报？

- 客户对供应商的评估流程是怎样的？是公开的招投标还是竞争性谈判方式？何时进行招标/评审？

- 客户的供应商选型进入哪个阶段了？需要供应商如何配合与支持？

通过对时间计划信息的探询，你可以定位客户所处的采购阶段，判断这是一个待开发的潜在机会还是一个处于采购推进中的活跃机会？根据客户的时间紧迫度，你可以制定和优化接下来的跟进节奏与行动计划，确保与客户保持高度协同，共同推动项目选型的进程。

挑战型提问

挑战型提问主要是为了引导客户主动承认其面临的业务挑战，以及业务挑战的影响程度。我们强烈建议你不要直接指出客户有哪些业务痛点，最好让客户自己主动承认痛点，这样才能让痛点成为买卖双方聚焦要解决的问题，也才能让客户愿意与你一起去探索解决问题的方法和路径。常用的提问内容如下。

- 客户希望通过该项目解决哪些业务问题？

- 客户对于采购项目实施有哪些希望规避的潜在风险担忧？

- 客户希望通过该项目实现什么样的改善目标？（客户表达的改善目标背后就隐藏着客户希望解决的问题或希望规避的风险担忧。）

如果客户对上述挑战型提问无法给予充分的回应，你可以尝试着把问答题优化成选择题，降低客户回应的难度。举例如下。

最近我们从其他公司的项目总监那里了解到，他们在电梯设备选购中最关注的3个问题是：设备的质量稳定性不高、设备故障难以及时修复、设备的运维成本过高。

目前，你们是否也在面临/关注着这些问题呢？你们对哪个问题最为关注呢？

如果这个问题不能得到解决，会有什么不好的情况发生？可能会带来多大的损失？

这个问题还会对其他哪些部门的工作造成影响？公司的高层领导也会特别关注这类问题的解决吗？

以上就是对客户现状及需求探询的3种提问类型。要特别指出的是，所有的提问内容必须由浅到深，循序渐进，不能一上来就问一些假大空的问题。例如，你贸然地问客户方的采购经理："你们公司未来3~5年的发展战略规划是什么？"或者你向客户方的营销总监突然发问："你觉得制约公司业绩提升的关键原因是什么？"这些问题既唐突又不接地气，会让客户一时难以回答或不愿意回答。

另外，客户对不同提问内容的敏感度是不同的。在首次接洽中，客户对有些问题会乐意回答，但是对于类似"预算有多少""决策者是谁"这类敏感问题，客户可能不愿轻易透露。但作为一名专业的销售人员，你深知这些问题的重要性，所以要尽可能摆脱"怕被客户拒绝"的心理魔障，大胆地向客户提问。即使第一次探询未果，也可以在双方之间的融洽度与信任度进一步建立后，再次探询。

☑ 客户需求标准的引导

很多销售人员说："忙活了半天，到现在为止还没有向客户介绍自己的产品呢。"是的，在首次见面时，客户确实很期待了解你的产品，但我们建议你不要操之过急。因为在新客户还未建立对你的信任度与好奇心之前，你的产品推销信息对客户来说都是左耳朵进右耳朵出，而且客户还会敷衍你："嗯，听起来你们的产品服务还不错，你不如先把产品资料留下来给我慢慢看，等我们有需要的话再联系你。"这其实是客户下的"逐客令"，表示其准备结束和你的会谈，要对你关上沟通的大门了。

因此，你可以忍住开门见山介绍产品的冲动，按照你既定的拜访策略和沟通步骤推进与客户的沟通进程。只有激发了客户的兴趣，探询了客户的需求，你才能有的放矢地进行产品介绍。此时，你可以向客户发出请求，举例如下。

王经理，基于贵司的现状与需求，我接下来想跟您简要介绍一下我们相关的产品服务内容，让您对我们的专业能力有一个初步了解，大概需要几分钟时间，您看可以吗？

需要注意的是，你此时能向客户介绍的，也只是标准化的产品与服务内容，远不是你真正要提供给客户的个性化解决方案。在B2B销售场景中，越是复杂和定制化程度高的客户需求，你越需要和客户进行一系列循序渐进的拜访交流活动，这样才能最终设计和呈现出满足客户需求的定制化解决方案。

在社会建构论中有一个观点："我讲的每句话都没有意义，除非你认为它有意义，反过来也一样。"互联网上也有一句流行语："我不要你以为，我要我以为。"其实，这些言论都在表明同一个道理：作为销售人员，即使你苦口婆心和掏心掏肺地与客户沟通，如果你的价值主张不能得到客户的认同与共识,你就是在做无用功。

前文介绍了差异化能力项清单和竞争优势矩阵。对于在产品方案中定位的优势区的高光点,销售人员还需要掌握一套实用的产品介绍方法,让这些高光点深入人心,被客户接受和推崇。接下来为大家推荐两种实用的销售方法:FABE方法和需求能力映射方法。FABE方法的应用更简单直接,需求能力映射方法更偏向顾问式销售对话模式,需要销售人员有较好的专业技术功底及自信的控场引导能力。至于哪种方法更好,这要"因人而异,因势利导",没有最好的,只有最适合的。

FABE方法

FABE作为产品方案卖点的介绍方法,因其执行难度低而被广泛应用,无论是销售新人还是资深销售人员都可以使用该方法。

F是英文Feature(特征)的首字母,是指产品本身具体的、客观的、可量化的物理属性描述,比较中性,基于事实和数据。

例如,"我们这台显示设备采用的是19英寸、1080P、带有3级蓝光护眼模式的LED高清屏幕"。

A是英文Advantage(好处/作用)的首字母,是指产品的上述特征能够给使用者带来的好处。例如,"19寸的高清大屏能够提升人们浏览图文时的体验,保护用户的视力"。Advantage还有另外一种解释是"优势/独特性",是指该产品的特征与同类产品相比,具备怎样的差异化与唯一性。例如,"同类产品更多的是采用LCD屏幕,远低于我们的配置标准"。

B是英文Benefit(利益/价值)的首字母。不同的客户从产品的特征中感受到的利益不同。例如,一个长期对着电脑做图文设计的商务人士,就很喜

欢 "LED高清屏幕" 的卖点。但一个只将这款产品用作辅助显示屏的人，就会认为这样的配置显得冗余，价值不大。你需要明白的是，同样的Feature，会给不同的使用者带来同样的Advantage，但不同的使用者从中感受到和获得的Benefit是不一样的。

FABE中的E也有两层含义。一个是英文Evidence（证据）的首字母。如果客户对你以上的FAB描述心存怀疑，那么你可以给他们看一些真实证据，如其他客户购买该产品的凭证，或者第三方机构给该产品颁发的权威认证证书等，以此证实你所言非虚。

另一个E是英文Experience（体验）的首字母。如果条件允许的话，你可以让客户体验一下产品的实际效果。例如，福建金门菜刀之所以全国知名，相传就是因为销售人员会让顾客用菜刀朝着事先准备好的钢管猛砍数刀。在这样的体验场景下，面对毫无损伤的刀刃，顾客就会彻底信服，从而决定买几把这样的 "宝刀" 带回家。所以说，正确地使用 "证据" 与 "体验" 手段，可以建立和强化顾客对你们产品的兴趣与信任度。

接下来再提供一段产品卖点介绍文案，帮助你更加完整地认知FABE的使用方法。

某厂商发布了一款新手机，最特别的地方就是：它的前置摄像头采用了4 800万像素的双摄像头配置，而且使用了某尼公司最新的IMX786镜头模组，并自带闪光灯功能。这样的前置拍摄功能，能够在自拍时获得更好的成像效果，真正做到 "柔光自拍，照亮你的美"。相比市面上大多数其他型号的手机，如此重视自拍功能的还真不多见。尤其是对那些喜欢用手机自拍的人来说，真的是一个莫大的价值和利益。为了让顾客体验一把柔光自拍的神奇效果，购机现场还会为顾客提供多场景的自拍体验服务。

外行看热闹，内行看门道。基于FABE方法，你可以从以上这段描述中定位出F、A、B、E的内容所在。

F：前置4 800万像素，双摄像头配置，某尼公司最新的IMX786镜头模组，自带闪光灯功能。

A：柔光自拍，照亮你的美，在自拍时获得更好的成像效果，比市面上大多数型号的手机更重视自拍功能。

B：特别适合喜欢用手机自拍的人。

E：邀请顾客现场进行自拍体验。

在使用FABE方法时，还有几个最佳实践和大家分享。

首先，不是所有的产品能力项都需要采用FABE方法进行介绍。销售人员只需要对竞争优势矩阵中优势区的高光点使用FABE方法进行介绍即可。

在B2B大客户销售实践中，每个解决方案都可以梳理出很多差异化能力项，但真正的高光点数量应该定位在7个左右。高光点太多，客户记不住，也容易分散注意力。而高光点太少，又难以充分体现解决方案的综合竞争优势。至于不属于高光点的能力项，简单说明即可，客户即使印象不太深刻也没有关系。你每次向客户进行产品介绍的时间是都有限的，如何在有限的时间里呈现出产品方案的最大价值，才是专业销售人员应该追求的目标。

其次，每个Benefit的背后都有Feature作为支持。客户会因为能够获得自己想要的Benefit而决定购买，更会因为Feature而将你的产品与同类竞品进行区分。例如，某位客户很喜欢自拍，也知道"前置4800万像素+双摄像头+

IMX786镜头模组+闪光灯"的配置能实现更高质量的自拍，他就会以此为需求标准，去检视其他品牌手机是否也拥有这样的配置。因此不要忽视对Feature的具体、客观和量化的描述。

我们经常会用FABE方法来评估销售人员的产品介绍能力。例如，围绕产品的某个能力项，如果你只能讲好F，可以得到60分，刚刚及格；如果你还能讲好A，可以得到70分；如果你能够基于具体沟通对象的诉求，告知能给其带来的B，则可以得到90分；如果你还能讲好E，就能得到100分的满分。因此，你的产品介绍水平有多高，可以通过FABE的评判标准来衡量。我们推荐大家使用FABE表格模板（见表6-2），将某个产品方案中的高光点梳理出来，完善FABE的内容表述，然后反复练习，脱口而出。

表6-2　FABE工作表

序号	能力项	F（属性）	A（优势）	B（利益）	E（证据/体验）
1	跨行代发	我们可以在国内各大银行进行跨行代发工作	员工无需新开卡，实现跨行免费代发，在业内最为便捷	你们的员工招聘人数多，如果可以跨行代发，真可以省掉很多工夫呀	我最近有一个客户，其员工分散在全国各地，新员工入职后的统一银行开户要求很难执行，我们的跨行代发服务帮到……
2	小订单服务	具有德国进口的30台小型不同喂料比例挤出机和独立的中试车间	可根据客户需求进行50～300kg小型订单量的直接生产，满足客户多样化、小批量应急物料供应需求	您有提过，贵司经常会对供应商有小批量应急物料订单需求，如果我们未来有机会合作，就能很好地解决掉这个问题了	这是我们生产车间与挤出机设备的现场图片，也欢迎大家组团前来参观指导……
3	……				

需求能力映射法

大多数人都有过去医院看病的经历。医生会详细问询患者的病情，通过各种中医或西医问诊方式，搞清楚病因，然后才会给患者开出药方，制定具体的诊疗方案。有意思的是，医生的问诊越详细，患者对医生的诊疗方案就越信任。反之，如果医生不做详细的诊断，仅凭直觉和经验来做判断，也许诊疗方案并没有错，但患者会忐忑不安，半信半疑。

医生看病的方法叫作"先诊断，再开方"。同样的道理，在你与客户面对面的沟通过程中，也需要先对客户的痛点进行原因诊断，然后提出对应的解决方案建议。

我们在本书的第3章中曾经介绍了如何使用"业务痛点分析表"来定位客户的痛点，并且对造成业务痛点的原因进行了分析，在第5章中讲解了如何使用"差异化能力项清单"来梳理和定位我们解决方案的能力卖点。事实上，对于造成业务痛点的每一个原因项，你都应该能够从差异化能力项清单中找到对应的能力项予以适配，这样才能让解决方案的各个能力项有了存在的合理性与必要性，就像 "有源之水有本之木"一样。销售工具"需求能力映射表"能够很好地实现这一工作目标（见表6-3）。

表6-3　需求能力映射表（模板）

客户的业务痛点：
卖方的解决方案：

原因诊断（Diagnose）	方案建议（Suggest）
原因项 A	能力项 A
原因项 B	能力项 B
原因项 C	能力项 C

需求能力映射表的上半部分记录的是该销售工具应用的情境，包括业务痛点（客户面临的业务挑战/潜在风险担忧）、你计划向客户推荐的解决方案

名称。

下半部分的"原因诊断"记录的是对造成客户上述业务痛点的原因项分析，而"方案建议"记录的是与每个原因项一一对应和匹配的卖方的解决方案能力建议。

接下来，我们基于上述第三方检测认证服务的案例，完整地演示需求能力映射表在买卖双方中的应用。

对话是在检测服务机构的销售人员与客户方研发部经理之间展开的。销售人员在对话前拟订了一份需求能力映射表（见表6-4），并以此为对话脚本，开展与客户的需求引导式销售对话。

表 6-4　需求能力映射表（应用示例）

客户 / 关键职位：某智能家居用品生产企业 / 认证部经理

客户的业务痛点：认证周期不可控

我方的解决方案：QCO 项目检测认证服务方案

原因诊断（Diagnose）	方案建议（Suggest）
样品结构化问题容易导致反复检测和反复寄送	检测机构工程师可对 QCO 的所有机种进行现场免费预检，及时发现产品结构化问题并提供整改建议，方便在正式认证前完成整改动作，避免重复检测
样品需分拆到不同实验室进行测试，容易造成跨实验室沟通和难以排期	送检样品全部集中在广州实验室进行测试，无任何分包测试，以减少样品出现整改问题后跨区域、跨实验室的烦琐沟通，而且可申请 VIP 客户的绿色通道服务，减少等待排期的时间

销售人员：王经理，您好！您刚才提到现在面临的主要业务挑战是"认证周期不可控"，而且说这次的QCO项目必须在1个月内通过检测认证，否则会严重影响贵司2024年的欧洲政府采购项目的进展。那您觉得是什么原因影响了认证周期的可控性呢？

客户：我们也没有找到真正的原因。

销售人员：是不是因为样品的结构化设计有问题，导致重复检测和样品的重复寄送，从而影响了认证周期的可控性呢？

客户：是的，这种现象非常普遍。

销售人员：那你们有什么好的解决办法吗？

客户：暂时还没有什么应对之策。

销售人员：嗯，我们之前做过大量同类型产品的检测认证工作，发现问题的根源更多地出现在研发环节。设想一下，如果你们合作的认证机构可以派驻有经验的工程师，对你们QCO的所有机种进行现场免费预检，及时发现产品结构化问题并提供整改建议书，同时还能为你们的研发团队提供欧洲市场智能家居用品的合规培训，会不会对解决问题有所帮助呢？

客户：太好了，这就是我们想要的第三方服务呀！

销售人员：我对你们的这批样品做过研究，一般情况下，样品需分拆到不同的实验室进行测试，这样就有可能导致跨实验室沟通及测试档期排队的问题，也会影响认证周期的可控性。您有没有考虑过这个因素呢？

客户：太对了。我们接洽过几个实验室，他们都没有能力独立完成我们样品的测试任务，只能建议我们进行分包测试。我们现在就头疼这个问题。

销售人员：那你们会怎么应对这个问题呢？

客户：我们也不知道如何处理这个问题。

销售人员：其实只要认证机构具备足够的专业实力及检测设备，就完全可以避免分包测试的情况发生。而且我知道你们公司每年的新样品检测需求很多，应该可以申请VIP客户绿色通道，享受在实验室优先测试排期的待遇。

客户：哦，原来还可以这样。你们公司可以为我们提供这种服务吗？

销售人员：我想应该有可能，我会尽快与公司相关部门核实后再答复您，可以吗？

客户：好的。

销售人员：我来小结一下。根据刚才的交流，造成认证周期不可控的原因主要有两个：样品因结构化问题造成重复检测、样品需分拆到不同的实验室造成测试档期滞后。我的理解是正确的吗？

客户：是的，你总结得非常对。

销售人员：咱们刚才也探讨了一些可行的办法，只要选择合作的认证机构能为你们提供样品预检，采用集中实验室测试和绿色通道，就能有效地加速认证通过周期，提高认证周期的可控性，是这样吗？

客户：是的，非常正确。

销售人员：好的。我相信我们公司可以解决您所担忧的这些问题。如果我们可以证明能够提供以上服务能力，您愿不愿意和我们继续深入交流呢？

客户：那是一定的。我们很期待你们的解决方案为我们排忧解难。

从以上这段买卖双方的对话示例中可以看到，需求能力映射表被完整地植入其中，双方的沟通共识已经达成，而且销售人员充分展示出了自己的专业度与解决问题的能力，值得借鉴。我们可以尝试拆解一下这段对话中蕴含的销售心理学知识。

首先，整个沟通共识的过程符合人们在知识建构中的学习规律，在向客户导入新的知识之前，最好先激活客户已有的认知。因此，销售人员每次在表达自己的观点之前，都会先认真探询和聆听客户的看法。

- 那您觉得是什么原因影响了认证周期的可控性呢？

- 那你们怎么应对这个问题呢？

其次，即使你对问题的答案已成竹在胸，也不能单向和直接抛给客户，而要在和客户的深入交流中与对方一起达成共识。需求引导对话的全过程，使用的就是"先诊断后开方"的逻辑，帮助客户达成对原因项的分析共识，再引导客户找到与每个原因项相对应的解决方案建议，而这些建议最终会成为被客户认可的需求标准。

再次，需求能力映射表中列示的能力项，应该涵盖竞争优势矩阵中优势区的大部分高光点，属于高唯一性且高客户价值的能力项组合。这些能力项聚合在一起，能充分体现你的差异化竞争优势。相比之下，竞争对手可能具备其中一部分能力项，但很难具备你建议的所有能力项。如果客户将你建议的能力项组合确定为采购项目的需求标准，并据此选择最合适的供应商和解决方案，那你就很容易战胜竞争对手，成为客户心目中的优选合作对象，即Mr. A。

最后，一定要有对共识成果的回顾与小结。双方对话持续的时间越长，就越容易"说到后面，忘了前面"。因此，在对话结束前，要把对话过程中达成的共识成果再做简要回顾。

- 我来小结一下，根据刚才的交流……我的理解是正确的吗？

- 咱们刚才也探讨了一些可行的办法，只要……是这样吗？

在需求引导对话结束时，你应该可以趁热打铁地试探客户对你的认可程度与合作意向。因为经历了上述专业交流环节，客户应该高度认同了你提出的问题诊断与解决方案能力建议，也应该很愿意和你做进一步的交流。

- 我相信我们公司可以解决您所担忧的这些问题。如果我们可以证明能够提供以上服务能力，您愿不愿意和我们继续深入交流呢？

受篇幅所限，上述对话并未做出充分的展开。在真实的对话场景中，你还可以与客户对每一个原因项进行深入的交流和沟通，帮助客户意识到这些原因项的严重性，以及找到解决方案的必要性。同时，对于解决方案建议中的每个能力项，还可以做更加详尽和情境化的描述，结合客户的实际应用场景来描述你的解决方案能力项，让客户对解决方案建议中的能力举措与愿景更有画面感，能够听得懂、记得住，感知更加深刻。例如，

王经理，你想象一下，当设备出现小故障时，你们公司的维保人员能够通过仪表盘看到出现故障的原因及需要更换的备件。你不用等待厂家技术人员的现场支持，就能够快速从我们设立的常规备件库存中获得这样的备件，及时进行坏件更换，机器也能快速恢复生产。

以上介绍的FABE方法与需求能力映射表，或是单刀直入地陈述你的产品方案的能力优势，或是基于客户的业务挑战（痛点），对症下药，不仅可以让客户看到解决问题的希望和可行性，而且可以帮助客户构建一个倾向于你的解决方案能力优势的需求标准。这两种方法既可以独立使用，也可以交融互补，相得益彰。

7

第 7 章
目标导向的客户拜访执行（下）

完成客户需求探询与引导这一步后，客户拜访活动会呈现以下新的特征。

一是对话的内容不断深入。从一开始的相互陌生和信任度建立，再到深入的技术交流与可行性方案研讨，客户会愿意向供应商分享更多其内部的重要信息与真实想法。

二是交流的对象范围不断扩展。你可能一开始会与执行圈的人打交道，但随着客户方支持者的引荐，你有机会与客户方评估圈和核心圈的关键人士交流，从而扩大你在客户内部的影响力。

三是参与协同销售的公司内部资源不断增加。通过联合跟进人机制，你不再是孤军作战，公司的技术部门、交付部门及公司领导层也会参与其中，与你并肩作战。

但无论怎样，你都要一如既往地以目标为导向，在每次拜访中与客户取得最大的沟通共识，获得客户更多的支持与晋级承诺，并在与众多竞争对手的竞争中卓尔不群，向客户心目中的Mr. A位置不断靠近。

☑ 获取客户的晋级承诺

获取客户的晋级承诺，就是你对双方下一步的交流活动提前做出规划与建议，并成功获得客户的认可与支持。这是每次客户拜访活动中的重要行动目标。如果在拜访结束时，你未能获得客户的晋级承诺，未能就拜访沟通共识进行确认，那么本次拜访工作多半会无果而终，客户也会因此逐渐厌烦与你的低效沟通，从而拒绝你的再次见面邀约。

客户方不同关键人士的权力范围有大有小，能给予你的晋级承诺内容也会有多有少，你可以因人而异，在对方的权力与影响力范围之内合理提出请求。一般来说，客户方关键人士所处的权力结构越高，其在内部调动资源的能力就越强，可以给予的晋级承诺内容也就越重要和关键。

如果你的沟通对象是客户方的采购经办人，他们更多处于权力结构的执行圈中，没有决策权，影响力与调动资源的能力也比较有限。你可以请他们把你引荐给更高层的关键人士，也可以邀请他们先来你公司进行初步的供应商能力考察，还可以请他们向上发起新供应商和新产品方案的评估申请等。

如果你的沟通对象是客户方的研发负责人，他们更多处于权力结构的评估圈中，虽然没有决策权，但有较强的话语权与影响力。你可以请他们安排双方进行更深入的技术交流活动，也可以请他们向采购部主动发起对你们的产品测试要求，还可以请他们为你引荐其他关键人士，尤其是核心圈人士。

如果你的沟通对象是客户方的决策者，他们处于权力结构的核心圈中，虽然拥有决策权与否决权，但同时也是采购工作合规性的督导者与践行者。即使决策者对你很满意，也会尊重采购评估项目小组的集体意见，不会做出独断专行的"一言堂"行为。因此，你可以请决策者帮忙引荐其他关键人士，也可以请决策者主动发起对你们的产品方案的验证工作，还可以请其在合适的时机组团对你们公司进行参观考察，建立双方高层之间的联系通道等。

如上所述，你拿到客户的每一个晋级承诺，就像在闯关游戏中拿到了下一个关卡的通行证。当一个个晋级承诺被成功执行之后，你离成交结案也越来越近了。关于获取晋级承诺，还有几个最佳实践和大家分享。

首先，每次要求客户给予晋级承诺的内容不宜太多，以2~3个行动事项为佳。如果一次性要求客户给予太多的承诺内容，会让客户感到紧张和犹豫，甚至有可能连一个承诺都不会当场应允。饭要一口一口地吃，事要一件一件地办。慢慢来，其实也很快。

其次，请求客户给予承诺的内容应该提前规划、当场提出。销售人员在拜访现场的灵光一闪固然重要，但我们更强调在拜访开始前，销售人员就应该规划好在本次拜访中希望拿到客户的哪些晋级承诺，然后根据会谈的进展进行微调。试想一下，如果你在拜访现场不趁热打铁，而是等拜访结束后再向客户提出要求，就很可能出现"中断"的状况，如同人走茶凉。客户事后做决定会比面对面做决定要冷静和审慎得多，你被拒绝的概率也会大大增加。

最后，你要有合理的理由来支撑客户的晋级承诺。你要让客户认为，给出晋级承诺，不仅对销售方有好处，对客户自己的好处与价值更大。例如，当客户提出需要你拿出解决方案与报价时，你可以这样跟客户沟通。

王经理，我们会尽快提供解决方案。但为了确保我们的方案建议书更加匹配你们的项目需求，我们在设计方案前还需要获得更多的参考信息。例如，我们需要和你们的技术部门开展一次方案研讨活动，还需要对你们的设备运行环境做一次现场勘查与工艺适配分析。

你还可以向客户发出以下提议。

王经理，您提到非常关注供应商的交付能力，我们也希望向您证明我们有这样的能力。因此，我想邀请贵司相关人员下周到我司进行参观考察。同时我们也可以为贵司提供一次设备试用体验活动，方便你们做出更全面的评估与比较。

以上获得晋级承诺的方式都基于双赢的立场，且有理有据。如果对方愿意支持你，就愿意给出晋级承诺。所以说，获取晋级承诺也是验证客户对你的支持程度的最好方式。

☑ 与客户高层进行有效对话

在客户拜访中，你还需要探询对方的采购决策权与影响力大小。因为在不同的采购项目中，同一个人可能会扮演不同的权力结构角色。

例如，在常规性和例行性采购项目、小额订单采购项目中，客户的采购决策权通常会下放，甚至一个采购部总监就能做出最终的拍板决定；而对于全新的采购项目、大额订单采购项目或战略性采购项目，采购决策权通常会向上集中，有的甚至需要客户方的最高权威人士的批准。

另外，客户在企业正常经营时期和利润可观时期的采购项目，采购决策权会适当地下放；而客户在企业波动经营时期和利润大幅下滑时期的采购项目，会采取向上集权性的采购模式。

因此，你可以这样询问沟通对象。

王经理，假如你已经认同了我们刚才的沟通共识，也愿意推动和解决这些业务挑战，下一步还有谁会参与这个评估过程？最终会由贵司的哪位领导来拍板决策呢？

通过以上探询，你就可以判断眼前的交流对象是不是客户方真正的决策者，也能了解客户采购决策链中还有哪些关键人士。

如果当前的沟通对象不是决策者，你就可以请他为你引荐决策者。

王经理，您能否帮我引荐一下刘总见个面？在设计解决方案之前，我们也希望能多了解一下刘总对这个项目的高层期望。

当你提出这个请求时，可能会得到两种回应。一种是非常热情的回应，对方愿意引领你去见高层，这证明对方是你的支持者，对你充满信任与正面期待。另一种是被当场拒绝，原因可能是对方觉得见高层的时机还未到，或者如果事情推进得太快，会让他感到紧张，或者担心高层会责怪他对供应商把关不严等。但这也没什么大不了的，你可以再次尝试与他协商，有以下几种协商引荐策略推荐给大家。

- 礼尚往来法：先表达你愿意提前投入资源的态度，以获得客户的引荐承诺。如此礼尚往来的请求合情合理，客户一般很难拒绝。

王经理，我们可以安排一些产品试用体验机会。我们也愿意投入这些资源。等您对我们的能力证明表示满意后，再介绍刘总给我们认识，您看这样安排可以吗？

- 以退为进法：如果对方拒绝帮你引荐高层，那就退而求其次，争取多认识几个采购评估的关键人士也是值得的，毕竟支持者要多多益善。

王经理，这次不能见到刘总也没关系，以后肯定还有机会。那我能认识一下项目组的其他成员吗？我想在今天离开前能和大家都认识一下，方便以后工作联系。

- 门当户对法：如果对方拒绝引荐的原因是觉得你的职位较低，那你就邀请自己公司的高层来与客户的高层进行平等的对话。

王经理，我回去会向公司领导汇报这次见面的成果，然后出具一个初步的建议书方案。下次我们来呈现方案时，我会争取请我们公司的负责人一起来交流，到时候再约您和刘总的时间，您看这样安排合适吗？

事实上，你还可以使用很多见到客户高层的方式，包括但不限于跳过眼前的沟通对象，通过其他人引荐或你自己直接创造与对方高层见面的机会。但不管怎样，争取让眼前的关键人士帮你引荐高层，既可以验证对方的支持程度，也符合客户内部的采购流程，是约见决策者的优选方式。通过以上协商，如果对方仍然不愿意给出引荐承诺，那你就先缓一缓，可以再加强一下人际关系与信任度的建立，等时机合适了再提要求。

我们常说："向对方提不提要求，那是你的权利；对方答不答应你的要求，那是他的权利。"因此，销售人员无须有心理障碍，要向客户大胆提出引荐请求，说不定客户就爽快答应了呢。现在的问题是，一旦真的见到了客户方的高层，你接下来该怎么办？你真的做好准备了吗？你如何做才能把握这次机会，获得客户高层的认可与支持？

"与客户高层对话"是客户拜访工作中不可回避的话题。很多销售人员渴望见到客户高层，但又害怕与客户高层直接对话。如果不能获得客户高层的认可与支持，就很难获得这次的生意机会。而且，与客户高层的对话是一个"关键时刻"，甚至是"成败在此一举"的时刻。如何把握住与客户高层对话的机会，已成为销售精英们必须掌握的实战技能。

首先，销售人员要知道客户高层最希望与供应商交流哪些内容。一般来说，交流集中在如下几个方面。

- 供应商的规模与实力展示。有品牌知名度与美誉度的供应商会得到客户高层的更多认可。

- 供应商过往的成功案例展示。客户尤其想了解供应商成功服务过哪些业界的标杆公司，以及有哪些与客户情况类似的成功案例。

- 供应商为保障客户项目成功而即将投入的人力物力资源展示。这体现了客户对规避执行风险的关注。客户尤其关注供应商在消除安全隐患风险、确保项目质量与工期方面的资源投入保障。

- 对采购项目投入回报的预期分析展示。客户高层希望了解在该项目中要投入多少钱，能获得多少回报，回报期有多久，带来的短期收益与长期收益是什么。

- 双方建立长期战略性合作关系的可能性。客户高层不仅关注当下的采购需求是否能被满足，也关注未来双方合作的稳定性、可持续性与进阶性。

- 供应商对客户需求的专业洞察能力与解决方案建议展示。客户高层想看看供应商是否真的能做到比客户还懂客户，是否能够为其提供高度适配的解决方案，而不是放之天下皆准的、无视客户个性化需求的通用方案。

客户高层处于权力结构中的顶端，对供应商能力的要求会很高，作为高层领导的权威气场及作为买方的心理优势也会更高。这一点直接表现为以下4点。

第一，客户高层日理万机，所以不会安排很长的时间来与供应商进行沟通，一般会以半小时作为与供应商单次恳谈的标准单位时段。如果双方话不投机，甚至在几分钟内就会结束谈话。

第二，客户高层通常习惯于先听汇报，再发表自己的意见。如果你没有说出有质量的价值主张，而是动辄以顾问或专家的姿态向客户高层提问，只会弄巧成拙，自讨没趣。

第三，客户高层通常会快速判断你和协访者的能力水平。客户高层都是身经百战和阅人无数的人，他们不会与懦弱之辈对话，更不会在没有价值的人身上浪费时间。

第四，客户高层喜欢讨论与自己的管理层级相符的话题，而不会过多谈及细节性和技术性话题。他们认为执行层面的事情应该由底下的专人负责。当然，如果客户高层是技术出身，也可能会对你的技术细节特别感兴趣，这种情况就另当别论、特情特办了。

鉴于对客户高层沟通风格与行为模式的了解，作为一名销售精英，你应该有高效的拜访策略来与客户高层进行有效对话，具体可归结为以下几点。

首先，遵循"权力与权力对等"原则。客户高层处于采购决策链的顶端，自然也希望与之对话的供应商代表是拥有同等权力的人士。鉴于此次会面的重要性，最优选择是邀请你公司的高层领导或管理层人士进行协访。高层对高层，权力对权力，更有成功保证。如果你作为销售人员，在只能孤身前往的情况下，也要由内而外地让自己显得有分量、有权力。

- 你的穿着打扮务必职业感满满或品质感十足，切不可有寒酸气与廉价感。

- 你的商务礼仪，从问好、握手、入座到寒暄，务必气定神闲、稳重大方，切不可畏畏缩缩。

- 你最好不要一落座就迫不及待地打开电脑进行自我推销，而应该主动邀请你的支持者先做开场，这样更能凸显出你不是一名普通的销售人员，而是一名受人尊敬、有行业地位的解决方案顾问。

其次，在面见客户高层前要做好前期的调研和发现。行家一出手，就知有没有。在形象与礼仪上表现得再好，也必须有真才实学才能获得客户高层的认可与尊重，否则就是"金玉其外，败絮其中"。既然客户高层习惯先听汇报再表态，那你正好可以通过汇报环节来塑造自己的"高光时刻"。

富有经验的销售人员在面见客户高层前，会先对客户方的其他关键人士进行访谈调研，并将调研发现进行整理和提炼，再向客户高层进行简要汇报。有调研才有发言权，这种基于真实调研的汇报能够吸引客户高层的注意力，使其产生共鸣与共情，同时也能展现你作为行业顾问应有的专业洞察力。示例如下。

刘总，我想先向您汇报一下在此之前我对贵司几位核心成员进行调研访谈的情况。我们发现了3个可能要引起重视和亟待解决的问题，第一个是……

当上述汇报结束后，你可以继续谦虚地请教。示例如下。

刘总，鉴于调研时间有限，我们目前了解的情况大致如此，可能存在较多的遗漏，还请您给予指导和校正，谢谢。

客户高层如果此时很乐意对你的汇报信息做出澄清和补充，说明他们已认可和接纳了你。有意思的是，你从客户方其他关键人士那里了解到的需求信息，未必完全代表决策者真实的想法。因此，只有亲自听到客户高层表述的项目期望，并让你接下来的解决方案充分响应客户高层的需求，你才有获胜的最大希望。

再次，要做好目标导向的时间管理。与客户高层的见面机会是宝贵的，交流时长也是有限的。虽然有可能双方相谈甚欢，出现沟通时间被客户高层一再延长的情况，但你还是不能有随波逐流的思想，而应按照约定的见面时长与拜访目标进行议程准备，并提前告知对方。

在约定的时间内，你需要安排出时间段进行公司介绍和调研发现汇报，也要预留时间段向客户高层进行产品方案展示与需求引导等。这些会谈议程要有计划地推进，确保在有限的时间内得到最多的共识成果。值得注意的是，即使客户高层谈兴盎然，全然不顾约定时间的限制，你也要在完成既定的拜访目标后见好就收。让客户高层有意犹未尽、相见恨晚的感觉也是极其美好的。

最后，记得获取客户高层的晋级承诺，让其对你们的支持态度通过可验证的支持行动表现出来。最好的办法就是你主动向客户高层提出开展下一步联合工作计划的建议，征求对方的意见。无论客户高层对你的提议是全盘认可还是做出部分修正，都能让你有机会继续深入客户内部，发展更多的支持者，获取更多的关键信息。有些销售人员不敢向客户高层提要求，怕被对方拒绝。其实，你大可不必有此心理魔障，既然双方的沟通如此愉悦，就应该趁热打铁，获得客户的晋级承诺。

与客户高层开展有效对话，对销售人员的能力要求极高。你需要全方位地提升自己的综合素质与专业修养，让自己成为一个有个人品牌、有行业口碑、有专业洞察力与价值主张的销售精英，这才是受到客户高层认可与尊重的基础。

☑ 沟通共识备忘函的应用

完成了既定的主要拜访目标，你可以这样来结束本次拜访。

王经理，感谢您的时间付出与坦诚分享。我会整理好今天的交流内容，

明天再发一份沟通共识备忘函给您，还请您到时进行补充和回复确认。期待
我们的下一次交流。

这里提及的"沟通共识备忘函"，就是通常所说的拜访会议纪要。好记
性不如烂笔头，既然双方达成了那么多的沟通共识成果，就应该及时地记录
下来，这是对双方所付出的时间和精力的基本尊重。

我们发现了一个很普遍的现象：大多数销售人员在见完客户后，都不愿
意用书面方式回顾与总结双方的沟通共识，认为太麻烦或没必要。我们很认
真地告诉大家：遗忘曲线对所有人都是有效的，拜访结束一天后的记忆保留
率只有30%左右，也就是说，有70%的信息会在24小时后从人们的记忆中快
速流失（见图7-1）。

如果你不及时整理和发送沟通共识备忘函，不仅客户会忘掉和你的沟通
内容，你自己也会不记得和客户曾经聊过什么。因此，当你提出约客户再次
见面时，客户就会表现出不耐烦甚至反感的情绪，因为客户会觉得和你见面
就是浪费时间，是又一次的无果而终。

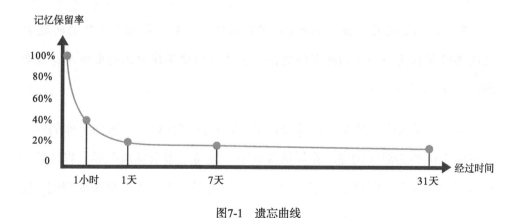

图7-1　遗忘曲线

一份完整的沟通共识备忘函应该记录哪些重要内容呢？我们认为主要有

以下3个方面（见图7-2）。

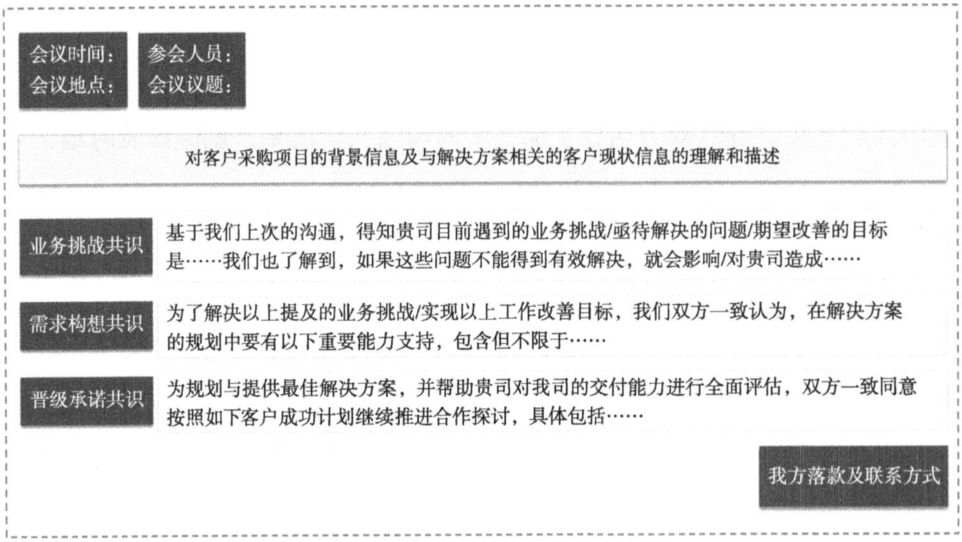

图7-2　沟通共识备忘函（模板）

第一，业务挑战共识。这部分记录客户主动承认的、亟待解决的业务挑战或希望规避的潜在风险担忧，当然也是你的解决方案可以解决的问题。参考话术如下。

基于我们上次的沟通，得知贵司目前遇到的业务挑战/亟待解决的问题/期望改善的目标是……我们也了解到，如果这些问题不能得到有效解决，就会影响/对贵司造成……

第二，需求构想共识，这部分记录与客户达成共识的、倾向于你的解决方案能力优势的需求构想。在拜访沟通中，应通过需求标准引导，将你处于优势区的高光点进行口头呈现。之后，你需要用书面方式再次整理和记录这些高光点。参考话术如下。

为了解决以上提及的业务挑战/实现以上改善目标，我们双方一致认为，在解决方案的规划中一定要有以下的重要能力项支持，包含但不限于……

第三，晋级承诺共识。这部分记录双方达成共识的下一步行动计划，如下一次技术交流会议时间、下一次约见客户高层的时间、下一次产品体验或试用的时间、下一次组织参观交流的时间等。参考话术如下。

为规划与提供最佳解决方案，并帮助贵司对我们的交付能力进行全面评估，双方一致同意按照如下客户成功计划继续推进合作探讨，具体包括……

除了以上三大重要共识点，你还可以在沟通共识备忘函中记录其他重要的信息，包括采购项目的背景信息、与解决方案相关的客户现状信息等。这些信息虽然是客户最了解的，但将其记录下来，一来可以体现你对客户需求的了解，二来可以得到客户的澄清与校正。

接下来为大家呈现一份沟通共识备忘函的实战应用案例。仍以第6章提及的第三方检测认证服务提供商为例，销售人员在完成与客户方的研发总监的拜访沟通后，拟写了一份沟通共识备忘函，详文如下。

（以下会议纪要示例中出现的客户名称"生强科技"、供应商名称"精准认证"，以及"王明""陈云""余杭""贺明明"等人物名称皆为化名。）

生强科技-精准认证沟通会议纪要

会议时间：2023年3月26日14:00—16:00

会议地点：生强科技研发大楼一楼会客室

参会人员：总经理王明、经理陈云、工程师余杭、精准认证顾问贺明明

会议议题：QCO认证项目需求标准交流

尊敬的陈云经理，您好！

我是精准认证广州分公司的认证顾问贺明明，非常高兴认识您。

基于本次与贵司王明总经理、余杭工程师及您的沟通，得知目前贵司在进行QCO认证过程中可能遇到的一个挑战是认证周期不可控。

贵司计划预留的测试认证时间是1个月，但如果在推进过程中遇到一些问题，可能造成认证周期被延长至2个月或更长时间，这将会严重影响贵司2024年欧洲政府采购项目的顺利对接。

通过分析，造成认证周期不可控的原因可能有如下几个。

1. 样品因结构化问题导致重复检查和重复寄送，需要额外增加5~6天的时间。

2. 样品需要分拆到不同的实验室进行测试，导致测试时间延长，样品寄送成本也会同步增加。

3. "安全之星"需要额外安排3~5天的测试时间。

4. 认证资料的准备工作量大且容易填写错误，加上审核时间长，需要额外增加7天左右的时间。

为确保认证周期的可控性，我司将从以下几个方面提供专业支持。

1. 我司的工程师可对QCO的所有机种进行现场免费预检，及时发现产品结构化问题并提供整改建议，确保在正式认证前完成整改动作，避免重复检测。

2. 送检样品全部集中在我司的广州实验室进行测试，无任何分包测试，以减少样品出现整改问题后跨区域、跨实验室的烦琐沟通，减少不同实验室之间测试档期的等待排期，可节约5~7天的测试时间。

3. 我司签发的测试报告中已经涵盖"安全之星"测试部分，无须另行送样补测试，至少可以缩短3天的测试周期。

4. 精准广州分公司有专业的QCO授权资质认可的工程师，可以协助贵司进行资料填写辅导与预审，确保最低出错率，至少可以缩短3天的资料处理时间。

除此之外，作为一家拥有50多年历史的国际权威认证机构，我司还可以做到以下几点。

1. 为贵司提供专业的标准法规咨询，通过研讨会、培训等方式，及时更新法律法规及标准要求给贵司，并对新产品按照标准要求做结构预评估。

2. 为贵司提供满足欧洲目标市场要求的供应商列表，同时结合整机要求对来料提供规范性检验专业咨询。

3. 作为贵司集团层面在认证领域长达10年以上的战略合作伙伴，我们会一如既往地为贵司提供VIP大客户绿色通道服务，并最大限度地提供价格优惠服务。

真诚希望我司能成为贵司本次QCO认证项目的专业服务合作伙伴。

为确保双方的沟通与合作顺利，我们建议双方可以开展如下客户成功计划。

联合工作事件	计划完成时间	完成度	主导方／支持方
预测试 fail 进行工程的异常分析	4月3日		精准／生强
提供来料、制成、出货等流程指导	4月3日		精准／生强
提供报价合同并确认	4月4日		精准／生强
提供文件资料和样品	4月5日		生强
提供测试计划	4月6日		精准
测试及认证项目正式启动	4月9日		精准

请您审核以上客户成功计划是否合理，如有任何不妥之处，请给予指正和调整，我会在3月31日和您做进一步的沟通。

期待您的回复，祝工作顺利！

精准认证（广州）大客户经理：贺明明

联系方式：××××××××××

工作邮箱：××××@jingzhun&.cn

以上沟通共识备忘函的整理与发送时间当然是越快越好，以12小时内为最佳，24小时内也可以，最迟不能超过3天。而且，发送之后还要确认客户是否收到和认真阅读，并请教客户还有哪些需要补充和修正的意见。只有经过客户确认的沟通共识备忘函才是有效的，才能成为可验证的客户拜访成果。

当然，很多时候客户未必会给予及时回复。原因也许是客户并不知道你需要他回复，也许是客户太忙以至根本就没有时间来阅读。因此，你不应该以成功发送邮件作为此项工作的结束，而要确保客户认真和详细地阅读了邮件。

为此，你可以选择客户最容易和方便查阅的收件方式，也可以主动与客户联系。

王经理，您收到我发给您的会议纪要了吗？还请您抽空查阅并回复确认一下，看看我的记录整理是否准确完整。

只要你诚恳与礼貌地向客户提出请求，客户基本会对你发出的沟通共识备忘函做出确认回复。毕竟，通过执行上述高效的客户拜访策略，双方已经建立了很好的信任度，再加上你如此用心地进行书面共识整理，客户又有什么理由拒绝你这个小小的请求呢？

下面简要回顾沟通共识备忘函对销售工作的实战价值。

首先，沟通共识备忘函是销售人员职业精神与专业度的充分体现。我们发现，如果缺少来自公司层面的强制要求，销售人员外出见客户时，只有极少数人会有写沟通共识备忘函的意识与行动。越来越多的销售型企业将"客户确认的拜访会议纪要"列入到销售人员的KPI中。这也让销售人员更加重视客户拜访工作的目标设定与行动规划，从而能够提升客户拜访工作的效能，获得更多的沟通共识成果。

其次，沟通共识备忘函可以强化客户对双方沟通成果的认知与记忆。在面对面沟通中，你口头表达的内容未必是完整和全面的，而且客户在面谈现场一般也不会做太多笔记，所以记忆度不高，很容易出现"现场激动和感动，事后一动不动"的状况。但你可以通过沟通共识备忘函，以书面形式更清晰和完整地记录所有的沟通共识成果。有了这份沟通共识备忘函，双方就可以随时查阅，以免遗忘。

第三，沟通共识备忘函可以用来验证客户对你的支持程度。如果客户愿意回复你的邮件，甚至愿意把这份沟通共识备忘函转呈给他的上级领导，帮助你获得来自客户更高层级关键人士的认可与支持，说明他对你的认同度与支持度是充分的。反之，如果客户不愿意回复你的邮件，或者敷衍了事，说明支持程度也十分有限，那么你就要思考是否需要做出进一步的努力来提升他的支持度，或者开发其他新的支持者。

第四，沟通共识备忘函可以成为开启双方后续沟通行动计划的里程碑。在拜访结束后，你会基于客户给出的晋级承诺，执行后续的行动计划。因此，你可以将这些晋级承诺内容记录在沟通共识备忘函中。如果得到了客户的确认与回复，你就可以名正言顺地推动这些行动计划，让成交结案在计划执行中水到渠成。

第五，沟通共识备忘函也可以作为销售主管检查和辅导你的拜访工作的最好依据。在给客户发送邮件的同时记得抄送给你的销售主管，让其了解你的工作成果，并给予你教练辅导和资源支持。如果你花费了很多时间见客户，却没有任何沟通共识记录，不仅是对营销资源的极大浪费，也会让你陷入孤军奋战的境地。

我们常常调研销售人员"是否认同沟通共识备忘函的实战价值"，大多数的回答都是肯定的。我们又问他们"写沟通共识备忘函有什么坏处"，几乎所有人都认为没有什么坏处。那为什么还是有那么多销售人员不会给客户发送沟通共识备忘函呢？结论还是因为"懈怠"，因为没有养成良好的工作习惯。因此，我们建议你从现在开始，无论是以面对面拜访方式还是在线会议方式与客户沟通，都要尽快完成沟通共识备忘函的整理与发送，切勿养成拖拖拉拉的坏习惯。

☑ 共识解决方案与证明能力

客户拜访活动贯穿了协同式销售流程的所有里程碑步骤。其中，以"解决方案共识与能力证明"为目的的交流活动，是在历经了客户需求探询与引导环节后，最重要和关键的阶段。你需要按照买卖双方达成共识的需求标准，设计与客户需求高度匹配的解决方案，而且要让客户认可你们的方案，也认可你们具备说到做到和兑现承诺的能力。

与客户协同的行动策略

小明是一家自动化设备生产企业的销售人员。他最近在跟进一个商机时突然与客户"失联"了。客户之前说着急采购一套设备，需要小明公司提供一份详细的产品方案介绍和报价。客户还表示这次的采购预算很充分，而且后续会有更多的采购需求。小明非常兴奋，花了两天两夜的时间，制作了一份详尽的方案建议书与初步报价，并以邮件的形式发送给了客户。

小明曾经听一些老销售说：建议书的详尽程度代表了供应商对客户需求的重视程度，所以要尽可能在美观度与全面度方面做到无可挑剔，这样才能充分打动客户。因此，小明特意准备了Word和PPT两个版本的建议书，方便客户进行查阅和展示。但方案发出后，客户仅回复了"收到，谢谢"几个字，然后就没有更多的反馈了。小明很想再约客户见面，为客户进行方案的现场讲解和意见征集，包括价格方面也可以再行商榷。但客户总是说："我们先看看，等有需要的时候再联系你们。"两个月后，小明发现客户已经与另一家供应商签订了采购合同。

小明其实已处于一种失控状态：被客户关在门外，被动地等待客户的回应，就好像身陷狱中等待法官最终的生死判决。事实上，造成这种失控现象的原因有很多，主要是销售人员缺乏对客户采购行为的洞察，以及在向客户提供解决方案的策略上出现重大失误。

首先，客户希望自行推进采购进程，而不愿意被销售人员干预和控制。一旦拿到供应商提供的解决方案与报价，客户就认为已经获得了想要的所有资料，随后就会把供应商"关在门外"。但问题在于，越是复杂程度高的解决方案，客户就越难以完全理解方案背后的设计逻辑与蕴含的价值。客户以为自己看懂了，但其实并没有看懂。如果你天真地"急客户之所急，想客户之所想"，认为可以靠着方案建议书的厚度与美观度来征服客户，那纯属自欺欺人的行为。因此，你要做的不是简单的方案发送动作，而是优先以面对面方式向客户详细解读你的方案，并同步听取客户的优化建议，做出后续的修正。只有确认客户的反馈意见在解决方案中已经全部体现，才能给出与解决方案匹配的参考报价。

其次，解决方案应该是你与客户共识出来的，而不是你闭门造车的产物。这个结论中最重要的主张就是"与客户达成共识"。有的方案建议书尽管简言少语，但在客户心中重若泰山，弥足珍贵。有的方案建议书尽管累牍连篇，但在客户心中轻如鸿毛，甚至会被客户随手扔进垃圾桶。其中的关键区别就是：客户在多大程度上参与了解决方案的设计？客户参与的程度越高，对解决方案的认可程度就越高。反之，客户参与的程度越低，对解决方案的认可程度就越低。因此，你要想尽办法地拉着客户一起共创解决方案，而不是你自己闭门造车。

完成了对客户需求标准的探询和引导，销售流程终于推进到了共识解决方案的阶段，就像两个年轻人谈恋爱，前期都在谈理想和未来，现在到了明确恋爱关系、认真考虑对方是否真的适合自己的关键阶段了。这一关如果顺利通过，就要进入谈婚论嫁（谈判与成交）阶段了。反之，如果无法通过这一关，商机成交推进的工作就将止步于此。

共识解决方案是整个销售流程里程碑步骤中耗时最长的阶段。尽管在前期的需求引导阶段，客户对你提出的解决方案建议非常认同，但你最终设计和提交的解决方案是否真的能够匹配客户的需求，你的交付能力与售后服务是否真的能够得到客户的认可，还需要经历一段求真务实、严谨和专业的评估过程。在此过程中，你的销售活动可以聚集在以下4个方面（见图7-3）。

图7-3 与客户协同的策略

一是努力获得客户内部的更多支持。我们始终强调"协同销售"的工作理念，这不仅体现为供应商内部的紧密协同与并肩作战，还体现在供应商与客户的协同共赢层面。

举个例子，假如客户采购决策链上有A、B、C、D 4个关键人士，在前期沟通中，你可能只接触了A和D，也获得了他们的支持承诺，但B和C你并没有见过，更不清楚这两个人的支持度如何，有没有可能是你的反对者？因此，你需要策划一些关键销售活动，将B和C也拉入你的支持者队伍。团结一切可以团结的力量，调动一切可以调动的积极因素，多一个支持者和少一个反对者，你就能多一份获胜的希望。

二是努力在客户内部制造成交假象。"三十六计"中有一计为"树上开花"，指的是树上本来没有开花，但可以用彩色的绸子剪成花朵的样子粘在树上，做得和真花一样，不仔细看，真假难辨。同理，如果你可以在客户内部制造一种成交假象——让客户内部大多数人都觉得你已经是客户高层最心仪和优选的供应商，大家势必会给予你更多的支持与配合，对你的反对声音

227

也会大幅减少甚至戛然而止。

事实上，尽管客户方倡导集体决议的机制，但来自核心圈人士的意见，仍然会极大地影响其他人的观点与态度，一些比较强势的客户高层更是如此。当然，你也不能狐假虎威，借客户高层的势能来压制下面人的意见，而是要策划一些关键销售活动，把客户高层对你的认可态度巧妙地、不露痕迹地传递给其他关键人士，制造成交假象。

三是努力实现解决方案的共创。有些销售人员抱怨说，客户对他们的方案建议书提了一大堆修改意见，增加了他们的工作量，所以很郁闷、很不情愿。我们的观点是：如果客户愿意对你的建议书给予积极和具体的反馈，说明客户对你是认可的，是抱有明确的合作期望的，否则他们不可能花时间对你的方案进行研读与提出优化意见。很多销售人员提供的方案建议书最终都如石沉大海，杳无音信，那才是最让人丧气的事情。

解决方案应该是买卖双方的智慧共创。在你的方案设计过程中，客户希望发挥更多的主导性与影响力。当方案最终呈现在客户面前时，客户可以骄傲地认为这个方案其实是由他主导设计的，你只是把他的意见变成了一份方案建议书而已，如此大事可成。当然，客户不会参与每个供应商的方案设计过程，只有那些已经在客户心目中建立了专业品牌形象与信任度的供应商，才能获此优待。

四是努力实现对你能力的充分证明。事实上，客户不仅关注方案的适配度，也有对双方未来合作中可能的潜在风险担忧，如项目执行中的工期受控问题、工程质量保障与验收问题、售后服务阶段的响应速度问题、维修配件的供应能力问题等。

因此，你必须自我检视：在客户心目中，你是不是一个能够说到做到和兑现承诺的供应商？同理，你也要在与客户确定正式合作关系前，积极地向客户证明你的能力。当然，与其被动地应对客户对你的能力审查，还不如主动打开大门，积极邀请客户来你的公司参观考察，这是你自信的表现，也是对客户成功负责任的表现。

综上所述，只有将你的销售活动聚焦到"获得更多的支持、制造成交假象、实现解决方案共创、主动证明能力"这4个方面，才能真正做到与客户采购流程的高度协同，从而能够与客户"大手牵小手，始终不放手"，实现共赢。

客户成功计划的设计与应用

客户成功计划，顾名思义就是确保客户成功的行动计划。客户的成功源自签约前与签约后两个时间段。在签约之前，客户成功计划要确保客户获得的解决方案是最佳的，也要确保客户选择的供应商是最靠谱的；在签约之后，客户成功计划要确保在从项目实施到项目后续的运维保障过程中，客户能够获得期望的成功，实现预期的改善成果。我们接下来将重点探讨如何设计签约前的客户成功计划。

客户成功计划应该是客户高层给予你晋级承诺的重要内容。在这份计划中，应详细规划好双方为达成解决方案共识及验证供应商能力而开展的一系列联合行动事件。这份计划最好由你方主动提出来并征求客户高层的意见。只有客户高层认可的行动计划，才会对买卖双方下一步的协同工作产生有效的驱动与约束。

下面先来看看这份客户成功计划的整体架构与设计逻辑吧（见表7-1）。其中GYS代表卖方，KH代表买方。

表 7-1 客户成功计划（示例）

计划更新时间：2023 年 4 月 5 日

GYS 方项目负责人：

KH 方项目负责人：

序号	联合行动事件	预计执行时间	完成度	主导方 / 支持方
1	向设备部门 / 物资部门负责人了解产品质量要求与交付标准	4 月 1 日	√	GYS / KH
2	提供免费的试用样品并反馈试用结果	4 月 10 日		GYS / KH
3	参观 GYS 过往成功客户标杆工程	4 月 30 日		KH / GYS
4	参观考察 GYS 总部与生产线	4 月 30 日		KH / GYS
5	进行初步方案的呈现和优化	5 月 20 日		GYS
6	呈现最终的方案与报价，获得共识	5 月 31 日		GYS / KH

"联合行动事件"列可以遵循必要性、可行性和合理性的"三性"原则来设定。

必要性指的是所有的联合事件都应围绕"方案共识和能力证明"的目标来规划。凡是可做可不做的，就无须罗列其中、滥竽充数。联合行动事件的数量不是越多越好，这取决于项目的大小及复杂程度。如果是大型采购项目，需要双方做更多的方案磨合与能力评估动作，联合行动事件的数量就会比较多。如果是小型采购项目，可能只需要两三个联合行动事件就足够了。

可行性指的是所有的联合行动事件必须有条件落地实施，而不是好高骛远、华而不实的凭空臆想。这就好比你向小孩子许诺一份生日礼物，如果是送个玩具或去游乐场玩，就容易实现；但如果你许诺摘个星星或月亮送给他，那就属于异想天开了。因此，你需要权衡每个联合行动事件需要动用的资源是什么，需要付出的成本是什么，以前是否成功执行过类似的行动事件。

合理性指的是所有的联合行动事件的先后顺序必须合理，要上下衔接，层层递进。其实，这里存在一个营销资源高效利用的考虑。如果某个联合行动事件的执行成本很高，要调用的资源极为重要和有限，那就应该靠后安排。如果你只想着"一出手即王炸"，那很有可能什么也"炸"不到。我们倡导循序渐进，与客户从小共识到大共识，从中基层的共识到客户高层的共识，不见兔子不撒鹰，关键时刻再抛出"王炸"，才能让"王炸"发挥最大的作用。

在"预计执行时间"列，每个联合行动事件都必须标明清晰的预计执行时间，这不仅可以让买卖双方为每个联合行动事件预留好时间与资源，还可以让双方对整个推进过程有清晰的预期。当然，如果由于各种原因导致某些事件的完成出现延误，就应该对后续的时间安排做出及时调整，并再次与对方达成共识。只有这样，才能确保整个客户成功计划在可控的推进周期内及在正确的轨道上运行。

在"完成度"列，对已经执行完毕的联合行动事件进行打钩标注。这里的销售心理学知识是：随着买卖双方已完成的联合行动事件越来越多，成交的氛围会变得越来越浓厚，客户对你的依赖度和重视程度也会越来越高。销售工作就像和客户"谈恋爱"。双方相处的时间越长，对彼此的适应性与依赖感就越强，客户向你说"不"的可能性也就变得越来越小。

在"主导方/支持方"列，要对每个联合行动事件注明具体的执行责任方。既然是"联合"，那就意味着有的事件是由销售方完成的，有的事件是由客户方完成的，还有的事件需要双方共同配合完成，这样就可以增进双方的互动，避免由销售方唱独角戏的尴尬局面。

在实战中，应该多一些让客户参与的事件，少一些由你单向完成的事件。只有客户需要投入的联合行动事件，才能反映客户真实的合作意向。另外，责任方的界定也可以帮助双方的相关部门清楚自己在项目推进中的角色和参与项目的方式，便于跨部门沟通与协作。

客户成功计划类似一个项目管理工作方法，可以帮助买卖双方厘清项目推进思路，有效管理合作中可能的风险。要知道，不仅你希望顺利推进销售进程，客户也同样希望在既定的采购周期内完成对供应商和解决方案的评估，尤其是一些复杂性高的大订单项目采购，客户对采购周期的管理更是非常重视。

客户成功计划一旦获得客户高层的认可并转发至相关支持部门，客户采购决策链上的其他关键人士就会感受到该行动计划的重要性，接收到项目已经开始执行的信号，这也是你制造成交假象的最有效的行动策略。

方案共识与能力证明举措

基于方案共识与能力证明的目的，我们为大家推荐销售精英最常采用的、行之有效的4种工作举措，供大家参考与灵活选择。

第一种举措是做足需求探询与引导工作。虽然前期你们已经对客户进行过需求探询和引导，但现在还需要思考以下两个问题。

- 做好了吗？

- 做充分了吗？

怎么样才算"做好了"？就是你每次与客户的沟通共识成果都能得到客户的确认与回复。

怎么样才算"做充分了"？就是你需要与客户方的绝大部分关键人士完成沟通共识工作，覆盖范围应该扩展到客户的执行圈、评估圈与核心圈。有些销售人员只完成了与客户采购决策链中个别关键人士的交流，就觉得整个客户公司都认可了自己，这其实是掩耳盗铃之举。

第二种举措是做足调研发现与诊断建议工作。越是复杂程度高的产品应用场景，你就越要先掌握全面的需求信息，然后才能着手展开解决方案的设计工作。例如，不能只满足于和采购决策链上有话语权的人沟通，还要和产品未来的使用者、利益相关方等进行调研访谈；不能仅局限于在办公室或会议室与客户交流，还应该走到解决方案未来的应用现场，去实地查勘，去做现状诊断，然后因地制宜地进行方案设计规划。没有调查就没有发言权，你的调研发现既体现了对客户现状与需求的深入了解，是解决方案设计的参考依据，也会让客户对你建立在调研基础上的方案建议书倍加重视，刮目相看。

第三种举措是做足邀约考察与标杆示范工作。耳听为虚，眼见为实。只有让客户亲临现场，亲身感受，才是最有说服力的能力证明方式。可以邀请客户到你的公司总部和产品体验中心进行参观考察，也可以邀请客户到你公司的标杆客户工程基地进行交流学习。在这样的活动中，你可以基于主场优势，为客户主动安排好各种交流共识活动，包括专业技术上的交流和人际关系上的融合。如果客户愿意接受你的邀请，愿意为此投入专门的人力与时间成本，也等于表达了对你的支持态度。而且，客户方一般都会组团来访，其采购决策链上的众多关键人物都会参与其中，你正好可以利用这样的机会，快速获得客户方的更多支持。

第四种举措是做足产品试用体验与获取优化反馈工作。无论是标准化的产品方案，还是定制化程度高的产品方案，都要推动客户对你的产品服务提前进行试用体验，然后密切跟踪客户试用后的反馈效果。这样不仅能帮助你调整和优化解决方案，还能使其成为你重要的交付能力证明手段。

例如，在化工原材料产品行业，供应商会向目标客户提供产品的初试、中试和终试服务，甚至会通过提供产品配方及参与客户研发设计环节，让自己的原料产品完美地融合到客户的终极产品方案中。再如，在物联网行业，供应商会为目标客户在局部区域进行物联网的铺设与性能测试，并且基于客户的应用场景，进行方案的及时调校，以获得客户使用部门的正面推荐反馈。

除了以上4种方案共识与能力证明举措，你还可以使用更多有效的方式来与客户协同互动，在此不再一一赘述。客户愿意积极地与你互动，说明对你的认同程度高；客户在互动中投入的时间精力越多，就越无暇与你的竞争对手交流。因此，你要通过客户成功计划，最大限度地与客户"泡"在一起。客户成功计划顺利执行，意味着成交结案的水到渠成。

本书第2章中曾介绍了"赢-协同工作计划"的应用。需要补充说明的是：赢-协同工作计划是卖方内部的作战计划，体现的是内部协同要求，不能向客户公开。而客户成功计划是供应商向客户展示的联合工作计划，体现的是外部协同要求，需要得到客户的认可与支持。这两种计划中的行动事件既有重叠，也有区别，都是销售人员推进商机成交过程的导航仪。

在B2B销售场景中，其实没有什么特别的成交技巧或临门一脚的方法，解决方案共识与能力证明举措的执行，就是最有效的成交方式。销售人员必须牢记，客户关系不应该是针锋相对的，而应该是合作共赢的。帮助客户成功，与客户并肩前行，才是协同式销售方法的精髓所在。

☑ 客户拜访活动的整体规划

客户拜访是一项高收益与高成本的销售活动，必须认真对待，全力以赴，在面对面的沟通中获得客户支持，推动商机向着成交结案的方向顺利推进。

我们把客户拜访活动的全过程总结为"虎头""猪肚""豹尾"3个部分，并将其中主要的销售活动整理如下，以供大家借鉴。

虎头：拜访前的销售活动

- 客户研究与需求分析。

- 产品方案差异化能力项优势分析。

- 连接产品方案能力与客户业务痛点。

- 客户方关键人士覆盖程度检视。

- 确立拜访目的与策略。

- 拜访资料准备与协访沟通。

- 发送拜访邀约函请客户确认。

……

猪肚：拜访中的销售活动

- 建立人际好感。

- 激发客户兴趣，建立信任度。

- 客户需求探询与引导。

- 探询客户评估流程。

- 协商引荐决策者。

- 获得晋级承诺。

- 确认沟通共识。

......

豹尾：拜访后的销售活动

- 发送沟通会议纪要请求客户确认。

- 更新目标客户档案信息。

- 商机详细评估与竞争策略调整。

- 发展支持者，巩固支持度。

- 落实晋级承诺的执行。

......

8

第 8 章
双赢销售谈判与价值成交管理

世界知名谈判专家罗杰·道森说过："谈判所赚到的每分钱都是净利润。"谈判工作被誉为一项赚钱速度最快的销售活动，它能让你在很短的时间内，通过采用正确的谈判战术，为公司赢得最大化的利润空间。

与客户展开销售谈判的最佳时机是什么？销售人员如何才能把握谈判桌上的主动权，既表现出作为供应商的合作诚意，又守得住应有的利润空间？有哪些谈判的战略战术能帮助销售人员走稳成交前的"最后一公里"，不留遗憾？

☑ 双赢销售谈判的定义

网络上流传着一个故事。张三和李四分一个橙子，双方决定由一个人将橙子切成两份，另一个人可以先选其中一份。之后，张三回家将橙子皮扔掉，只用橙子肉来榨汁。李四却选择将橙子肉扔掉，只拿橙子皮磨粉作为制作蛋糕的原料。两个人分配橙子的方式是通过谈判来确定的，但最终的结果是造成了50%的浪费。如果双方能够充分沟通，明白对方的真实所需，张三就能分到所有的橙子肉，李四也能分到所有的橙子皮，这才是真正的双赢。

在B2B交易中更加需要双赢的结果。人们经常说："不讲价的客户不是好客户。"事实上，销售方不会抗拒与客户的价格谈判，也可以为了顺利成交而给出一定的让利，但希望买卖双方开展的是双赢谈判：客户会因此获得高性价比的产品服务，销售方也能有足够的利润空间来对"客户成功"负责。

狭义的谈判与广义的谈判

按照谈判的共识目标不同，谈判工作可分为狭义的谈判和广义的谈判两种。

狭义的谈判特指买卖双方在签订合作协议之前，针对合作价格、服务条款、执行细节等内容进行的协商，并做出是否签约的最终决定。

广义的谈判则是指在从客户需求出现一直到商机成交的全流程中，买卖双方为实现最终的合作共赢而需要执行的一系列沟通共识活动。如果把狭义谈判之后的赢单结果称为Final Close（成交），那么广义谈判中的共识成果就是Mini Close（阶段性结案）。一个个Mini Close 串联和累积起来，才有了Final Close的产生（见表8-1）。

表 8-1　广义的谈判工作范畴

销售流程里程碑步骤	谈判内容
创建 / 发现需求	获得商机响应权力
引导需求标准	与客户就解决方案构想达成共识，获得支持者的晋级承诺
共识解决方案	获得解决方案与可预期价值的最终共识，让客户相信我们的履约能力
谈判 / 投标	就价格及交付细节与客户达成双赢共识
实施项目与实现价值	处理项目设计变更事宜 处理项目执行事故或客户的不满意 获得客户更多的新机会和转介绍

采购型谈判与销售型谈判

按照谈判的主导方不同，谈判工作可分为采购型谈判与销售型谈判两种。

采购型谈判是由客户方主导与供应商展开的谈判工作。谈判的目的是让供应商给予更多的价格折扣，客户方的谈判代表在有多个可选方案的情况下，对供应商拥有采购决策主动权与心理优势。

反之，销售型谈判是由供应商主导与客户方展开的谈判工作。谈判的目的是在确保达成合作的前提下获得更大的利润空间。在同质化竞争日益激烈的背景下，销售人员作为供应商的谈判代表，会承受着较大的成交心理压力，多处于被动的谈判地位。

销售型谈判比起采购型谈判，对谈判主导者的心态与能力要求更高（见表8-2）。现在市面上流行的商务谈判方法大多适用于采购型谈判。

表 8-2　采购型谈判与销售型谈判对比

对比项	采购型谈判	销售型谈判
主导方	客户方	供应商
谈判代表	采购经理	销售人员
谈判目标	让供应商给予更多价格折扣，不拿到想要的价格折扣不会轻易妥协	在实现成交的前提下守住更多的利润空间，如果失去应有的利润，则宁愿放弃
价值主张	既看重价格，也看重预期价值	塑造预期价值来支持合理的价格

☑ 谈判的权力地位分析

谈判工作归根结底就是买卖双方权力大小的较量，看双方谁更有求于谁。设想一下，如果作为销售方没有任何竞争优势，完全是央求着与客户合作，那就不存在真正的谈判，只能是客户要求什么，你就得答应什么，这就很容易做成亏本的买卖。

销售方自然是有求于客户的，因为希望获得客户的协议与订单，在谈判的心理优势上难免有些弱。但客户之所以愿意和你们谈判，也是因为在某些方面有求于销售方。大多数时候，销售人员只看到自己有求于客户，却往往忽略了客户其实也有求于自己。只有找到双方的利益诉求，才能制定正确的谈判目标，实现真正双赢的谈判。

销售方的谈判筹码

作为销售方，你有哪些谈判筹码是客户需要的？有哪些共识要素是对你有利的？大致可以从以下几个方面进行梳理。

- 独特的产品功能。你的产品有哪些独特的功能卖点是客户看重的？这些卖点的数量并不需要太多，但在客户的认知中属于不可或缺的部分，如应用了哪些核心技术、使用了哪些高品质零部件、提供了怎样便利的用户界面、兼容与延展能力如何等。

- 可靠的交付保障。如果客户对交付周期和交付质量特别重视，你在交付能力上的优势就是重要的加分项，如技术人员和劳动力的配置、生产排期与物流运输的优先通道、对项目成果产出的保障举措等。

- 附加的增值服务。除了雪中送炭般的核心能力优势，你还有哪些锦上添花般的增值服务是客户感兴趣的？例如，可以为客户提供关键人力资源推荐服务，提供品牌溢价宣传或共享客户/渠道资源服务，提供商业情报或重要技术资讯支持服务等。

- 稳固的客户关系。良好的客户关系能够在客户内部创造成交的浓郁氛围，尤其是来自客户高层的赏识与认可，以及你与客户共同经历的方案共识与能力验证的过程，会对客户产生重要的影响力与合作倾向性。毕竟，买卖双方的共识不是一朝一夕就能形成的。客户在成交前与你的沟通越充分，投入的时间和精力越多，对你就越难说"不"。

- 可验证的财务优势。财务优势体现在客户的采购成交价格、付款周期、结算方式及融资支持等方面，也体现在后续的使用成本和维保成本节约方面。成交单价不是财务优势的唯一衡量因素，性价比与综合成本才是极为重要的评估维度。

以上5个方面的优势筹码，有的可能是你独一无二的，有的却并非唯你独有。但如果你在解决方案呈现中对客户做出了先入为主的引导，让客户认知和认可你具有这些能力优势，就能够提高成功合作的概率。必须明白的是，你是在和客户的认知谈判，所有的努力都是为了塑造客户对你们的倾向性认知。不但要告知客户你拥有这些优势，更要让客户相信你确实拥有这些优势。

当客户认知和认可了你的优势后，你也成为客户心目中的Mr. A。此时，销售谈判才会成为一个公平的、互有所求的协商过程。

竞争优势比分析

当然，即使你可能已经成为客户心目中的Mr. A，但客户也会与你的竞争对手同步展开谈判，不会把全部的希望都寄托在你身上。因此，你的谈判权力地位还取决于和竞争对手的实力比拼。只有压制和打败竞争对手，你才能成为客户最优的选择。因此，你需要知晓以下问题的答案。

- 你面临的主要竞争对手都有哪些？他们在行业中的市场地位如何？

- 竞争对手对客户采购决策链的渗透程度如何？

- 竞争对手的解决方案有哪些优劣势？对你的方案替代性有多大？

- 竞争对手习惯采取什么样的定价策略？

结合在产品、服务、品牌、关系和价格方面的能力项提炼，可使用"竞争优势比分析表"（见表8-3）来定位你与竞争对手的优势比，衡量你和竞争对手在客户心目中的地位高低。

表 8-3　竞争优势比分析表

竞争维度	重点	我方的表现	竞争对手的表现	优势比
产品功能	核心功能			
	附加功能			
服务支持	售前服务			
	实施服务			
	售后服务			
品牌支持	品牌溢价			
	专业资质			
	成功案例			
客户关系	客户内部支持者			
	客户外部支持者			
成交价格	采购价格			
	维护费用			

综合优势比：□高（3∶1）□较高（2∶1）□中（1∶1）□较低（1∶2）□低（1∶3）

　　你的综合优势比越大，竞争对手对你的可替代性就越低，你在客户心目中的地位也就越高。如果你的优势不明显甚至弱于竞争对手，则你在与客户的谈判中就会处于弱势，需要做出更多的补救措施才能抢到订单。

　　除了综合优势比的分析，你还可以通过关注客户自身的采购状态来定位你的谈判权力地位。举例如下。

- 客户距离既定的采购结案日期越近，尤其当客户上级部门或高层对采购项目的时效性提出要求时，采购流程执行者为了如期完成采购任务，会适当减少对供应商的利益压榨，促成尽早签约。

- 客户面临的业务挑战越严重，对供应商展示的可预期改善价值越期待，就越不会在谈判中拖延过多的时间。因为每提早一天付诸改变的行动，就能减少一天的损失，增加一天的额外收益。

- 客户所处的行业地位也会对谈判的权力有直接影响。如果客户是行业标杆，对供应商的要求自然会更高并严格挑剔。如果客户只是行业内名不见经传的企业，买方市场也许就会转变成卖方市场。这和标杆公司不愁招不到高素质人才，而创业型公司持续处于人才荒状态的道理是一样的。

综合以上分析，你的谈判权力地位就会更加明确，从而为确定谈判目标和设定谈判策略提供了更好的依据。

☑ 谈判目标的设定与谈判议题的规划

本书第5章中介绍了竞争目标的确定方法，更多的是为了指导销售人员在推进商机进程中，确定合适的竞争策略与行动计划。以下主要介绍谈判目标的设定，更多的是对成交结果的管理，在你最终与客户达成合作之前，先要规划好以什么样的条件来达成合作。

谈判目标的设定

销售谈判的目标设定主要有双赢、我方赢、客户赢3种。下面分别进行解析。

双赢

双赢是最理想的销售谈判目标。双方尽管互有博弈，但也能以诚相待，各让一步，最终达成合作共识。客户认为争取到了最大的价格优惠，你也守住了合理的利润空间。你要与客户发展的是长远的、良性的和可持续的合作关系，如果没有合理的利润支持，即使客户以后有再多的订单给你，也会变成食之无味、弃之可惜的鸡肋。客户也不希望对心仪的供应商榨干其应有的利润，因为签约只是双方合作的开始，供应商后续交付的产品质量、服务响应速度，甚至是全生命周期服务，都必须有合理的利润支持。

当然，即使双赢，客户也未必真的赢得更多，但你可以让客户有一种"赢得更多"的感觉。如果是这样，客户方的谈判代表在向其公司高层汇报时，也有了为自己请功的理由。

我方赢

我方赢，就是在谈判过程中，要求客户完全按照你的意思来达成协议，这种情况更多地出现在卖方市场。你之所以能够掌握谈判的主动权，可能有以下几个原因：一是你的产品供不应求，就像"皇帝的女儿不愁嫁"，不缺客户，不缺订单，所以具有谈判的心理优势；二是你提供的产品服务稀缺性高，掌握了核心的技术或占据垄断性资源，客户在市面上很难找到可替代的解决方案；三是你的服务能力在客户方拥有较多的认可度与信任度，客户如果想找新的供应商来替换你，就可能会面临极高的时间成本和不确定性。

我们不倡导选择"我方赢"这样的谈判目标，因为客户虽然可能在短期内屈就于你，但会产生不满和反感的情绪，并会在条件成熟时对你"伺机报复"。所以，你赢了当下，但可能会输了未来。一般来说，将"我方赢"作为目标时，往往是这次合作你赢，但下次合作要让客户赢；或者你站在对客户成功负责的角度，虽然在协议上赢了客户，但在后续的项目实施与运营帮扶上，你会用高品质的服务为客户创造价值，让客户觉得货真价实甚至物超所值。

客户赢

客户赢，就是在谈判过程中，你完全按照客户的意思来达成协议。尽管客户的要求较为苛刻，尽管你被迫以超低价销售或亏本销售，但至少你获得了订单，打开了与客户的合作大门。有人说，既然不赚钱，为什么还要做这笔生意呢？这更多的是基于"放长线钓大鱼"的战略性思考。

- 你可以借机与某个重要客户建立合作关系，由此产生的标杆示范效应比在该项目上获得的短期收益更有价值。

- 你可以借机替换或削弱竞争对手在客户中的合作地位。

- 你对收入增长的关注高于对利润增长的关注，以提升市场占有率或盘活公司闲置资源。

当然，如果你想在与客户未来的合作中获得利润，也可以在本次"超低价"的基础上加上一个让利时间的限制，并且与客户预先做好约定：在这次超低合作后，如果客户对合作结果很满意，还需要继续合作，应该恢复正常的合作价格。这样做，既有利于你在短期内斩获新客户订单，又能让你的利润损失处于可控的状态。

谈判议题的规划

以上介绍的3种销售谈判目标，从大的框架上定下了谈判的基调。但在执行层面，你还需要在谈判的议题与期望值上做出实实在在的预先规划。

在很多人的认知中，销售谈判似乎就是讨价还价："我出价100元，你还价50元，然后你来我往，互相退让，最后以75元成交"。我们从来不否认价格是谈判双方博弈的焦点，但要想以最好的价格成交，那就必须跳出价格的局限，站在更全面的视角进行布局和规划。

事实上，"成交价格"不应该是谈判桌上唯一的议题。例如，小赵是某化工原材料公司的销售人员，对外的产品报价为1.5万元/吨。某客户提出以1万元/吨的价格进行采购。双方最终通过谈判达成合作共识：小赵公司愿意配合客户需求将大包装改成小包装，客户也因此愿意以1.3万元/吨的价格成交。接下来，小赵还提出建议，如果客户能将订货量从每月50吨提高到每月100吨，价格就可以再优惠至1.2万元/吨。

在这个例子中，双方在谈判桌上讨论的，除了价格，还有包装规格、订货量两个议题，最终的成交价格也与这两个议题密切相关，相互牵引。销售人员要尝试了解客户实施价格压榨背后的真实意图。很多时候，客户不一定是真的希望得到价格折扣，而是希望得到更多附加权益保障，如延长维保期、增加维修配件库存等。当然，也可能包括客户方某些关键人士在满足个人痒点方面的诉求。

因此，我们建议销售人员不要"围着价格谈价格"，而要"跳出价格谈价格"。你可以尝试将更多与合作相关的议题搬到谈判桌上来。以下列举的是销售方常用的谈判议题。

- 采购数量规模。客户承诺的采购数量越多，你就越能给予其价格优惠。例如，客户是单次单点的采购还是有年单或季单采购承诺？是零散进货还是批量进货？是对产品进行全系列采购还是仅对少数几款爆品下订单？这些都可以与成交价格挂钩。

- 质量标准。客户对交付质量标准的要求越高，你的价格就越高。反之亦然，如果客户坚持要求降价，你也可以同步提出降低质量的交付标准。一般来说，质量标准是你和客户方评估圈的关键人士商定的，但价格是由客户方的执行圈人士交涉的。只有把"质量标准"这个议题搬上谈判桌，才能把你在客户方评估圈中的支持者拉进来助你一臂之力。

- 付款方式。客户是先款后货还是先货后款？是一次性付清还是分批付款？是现金支付还是银行承兑？分批付款的比率是怎样的？是否有质保金的要求？客户的付款方式会对你的现金流与应收账款管理产生直接影响。因此，付款方式越有利于你，价格优惠就越有可能发生。

- 交付方式。客户要求你送货上门还是自提？客户对交期的要求是紧急的还是宽松的？对物流运输的方式与工具有无特别指定？对货品的包装规格有无特殊要求？送货的地点是集中的还是较为分散的？如果客户在交付方式上降低要求，你也可以在价格上做出让利。

- 售后服务政策。客户对保修的时间要求是一年还是三年？是整机保修还是主要零部件保修？维修配件是收费的还是免费的？需要你提供怎样的技术支持服务？是否需要你定期进行设备运行状态监护与维护保养？降价只是当前的采购成本降低，售后服务成本是未来必然会发生的，所以把售后服务政策作为谈判议题十分有必要。

除了以上议题，你还可以根据经常遇到的销售场景，梳理出更多谈判议题。有了这些议题的加入，双方的谈判就有了更多的协商空间，你也能因此拥有更多的谈判筹码。

以上的谈判议题都有各自的权重与优先级。例如，对于议题A，客户非常重视，而你却可以做出让步；对于议题B，你认为要据理力争，客户却可以用它来做个顺水人情。因此，如果你可以满足客户对议题A的要求，就可以要求客户满足你对议题B的要求，如同"分橙子"的故事，买卖双方各取所需，实现真正的双赢。

接下来将借助"谈判议题规划表"来继续完善对销售谈判目标的设定（见表8-4）。

表 8-4　谈判议题规划表

议题项	议题目标规划			优先级
	顶线目标 （开价）	现实目标 （期待成交价）	底线目标 （底价）	
价格	1.5 万元 / 吨	1.2 万元 / 吨	1 万元 / 吨	高
付款方式	款到发货	先付 50% 的订金	先付 20% 的订金	低
交货方式	出厂自提	第三方仓库自提	送货上门	中
采购数量 / 批次				中
……				

"议题项"罗列了你需要搬到谈判桌上的议题项目，以"价格"议题为核心，以其他议题为辅助，在客户面前形成一个全方位、多维度的谈判局势。这些议题都很重要，既与客户的项目成功息息相关，也与你的项目利润紧密相关。

"议题目标规划"针对每个谈判议题制定了3种共识目标，分别是顶线目标（开价）、现实目标（期待成交价）与底线目标（底价）。例如，在价格议题上，顶线目标为1.5万元/吨，现实目标为1.2万元/吨，底线目标为1万元/吨，你可以用顶线目标报价，将现实目标作为成交期望值，但绝对不能低于底线目标成交，否则就只能放弃这次合作机会。在付款方式议题上，你可以一开始就要求款到发货，而且是全款。如果客户要求先付50%的定金，你也是可以接受的，但底线是客户预付不少于20%的定金，否则不能发货。以此类推，对于所有的谈判议题，都可以设定这3种不同的谈判共识目标。

"优先级"将议题的优先级分为高、中、低3个档位。这是你对不同议题的权重诉求。

"高优先级"意味着你必须争取以顶线目标或高于现实目标的条件成交，否则宁可不签约。"中优先级"意味着你只要能争取以现实目标或高于底线目标的条件成交就可以了，你可以在此议题上放弃对顶线目标的诉求，以支持和客户交换在其他议题上的合作条件；"低优先级"意味着你只要能够达到或高于底线目标的条件成交就可以了。

必须指出的是，在你的谈判目标设定中，每个议题的优先级都不同，但在面向客户提出诉求的时候，建议你对每个议题都按照顶线目标进行报价。求其上得其中，求其中得其下，求其下无所得。即使是一个低优先级的议题，你也要将其包装成高优先级，以便为接下来的谈判留出更多的让步空间。

销售谈判是一门艺术，更是一门科学。谈判目标的设定不只是涉及价格这一个维度，还有更多的谈判议题与之联动，此外也要考虑短期利益与长远利益的关系。有了清晰的谈判目标设定，接下来的谈判策略与行动计划就能以目标为导向，减少偏差。

☑ 买卖双方的攻守战术

销售谈判阶段就像足球场上长途奔袭百米后的临门一脚。每次接到客户的谈判邀请，销售人员就会既兴奋又紧张，因为这毕竟是商机成交前的最后一步，自然要全力以赴，不留遗憾。但销售人员走上谈判桌后才发现事情并没有那么简单，因为客户会施以残酷的价格压榨，会步步紧逼、不通情理。而且在很多时候，即使你给了客户很大的价格让利，客户仍然可能迟疑不决，或者拒绝与你合作。

"客户怎么买，我就怎么卖"，这句话的意思是销售人员要洞悉客户的采购行为和决策模式，然后制定对应的销售策略。此道理同样适用于销售谈判：客户怎么出招，我就怎么拆招。先了解客户常用的采购谈判战术，再确定你的谈判策略。

客户方的采购谈判战术

要做好销售工作，必须学习专业的销售流程方法。同理，客户要做好采购工作，也会有一套专业的采购执行方法。这就像是矛和盾的关系，有人研究如何造出好矛，也有人会研究如何造出好盾。客户的采购谈判战术主要有以下几个。

结盟战术

当弱者要与强者对抗时，弱者通常会找其他人来帮忙助阵，以此增加自己的优势，战胜强者或者让强者闻风而逃。这就是结盟战术，目的是团结一切可以团结的力量。同理，客户有时候未必会有足够强大的谈判权力优势，就会采用结盟战术来让卖方乖乖就范。例如，当你们的产品差异化能力优势突出，或者客户方的采购周期很短或采购预算越低时，客户就越会对与你的合作产生依赖。为了不被你这样的强势供应商所钳制，客户就会让你感知到他其实有很多的选择，不是非你不可。

客户首先与你的竞争对手进行结盟，会通过考虑增加候选供应商的数量来提升自己的谈判地位，在你面前塑造出"挑三拣四"的心理优势。其次，客户的结盟对象还可能是你的其他目标客户。客户与客户之间的结盟，可以增加对你们的整体采购份额，增强与你的议价能力。

要破解客户的结盟战术，你的应对策略是保持沉着冷静，按照"竞争优势比分析表"（见表8-3）的指引做好成交结案强度评估，判断自己的优势地位在多大程度上牢不可破？同时，在客户面前反复强调你们的差异化优势与合作价值，再给以适度的让利，让客户有台阶可下，如此便能顺利达成合作，皆大欢喜。

啦啦队战术

鹬蚌相争，渔翁得利。为了让候选的供应商们给出更多的价格让利空间，客户通常会向多家供应商同步释放支持信号。例如，客户现在拥有A、B、C 3家备选供应商，就会安排不同的人分别去扮演不同供应商的支持者角色，让每家供应商都觉得自己可以成为Mr. A，都有希望获得最终的胜利，从而更愿意给出价格让利优惠。当然，客户方的支持者未必是真的支持，更多还只是在其个人层面上给出的口头支持承诺。

需要提及的是：虽然客户最心仪的是A供应商，其次是B供应商，C供应商希望最渺茫，但客户往往会从与C供应商的谈判开始，而且让B供应商和A供应商都知道谈判工作已经启动。客户会跟C供应商说："其实我们很想支持你，但你也知道其他供应商实力都很强，所以你只有给出更大的价格让利，我们才好向公司申请。"等拿到了C供应商给出的价格优惠后，客户又会如法炮制，向B供应商提出条件："你看人家C供应商都那么有诚意了，你怎么都不应该输给C供应商吧。"当获得B供应商和C供应商给出的价格让利承诺后，客户才会与A供应商开展谈判。这其实是一种心理战术，客户就是要借此击溃A供应商的心理防线，逼其乖乖就范。

要破解客户的啦啦队战术，你的应对策略是明确自己是否处于Mr. A的地位。如果是Mr. A，则可不慌不忙，以不变应万变。如果不是Mr. A，则你可能要给出更大的让步来动摇客户心中的Mr. A地位，并重塑客户的需求构想。另外，我们曾经提及，不要轻易相信客户私下的口头承诺，要看其是否表现出可以验证的支持行动。因此，你必须要保持清醒的头脑，可以大胆向"支持者"提出行动诉求，如安排技术交流会议，或者帮你引荐决策层等，以辨识其真正的支持程度。

蚕食战术

在客户的心目中，无论卖方开出什么价格，客户都会认为一定还有较大的让利空间可以争取。为了避免"狮子大开口"的价格压榨战术让卖方失去谈判兴趣，客户会采用蚕食战术向卖方一点一点地提出让利要求，或者把最容易达成共识的议题先摆到谈判桌上，让卖方轻松入局，对未来的双赢合作充满期待。当卖方爽快地做出第一次让步后，客户又会提出第二个让利要求。此时，卖方会因为不愿意放弃第一步的共识成果而被迫做出再次让步。接着，客户当然还会提出第三次、第四次甚至更多的让利要求。只要卖方愿意继续给，客户就会照单全收并继续索要。除非客户发现如果继续施压，卖方可能会放弃这次合作机会，才会停止这无休止的价格压榨。

要破解客户的蚕食战术，你的应对策略是根据"谈判议题规划表"（见表8-4）的指引，做好谈判目标的设定，知道哪些议题是优先级低，可以让出去做人情的。哪些议题是优先级高，必须要坚守立场和据理力争。而且在让利的次数和让利的幅度方面也要做好设定，不能一让再让、无底线地退让。

诱饵战术

卖方希望与客户达成长长久久的合作关系，即使在短期合作上的经济回报有限，只要存在长期合作回报预期即可。客户也正是抓准了卖方的这个心理，会致力于为卖方描述长期合作愿景（画饼），让卖方在这次的价格立场上做出较大让步。主要的方式有两种：一种是用大批量采购允诺来获取本次的小批量采购优惠。例如，客户买1斤茶叶和买100斤茶叶时，卖方给出的价格优惠可能会有很大不同。第二种是用构建战略合作关系允诺来获取本次的单点合作优惠。尤其是客户处于其行业有影响力的地位时，很多卖方都愿意接受低价合作来开启与客户的合作大门。

要破解客户的诱饵战术，你的应对策略是将计就计，让客户方模糊的允诺变得清晰和有确定性。例如，

客户：如果我们将对贵司的采购份额从100吨/月提高到1000吨/月，你们的价格还可以有多少让利？

销售：为什么你们会要提高采购份额呢，除了价格上的考虑，还有没有其他的原因呢？另外，如果我们公司满足了你们的价格诉求，是否今天就能完成合同的签订，并且把采购份额调整事宜写进合同之中呢？

车轮战战术

客户为了拿到卖方给出的最大让利空间，常会使用车轮战战术，派出不同部门的谈判者轮番对卖方进行施压。例如，最先出场的可能是客户方的采购负责人，他们很少参与前期的技术方案沟通，只是作为客户方的谈判代表来执行采购流程。他们与卖方的销售人员没有私人交情，也不愿意理会卖方提供的解决方案有多少差异化优势，只是一味地盯着价格一压再压。接下来出场的有可能是客户方业务部门的负责人，他们作为需求评估方，前期已与卖方做了充分沟通，因此会动之以情，晓之以理地规劝卖方再多做出一些让利。之后，还可能会有客户方的财务负责人、法务负责人接踵上阵，每个人在卖方处压榨多一点点，最后就会聚少成多。

要破解客户的车轮战战术，你的应对策略可以采用反车轮战战术。既然客户可以轮番派出不同人士向你施压，你也可以邀请自己公司的不同人员进行对应谈判。作为销售人员，你会因为太急于成交而难以坚守住价格底线，但有其他同事们的支持与配合，就能轻松化解客户的轮番轰炸。正常情况下，你公司的财务人员、法务人员、采购人员都是可以参与谈判的重要力量。

　　一般来说，客户通常只会向自己心目中的Mr. A展开充分谈判。试想一下，如果客户明知道不会与Mr. B或Mr. C合作，但还是要反复不断地与他们谈判，作为客户方的谈判代表，难免也会感到身心疲惫和有愧疚之意。

　　关于客户方的采购谈判战术还有很多很多。但兵来将挡水来土掩，除了以上的应对方法，我们还可以有更多的销售谈判策略助力双赢合作。

销售方的谈判策略

　　客户方派出来的谈判代表，往往不是高权力结构人士，而最终的决策拍板人也不太可能亲自参与谈判。因此，在与作为Mr. A的供应商谈判时，客户方的谈判代表会被告知："此次谈判的首要任务是和这个供应商把事情谈成了，不能把事情给谈没了。其次是在谈成的基础上，尽可能从这个供应商身上获得更大的让利空间。"因此，在谈判桌上，客户方谈判代表往往一开始就会盛气凌人，制造压力，希望你在最短的时间内"缴械投降"。但是，无论对方的气焰如何嚣张，你只要采取了正确的谈判策略，运用了有效的谈判辅助工具，就能把他们的气势压下来，转变成平等的沟通。

以守为攻策略

　　有矛就有盾，有攻就有守。以守为攻的谈判策略，强调的是先顶住客户的压榨，守住自己的价值立场。最好的办法是先和客户方的谈判代表就双方已经达成的合作共识进行回顾与确认，借此让对方明白：此次的合作机会并不是无中生有，而是牢固地建立在双方业已形成的诸多共识基础之上的。

　　客户：你们的价格太高了，如果你们可以给出我们希望的折扣，那就有合作机会了。

　　销售方：王经理，我非常理解您对价格折扣的要求，我也会全力向公司申请，以缩小我们在价格方面的分歧。但是我有几个小问题想再和您确认一下，可以吗？

客户：可以，请说。

销售方：是这样的。我们双方在前期的需求沟通中投入了很多的时间精力，也达成了很多宝贵的合作共识。因为您之前没有全程参与过我们的交流，所以我想先用十分钟左右的时间，和您汇报和确认一下目前已有的交流成果，这会对我们接下来的沟通很有帮助，你看可以吗？

客户：没问题，我也希望对此有多一点的了解。

得到对方的允许后，在接下来的环节中，你可以重点阐述与确认以下的内容：

- 客户希望通过本次采购项目解决什么问题，实现什么改善目标。

- 客户对于你们的方案提出了哪些要求，你们给予了哪些差异化能力项的回应。

- 你之前与客户方的哪些关键人士进行了接洽沟通，他们对你们的态度与期望是什么。

- 你有没有帮助客户做过项目投入回报的预期分析，可预期的改善结果有多大，客户在多大程度上期待着这种改善结果的尽快实现。

- 双方在之前已明确有哪些重要的采购进程时间节点，如果最终确定合作，双方需要做出哪些准备工作来确保这些采购进程顺利实现。

- 双方过往有过哪些愉快的合作历史，你们的服务经验和成功案例是怎样的。

......

总之，对以上重要事宜的回顾，会让客户方的谈判代表从开场时的盛气凌人转变为以诚相待，平等对话。实际上，你并没有正面回应客户的降价要求，而是反复强调"以客户为中心"的价值主张，并友善地提醒客户：成交价格一定是建立在对你们的方案认可与价值认同的基础之上的。

以下是一些销售方可资借鉴的话术范例：

王经理，我记得在过去的3个月里，咱们一直在讨论使用传统监测技术造成的产品漏检率增加、客户投诉与品牌声誉受损的问题。我想确认一下，这些仍然是你们目前希望优先解决的问题吗？（委婉提醒客户不能忘记其要解决的业务挑战是多么让人难受和焦虑。）

王经理，您一直要求我们在解决方案的设计中，务必采用WLAN照明方案以提高对细微颗粒污染物监测的可靠性，而且还要使用聚酯机身外壳以便在工作站开展清洁与维护工作，这样的功能要求还是你们最关注与重视的吗？（有必要再次强化客户对你的差异化能力优势的认知。）

王经理，咱们双方都做过全面客观的项目投入回报分析，预期可以在一年半内收回初始投资成本，项目年盈利率高达30%左右。这个预期价值共识，是否仍然是本次项目成功的主要衡量标准呢？（如果客户已经认可了你的预期投入回报分析，就会对你的产品服务有更多的期待。）

王经理，咱们双方都确认过，这个项目的启动时间应该是在下个月1日，这个计划应该不会有什么变动或调整吧？（如果事先与客户确定了项目的推进时间计划表，你就可以善意地提醒客户不要因为存在一点价格分歧就取消或拖延既定的计划。）

学会使用以守为攻策略，成功地化被动为主动，把双方谈判的地位拉到同一个水平线，可以让接下来的谈判工作更加公平和顺畅地进行。

谈判权益交换策略

某企业客户决定对外采购一门管理培训课程，便向心仪的培训机构提出了降价要求。销售人员在表示会全力帮客户向公司做申请的同时，也向客户提出了几个小要求，分别如下。

- 请客户将课后付款方式调整为课前付款。

- 请客户的领导在课程结束时为老师做背书推荐。

- 请客户转介绍3家与其同行业的新客户。

客户思考了一下，觉得销售人员提出的这些要求合情合理。因为，无论是课前付款还是课后付款，客户都不需要为此多付出什么成本。为老师做背书推荐及转介绍新客户既是助人为乐，也是顺水人情。因此，客户很爽快地应允了。销售人员也不失时宜地为客户争取到了最合理的价格优惠。

这个案例告诉大家：来而不往非礼也。你可以承诺给予客户某些权益项的让渡，同时也可以向客户索取你想要的权益项。

首先，你让渡的最好是对你来说成本不高，但对客户来说价值显著的权益项。因此，你需要对每个权益项的成本支出尽可能进行量化，然后按照成本支出的多少进行优先级排序。对于成本支出最少的权益项，可以先行让渡。

其次，你希望向客户索取的最好是对客户来说成本支出不多，但对你来说价值显著的权益项。同样，你尽可能对这些权益项可能会带给你的价值进行量化，然后按价值大小进行优先级排序。对于价值最大的权益项，可以先向客户提出要求。

再来看一个应用示例。某机电设备制造企业梳理和总结了在过往谈判实践中成功实施过的权益交换项目。

可以让渡给客户的权益项目：

（1）额外向客户提供检修工具；

（2）额外为客户配置易损备件；

（3）延长客户设备的质保期；

（4）增加质保项目范围；

（5）为客户免费增加年度保养次数；

（6）为客户增加免费技术培训时间/次数

……

可以请客户让渡的权益项目：

（1）提高预付款比率；

（2）将预付款的时间提前；

（3）承诺一年内购买不少于N万元的维护耗材与维修配件；

（4）放宽设备安装调试的时间限制；

（5）夜间保养设备需支付费用；

（6）为节假日驻场维修的技术人员提供免费食宿

……

该企业要求销售人员理解和背记以上所列示的权益项，从而在面对具体的客户商机时，从中选择最适合的权益项组合，与客户展开谈判。

该企业的营销负责人以前经常接到销售人员的降价申请："客户说了，如果我们公司能够给出更低的价格折扣，就可以继续谈。如果不降价，估计这单生意就要泡汤了。领导您看着办吧。"营销负责人对此也很无奈。现在有了这以上所列的谈判权益交换清单，销售人员就可以自主地制定谈判策略，既保证了项目的利润空间，又规避了公司的项目执行风险。

公平交换，不做无偿的付出。如果向客户让渡了某些权益项，而客户却不愿意应承你提出的权益诉求，你也可以把已经让渡的权益项作为价格谈判中的"止滑点"，让客户不好意思再向你提出更多的要求。

让步幅度递减策略

销售谈判的终点就是成交，通往成交的谈判过程也会让人心力交瘁。面对客户的价格压榨，销售人员既不能大发脾气，控诉客户的不近人情，也不能对客户的诉求置之不理，拒绝给予积极的回应。很多时候，客户方的谈判代表也只是在履行工作职责，即使是再大的价格分歧，谈着谈着就会化大为小，最终总会有达成共识的那一刻。当然，首要的前提还是销售方能以Mr. A的身份参与谈判。

在谈判接近尾声时，你必须让客户相信他拿到了最好的价格。人们常说，便宜没好货。一味地降价和退让，只会让客户对你的产品服务质量更加怀疑，所以要坚持一个客户可接受的并且对你来说也有不错的利润空间的让利底线。在客户提出超出底线的无理要求时，你应该表现出敢于放弃的勇气。

客户先生，您刚才提出的要求让我很惊讶。我本人愿意为您的要求继续向公司申请。但如果我们接受了这样的要求，那就意味着我们没有利润来为贵司提供后续的高品质服务，而且我也可能会被公司严厉批评和处罚。您应该不希望看到这种让人难受的局面吧？

如何让步才能令客户真正相信你已经到了退让的底线呢？以下是一些最佳实践。

- 向正确的人让步。我们曾经提及客户方常采用的车轮战战术，逼迫供应商反复让步。如果你不懂得拒绝，就会陷入无法收场的困境。因此，在做出让步前，你要确认客户方的谈判代表有没有做出决策的权力，或者后续还有没有其他的关键人物出场施压。

- 控制让步的次数。在一个商机的谈判过程中，让步次数越少越好，最好控制在3次以内。过多的让步，哪怕每次让步的幅度都不大，也会让客户误认为你还有更多的让利空间可被压榨。你不停地给，客户就会不停地要。因为客户会认为："既然我每次提出降价要求都会得到这家供应商的积极响应，那为什么不再多提一次要求呢？反正又没有什么损失。"

- 逐步缩小让步的幅度。一旦开始让步，每次让步的幅度只能越来越小，而不能越来越大，也不能进行两次相同幅度的让步。否则，客户很容易产生惯性期待，推测出你的让价模式。另外，千万不要在最后一下突然做出较大的让步，认为客户会为此而感动和满足。事实上，这只会让客户已经熄灭的压价欲望重新被点燃起来。

- 缓慢而艰难地让步。让步是痛苦的，更重要的是要让客户感受到你的痛苦。不要在谈判一开始就做出让步，至少要用以守为攻的方法顶住客户的第一波压价要求后，才可缓慢而艰难地让步。而且，不要当场就答应客户降价，最好的方式是告诉客户你需要向公司申请，还要让客户感受到申请过程举步维艰。

- 尝试收回已承诺的让步。每个人对自己已经拥有的东西不一定会珍惜，但在失去的时候就会极力保护，申明主权。在谈判中，你可以突然告知客户，之前你承诺让渡的权益项必须收回，因为违反了公司的某些制度规定。这样客户就会把注意力放在守住你已经应允的权益项上，而不会想到再提出更多的要求。

- 让客户看到你的不在乎。谈判其实是一种心理战。你越在乎最后的成败，就越容易被客户拿捏和控制。但如果客户发现你不在乎是否能成交，更在乎如何帮助客户成功，或者发现你正同步洽谈着很多个生意机会，而他只是其中之一而已，那么客户就会收起高傲的姿态，转而以双赢的心态来参与谈判工作。

有效谈判的基础

销售谈判策略其实还有很多，但最好的谈判策略是降低谈判对成交的影响，做到"不战而屈人之兵"。要让谈判策略被有效地执行，还有三大基础性工作需要夯实。

首先，向客户展示你的自信心。自信心从哪里来？一方面来自你处于Mr. A的有力竞争位置；另一方面来自你的销售漏斗中储备了足够多的销售机会，让你拥有"手中有粮，心中不慌；脚踏实地，喜气洋洋"的感觉。除此之外，自信心还来自你的谈判经验。如果你的自信心尚不充分，就可以邀请公司的资深同事或主管陪同谈判，否则就很容易被客户牵着鼻子走。

其次，对客户和竞争对手的信息了解得越多，就越容易取胜。知己知彼，百战不殆。了解客户的最好办法就是在客户内部培养出真正的高支持度的关键人物，他们会给你提供更多关键信息。例如，客户内部对本次采购项目的重视程度如何？采购预算如何？紧迫程度如何？倾向性如何？竞争对手的解决方案对你的威胁性如何？可替代性如何？这些信息都会成为你制定谈判策略的重要指引。

最后，价值，价值，价值。将你的优势与价值呈现得越充分，就越容易取胜。与客户前期的需求沟通越多，与客户达成的沟通共识成果越丰硕，你在客户心目中的地位就会越重要。你要相信，无论是货比三家还是百里挑一，客户最终都希望能够甄选到最有价值的供应商与解决方案。"任尔东西南北风，我自岿然不动"，这份淡定与从容，来自你的实力与能力证明，来自你与客户曾携手走过的共识历程。

☑ 基于价值的成交

我曾在《大客户营销增长策略》一书中明确指出：销售人员最应该扮演的角色就是"商业价值的传递者"，销售工作的本质就是传递价值，把产品价值传递给客户，转换成可预期和可衡量的客户价值。

但是，做好商业价值的传递，绝对不是一件容易的事情。

在成交之前，你必须要努力为客户描绘一个价值愿景，让客户能够预见改善价值有多大，并相信你有能力实现对价值的承诺。如果客户对价值的感知是模糊不清的或不以为然的，就不会急于采取行动，转而和你讨价还价，或者采购热情逐渐消退。

在成交之后，你仍然需要继续进行价值衡量，让客户真切地感受到签约前的预期价值正在一步步地变成现实，而且有数可量，有据可查。虽然你在客户方中有支持者，他们也愿意为你摇旗呐喊，但他们也需要向高层提供有说服力的投入回报分析，以证明双方的合作是卓有成效的。更何况，你的支持者也可能发生离职或调岗等人员变动，意味着你要不断去重新建立或修复客情关系。但如果让客户看到了你们确实兑现了当初许下的价值承诺，客户自然也不会随便终止与你们的合作关系，毕竟更换新的供应商会带来很多的风险与不确定性。

客户价值分析模型

如何为客户描绘项目的价值愿景，如何与客户一起来管理项目的价值实现？客户对改善价值的关注点是什么？如何让价值得以量化，用数据说话，而不是仅仅停留在"很好、非常好、特别好"的修饰语层面，我们需要建立一个客户价值分析模型（见图8-1）。

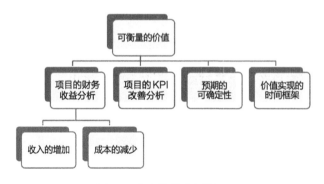

图8-1　客户价值分析模型

项目的财务收益分析

有投入就会想要有回报。例如，有人想买新能源汽车，是因为充电费用要比加油费用划算很多。车主可以从每一公里能省下多少油费，估算出每一年大致能省下多少钱。这个投入回报是可以量化和可以预期的。同样道理，在B2B模式下，你们的解决方案给到客户带来的财务收益也应该要被量化。主要体现在：

- 帮助客户增加营业收入，如新产品销售收入增加、老客户续费收入增加等。

- 帮助客户降低项目成本费用，如人工费用减少、原材料耗损量降低、产品退换货成本减少等。

- 帮助客户降低未来可能发生的费用，如维修费用减少、新员工培训成本降低、差旅费用成本减少等。

有的客户非常看重项目的财务收益，希望了解一次性投入与未来持续的投入情况如何，可持续的收益实现情况如何，通过项目收益何时能够收回投资，盈亏平衡点在哪里，逐年的收益率是多少，等等。我们称此类采购项目为"投资型项目"。

例如，某地产公司售楼中心希望引进一套促销管理信息化系统，帮助增加客流量与成交率。目前该楼盘平均每天可接待10批客人，成交率为20%。有了该信息化系统的帮助，预计每天可接待30批客人，成交率可提升到30%。其收益与费用投入情况如下。

- 一次性费用投入：系统建设费用、本地化部署费用。

- 持续性费用投入：系统租赁费用、运行维护费用。

- 持续性的增值收益产生：以每天新增的20批客户及新增的10%的成交率来计算增值收益。

持续性的增值收益产出减去一次性和持续性的费用投入，就是客户的"增值利润"。客户的财务收益分析应聚焦到对增值利润的分析上。增值利润的计算方法是在现有的基础上，新增加的收益部分减去新投入的费用部分。增值利润越大，项目的投入回报率越高，客户就越有采取购买行动的紧迫性。我们可以通过一张"投资型项目预期财务收益分析表"来让客户看到可量化的预期价值（见表8-5）。

表 8-5　投资型项目预期财务收益分析表

收益项		第一年	第二年	第三年	第四年	货币化说明
收益预计	收入增长项（1）					
	成本节约项（2）					
	年度增值收益					
	累计增值收益					
费用预计	初始费用投入投资项（1）					
	持续费用投入投资项（2）					
	年度增加费用投入投资					
	累计增加费用投入					
利润预计	年度增值利润					
	累计增值利润					

备注：如果项目的投资回报周期很长，可以如表8-5所示按年度进行增值利润计算。但如果项目的投资回报速度很快，也可以按季度或月度进行增值利润计算。

有的客户关注的不是项目的财务收益分析，而是项目带来的关键KPI的优化，如提高生产效能或客户满意度等。我们称客户的此类采购项目为"增值型项目"。

例如，某客户采购一批电梯设备，更加关注的是电梯运行的稳定性、安全性、舒适感，以及能否减少等梯时间、降低故障发生率等。当然，在性能表现优异的同时，电梯设备同样可以在电费损耗与维保成本节约上表现不凡，也仍然可以基于这些有限的降本和增收数据做出财务收益预测分析。我们可以再通过一张"增值型项目预期财务收益分析表"来让客户看到可量化的预期价值（见表8-6）。

表8-6　增值型项目预期财务收益分析表

序号	收入增加项目	每年的收益预估	货币化说明
1	收入增长项（1）		
2	收入增长项（2）		
3	……		
年度收入增长预估：			
1	成本降低（1）		
2	成本降低（2）		
3	……		
年度成本降低预估：			
数据		年度预期财务收益累计：	

投资型项目注重财务收益分析，但也会带来关键KPI的改善；增值型项目注重KPI的改善，但也会有一定的财务收益回报。将财务收益与KPI改善同步呈现，就能双管齐下，对客户的影响力也会倍增。

项目的KPI改善分析

在客户做出改变的驱动要素中，除了实现业绩增长目标与成本降低目标，还有效能提升目标与合规政策目标。对客户的关键KPI改善应该聚焦到"对客户的哪些KPI带来明显改善"及"改善程度有多大"两个维度上。一般来说，你的解决方案给客户带来的KPI改善有如下几个特征。

- KPI必须体现在客户自身的绩效考核体系之中，只有客户关注的才是有效的。你可以留意和分析客户方的内部工作计划与总结，可以从中找到很多他们希望提升的KPI。

- KPI的改善必须与你的解决方案能力紧密相关。例如，新的生产线可以提高生产效率，但对客户的销售收入增长没有直接的影响力。因此，不能把客户的销售收入增长作为你向客户承诺的可以改善的KPI。

- KPI必须能够被衡量，而且容易取数，取数途径要公平和公正。例如，某环保建筑工程公司为某化工企业客户提供的脱硫脱硝整体解决方案，客户烟囱排放口的二氧化硫含量指标会与当地环保局的实时监测系统共享，难以作假，也容易取数。

为了更好地识别客户在关键KPI表现上的不足，同时也让客户对KPI的改善更有信心，你可以建立一个关键KPI的水平值数据库（见表8-7）。这些水平值必须是你已经多次为其他同类型客户提供服务时稳定表现出来的、已被验证的价值表现，而且你相信这样的水平值也能在新的同类型客户身上得以成功复制。

例如，你在提供电梯维保服务时，主要原厂配件的供应周期可以控制在2天以内。接到电梯故障报修申请后，维修人员可以做到市内2小时、省内6小时到达现场，这就是你提供服务的水平值。

再如，你提供的自动化传输与包装设备，一分钟之内可以为客户完成30件产品的包装与码垛工作。而客户原有的老旧设备只能做到15件/分钟。两相比较，客户就会看到现时效能的差距与未来提升的空间，你也能快速创建客户的需求，引导客户做出积极改变。

你的水平值不仅应该与客户现有的KPI进行比较，还可以与行业水平值（平均水平）进行比较，更应该与你的主要竞争对手相对应的水平值进行比较，从而让你扬长避短，确立差异化竞争优势。

表 8-7　水平值数据库

序号	可影响的客户KPI	谁对此KPI负责	我方水平值	客户水平值	行业水平值	竞争对手水平值
1	模具转换速度	机械工程师	46分钟	72分钟	65分钟	55分钟
2						
3						

预期价值实现的确定性与时间框架

客户还可能会对你提出的预期价值主张的确定性提出质疑。例如，某新能源汽车的续航里程标注为600千米，但顾客认为这只不过是理想路况下的数据，在真实的驾驶场景下肯定会大打折扣。一般来说，客户对预期的确定性判断主要来自对项目执行过程中的风险担忧。如果你能够规避客户的风险担忧，就能让客户心目中的预期值与你给出的预期值尽可能缩小差距，这等于在一定程度上提升了客户对你的产品方案的价值感知（见图8-2）。

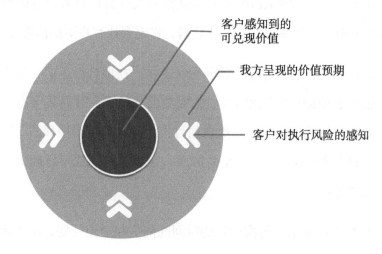

客户感知到的
可兑现价值

我方呈现的价值预期

客户对执行风险的感知

图8-2　预期价值实现的确定性

在客户常规认知中，销售方为客户做出的"降低成本/费用预估"会比"增加收入预估"的确定性更高。因为促使成本降低的因素相对可控，而促使收入增加的因素会更广泛，既有内部因素，也有外部因素。而且成本降低一旦实现，就会持续保持低成本水平，但收入实现增长后，后续如何保持及实现可持续增长仍然是一大挑战。

另外，客户还想知道，项目从开始实施到完成验收需要多长时间，从正式运营到产生收益又需要多长时间。

如果把项目采购费用作为一种投资，那么投资回报速度越快越好。回报周期越短，客户就越乐于快速做出决定。投资回报周期与客户的决策周期是成正比的。

为了让客户对项目的预期价值更有信心，销售方可以从3个方面来进行能力证明。

首先，明确KPI的取数来源可以更好地体现出改善结果数据的权威性与可信度。试想一下，如果KPI的改善结果数据大部分取自客户方的数据统计或双方认可的第三方权威机构的统计数据，肯定会让客户更加信服。

其次，做好项目运营的改善数据衡量工作。在项目投运后，供应商应定期检查和记录各项KPI的变化结果。不成功的项目在一开始就会有不好的迹象，客户对新项目运营风险的担忧在项目投运初期表现得最强烈。因此，你应该设定好进行各项KPI指标衡量的时间，可以是定期或不定期的衡量，但总体执行原则是：

- 在项目投运初期，每次衡量的时间间隔应相对短一些，如每周一次或每月两次，持续检测 3 个月；

- 在项目投运中期，每次衡量的时间间隔可以适度延长，如每月一次，连续监测 6 个月；

- 在项目投运的后期或稳定期，每次衡量的时间间隔可以再做延长，如调整为每季度一次或每半年一次。

最后，定期开展合作价值回顾会议。在项目投运后，供应商还应定期与客户举行价值回顾会议，尤其是对于战略型客户或重大合作项目，除日常的运维响应外，还可以每个季度与客户举行一次价值回顾的正式会议。会议议程可参考如下：

- 对已合作项目的运营结果进行回顾。

- 评估对客户业务产生的影响和客户满意度情况。

- 检视供应商为确保"客户成功"而投入的资源支持落地情况并提出改进计划。

- 探询未来新的合作项目意向。

在价值回顾会议上，销售方还可以通过如下"客户成功标尺"（见表8-8）更量化地进行项目成果展示。

表 8-8　客户成功标尺

序号	KPI 改善	关联部门	初始值	期望值	上期实际表现	原因分析与总结	后续改善计划
1	加工废品率	生产部	10%	≤ 2%	5%	工人技能不熟练	开展上岗技能考核
2	尺寸变形率	质检部	15%	≤ 5%	4%	达成	
3	尺寸公差范围（mm）	质检部	2	≤ 0.5	0.5	受电磁信号轻微干扰	采用屏蔽装置
4	传送效率（个 /H）	工艺部	100	≥ 200	180	尚未全速运行	

　　客户成功标尺中的"初始值"很好理解。例如，某制造型企业客户目前的加工废品率为10%，这就是初始值。买卖双方可以评估新的生产线投运后，能在多大程度上降低废品比率。"期望值"主要作为新项目投运后的改善目标，可参照供应商的水平值数据进行设定。如果客户缺少初始值，也可以单独确定一个期望值。例如，某医疗器械公司向医院客户销售检测仪器，用于扩大科室的诊疗范围，提升收入水平。但该医院以前没有这样的诊疗项

目，在检测报告准确度及科室收入等关键KPI上也就没有初始值，此时就可以只确定期望值，用于后续的改善成果对比。

必须指出的是，在成交前向客户呈现的"期望值"，并不是你对客户做出的明确和必达承诺，而是买卖双方共同相信的一种预期结果。即使这样，善于做价值分析的销售人员也比那些只会拍胸脯说自己很好很棒的人强得多。这也是差异化销售模式的重要体现。

客户成功标尺作为衡量与展示合作价值的工具，可以很好地帮助你在项目实施过程中做好大客户的关系管理与需求深挖。另外，通过对成功标尺的衡量，还能确保你有源源不断的新的客户成功案例产生。然后你可以对外推荐这些客户成功案例，从而快速引爆更多的新客户需求。所以说，基于价值的客户合作关系是最可靠、最靠谱的。

大多数销售人员在向客户呈现解决方案时，会更多地介绍自己的产品是什么，而忽略了告知客户能帮助其解决什么问题，更不会从可衡量的角度来分析自己的产品带给客户的价值回报到底有多大。这是销售行为改善的一个重点。

当然，客户的采购行为确定也有感性决策的成分，但无论是B2B还是B2C销售场景，所有的感性决策都是建立在理性分析与集体共识的基础之上的，说明客户对新项目可以带来的价值预期是高度认同的，是渴望得到的。对合作价值的衡量与管理，对于你获得新客户订单及稳固与老客户的合作关系是至关重要的。

9

第 9 章

销售目标制定与销售过程管理

19世纪著名哲学家爱默生曾经说过："一心向着目标前进的人，全世界都会为他让路。"确实如此，无论是在生活中还是在销售工作中，只要有了清晰的目标，大家就能够明确努力的方向与重点，激活前行的动力与能量，规划所需的资源与行动，以最快的速度、最低的成本和最高的质量达成目标。

然而，在实现目标的过程中，也可能会遭遇挫折、迷失方向，甚至壮志难酬。这绝不是"胜则举杯相庆，败则拼死相救"这么简单。如果大家不知道自己为什么会胜利，又为什么会失败，那么即使实现了目标，也是糊里糊涂的和难以持续的。作为销售精英，需要掌握目标制定、过程管理、问题诊断、改善计划制定等一系列原则与方法，让自己的营销目标达成工作更加高效，更有保障。

☑ 销售目标的科学定义

小马是一家医疗器械公司的大客户经理，其业绩表现常常在团队中名列前茅。在刚刚过去的一年里，小马虽然达成了回款收入目标，但发现自己的提成收入出现了明显的下降，在公司的年度先进员工评选中也没有上榜。小马的主管告诉他，公司并没有否定小马的回款收入贡献，只是其他销售人员的表现更优秀。因为公司在去年年初就倡导大家加强对某战略型新产品的推广，并明确在推广期内，无论是提成水平还是业绩权重，都会有倾向性的考核与激励政策。但是小马在新产品推广上表现平平，其回款业绩几乎都依赖老产品，所以他的回款目标虽然达成了，但与公司的政策导向要求相距甚远。

要想解决小马遇到的问题，有必要先了解一下销售目标的正确定义。

销售目标是为实现企业的战略性愿景与使命，在企业文化与价值观的指引下，在市场拓展表现和可持续发展方面必须达成的一系列可衡量的工作成果要求。

简单来说，销售目标就是对销售工作成果的要求。但什么样的工作成果才是公司最想要的呢？可以在销售目标的定义中锁定如下关键词。

- 实现企业的战略性愿景与使命：销售目标的设定不仅要完成当下的回款业绩要求，还要考虑公司的发展战略与中长期目标规划。

- 遵循企业文化与价值观的指引：企业文化与价值观最直接地体现在公司的制度流程与标准规范上。销售人员必须在遵守企业文化与价值观的前提下实现销售目标。

- 市场拓展表现和可持续发展都重要：不仅要达成当年、当季或当月的业绩考核目标，还要让接下来的业绩表现可持续地产生、有较高确定性地产生，而不是像坐过山车一般，大起大落。

- 目标是必须达成的：必须将设定的目标转化成销售团队的共识；销售人员在达成目标的过程中要全力以赴，公司也应有相应的奖惩制度来保障销售人员达成目标，否则目标就会成为空话和笑话。

- 一系列：不能只考核回款额，而应该设定一组关键KPI组合，就像对学生的考核不能只关注其考试成绩，还要注重德智体美劳全面发展，这才是健康和有效的考核指标。

- 可衡量：按照SMART（具体的、可衡量的、可实现的、相关的、有时限的）标准，在销售目标考核中选定的KPI必须是能被量化的。

☑ 与战略同步的销售目标分解方法

很多企业在下达销售目标时，只提出了一个简单的回款收入目标要求，这样并不能保证目标的实现与企业的发展战略规划同步，也不能确保企业销售业绩的可持续增长。基于销售目标的科学定义，还需要从如下几个维度对销售目标进行分解。

签约额目标、回款额目标与利润额目标

在B2B交易中，项目的回款时间普遍滞后于签约时间。例如，签约时客户会支付预付款，签约后再分数次支付尾款。项目的交付周期越长，就越有必要兼顾签约额目标与回款额目标的同步实现，先确保有充分的签约额，再通过对回款额的管理，确保项目交付周期可控与回款目标顺利达成。

利润额目标也同样重要。有回款但没有利润的项目，虽然对供应商提高市场份额有所支持，但不利于供应商的可持续发展。如果供应商销售的产品定价存在较大的灵活空间，销售人员的行为模式对销售利润的影响较大，就有必要考核销售人员在利润额目标上的表现。反之，如果产品定价的可变动空间小，甚至从不接受客户的讨价还价，那么对销售人员进行利润考核就显得无关紧要了。

存量目标与新增目标

项目型销售模式更关注新增业绩目标，因为客户需求大多以单次单点的形式出现，每个采购项目都有明确的项目开始和结束时间。客户的一个采购项目结束了，下一个项目需求何时会出现很难预测。因此，销售人员基本上没有存量收入可言，新一年的目标都是新增目标，都需要从零开始。

但循环型销售模式不同，如化工产品、零部件供应、SaaS服务行业等，

老客户会在双方协议的有效期内，持续地向供应商下达订单需求。如此循环往复，聚少成多，供应商服务的老客户数量越多，循环收入的绝对值就越大。当然，销售人员也应该在老客户身上开发新的需求，所以在循环型销售模式下，会出现存量目标与新增目标并存的情况。

很多企业都希望销售人员既能做好老客户既有协议内的订单服务跟进，又能大力开发新客户和新需求。存量目标与新增目标的同时设立，可以让销售人员重视新客户和新需求的拓展，而不会成为依靠老客户订单的"啃老族"。也有的企业会设立专门的客服部门，负责老客户既有协议内的订单需求对接与服务，让销售人员有更多的时间和精力投入新客户和新需求的拓展。这样的业务设计，可以做到拓新与维护工作两不误，是专业化分工的体现。

成熟型产品目标与战略型产品目标

处于变革转型期的企业都希望从红海市场跨越到蓝海市场。从产品维度来说，就是要摆脱对那些未来发展空间受限的成熟型产品的依赖，将更多的精力投向更具竞争力和更有市场增长潜力的战略型新产品。这是企业可持续发展的必然选择。因此，企业希望销售人员走出对成熟型产品推广的舒适区，按照企业战略转型的要求，大力推广新产品和新服务模式。

当然，理想很丰满，现实很骨感。对于战略型新产品的推广，也会面临诸多挑战，如市场和客户的接受程度不高、客户成功案例和业绩证明不充分等。销售人员只有迎难而上，全力以赴，才能为企业接下来的发展杀出一条血路，闯出一片新天地。在销售目标的制定中，同步设立成熟型产品目标与战略型产品目标，将激励政策与业绩考核权重向战略型产品倾斜，就能让销售人员更加重视战略型产品的推广。

重点客户目标与普通客户目标

我们在第4章中将客户分为A+、A、B和C 4个层级，并且根据客户所处层级的高低，制定相应的客户覆盖策略与资源投入计划。其中，A+和A类客户虽然只有20%左右的数量占比，却需要销售人员投入70%左右的时间和精力去进行开发与维护。

很多企业为了让重点客户得到重点开发，会设立专门的KA部门，选派有能力的销售精英专注于对A+类客户的深度开发。这样的KA销售精英无须另行开发其他新客户，更多的是对KA客户成交额的存量目标与新增目标负责。也有些企业没有设立专门的KA部门，将A+类客户分派给少数销售人员。此时，应该对销售人员手头的KA客户订立专门的业绩目标，对KA客户的提成激励政策也要做到与普通客户有所不同，否则就会造成团队成员利益分配不公平，还会让拥有KA客户资源的少数销售人员无心拓展新客户，只会"傍大款"和"啃老本"。

除了以上目标分解维度，基于业务拓展表现与可持续发展的目标定义，还可以进行成交额目标与成交数量目标的分解。例如，1 000万元的回款额目标，是在一个客户身上产生的还是在十个客户身上产生的，对企业发展的意义大有不同。高产出的客户固然很好，但如果把企业的业绩仅寄托在少数几个大客户身上，企业就会面临很大的经营风险。因为万一有几个大客户断了合作，企业的生意就会一落千丈。反之，如果有更多数量的客户都在相对均匀地产出业绩，就能让企业销售业绩的总产出更持续和更有确定性（见表9-1）。

对销售目标体系进行分解与考核时，必须基于公司的政策规定。作为销售人员，应该理解目标分解的重要性，按照公司的转型升级要求，优化自身的工作重点与精力分配，让业绩产出的分布结构更加合理，也更有可持续性。

销售人员：×××　　所属团队/区域：××××　　汇报对象：×××　　绩效考核周期：2023.1.1—2023.12.31

表9-1　销售目标分解表（模板）

目标项分解		年度目标（万元）	一季度			二季度			三季度			四季度		
			1月	2月	3月	4月	5月	6月	7月	8月	9月	10月	11月	12月
总目标														
产品维度分解	A产品													
	B产品													
	其他产品													
客户维度分解	老客户													
	新客户													
	其他类客户													
渠道维度分解	直销方式													
	代理商方式													
	其他方式													

☑ 业绩产出预测与目标差距分析

我们通常将回款额作为业绩产出预测分析的主要维度，原因是回款目标的达成既是公司现金流的保证，也是市场份额的保证。回款额是销售目标体系中重要程度排第一位的KPI，签约额与利润额目标则是对回款额目标在经营质量维度上的延伸。

例如，销售人员小马2021—2023年的实际回款额分别为500万元、800万元、1 200万元，2024年公司分配给小马的回款业绩目标是1 800万元。但小马2024年的业绩产出预测是多少？目标差距又是多少呢？我们推荐使用以下几种方法来计算。

自然增长率推演法

自然增长率是指随着客户的成长发展、供应商服务能力的提升及买卖双方合作关系的不断巩固，在某个客户或客户群身上的业绩产出额会出现一种自然增长的趋势。在单一客户上的自然增长率可能有正有负，但整个客户群的自然增长率会趋向正值，只是增长幅度有大有小罢了。

不同的营销区域、不同的销售团队，甚至不同的销售人员，都会有不同的业绩自然增长率。可以取小马过去3年的业绩平均值与年度业绩增长率平均值进行计算（需要弱化一些突发的、对业绩增长影响巨大的因素），其业绩的自然增长率为

$$[（800-500）\div 500 + （1 200-800）\div 800]\div 2 \times 100\% = 55\%$$

按此自然增长率计算，小马2024年预计可以完成的业绩目标为

$$（800+1 200）\div 2 \times （1+55\%）= 1 550（万元）$$

用公司分配给小马的1 800万元目标减去用自然增长率计算出来的预计产出1 550万元，就是小马2024年的业绩差距250万元。

自然增长率来自对过往已实现业绩的客观分析。公司每年新确定的业绩目标增长率则来自对行业竞争与公司战略发展规划的考虑。两者会有不同。销售人员要弥合的正是这两种增长率之间的目标差值。

客户产出目标预测法

企业对销售人员的要求是"人人头上有目标"。销售人员同样也要对自己私域客户资源池中的目标客户做到"家家头上有目标"。最直接的办法就是对自己跟进的目标客户资源逐个进行产出预测分析，从而得出新一年的预计业绩产出。当然，如果销售人员手头跟进的客户数量很多，很难或没有必要进行全面预测，则可以聚焦于对优质的目标客户群体和已经有了活跃商机的客户群体进行分析。可以使用"客户产出目标预测表"来进行分析（见表9-2）。

表9-2　客户产出目标预测表　　　　　　　单位：万元

序号	客户名称	2023年实际销售额	2024年存量需求销售额预计	2024年新增需求突破重点				2024年新增需求销售额预计	2024年业绩产出预计	业绩预测备注说明
				产品A	产品B	产品C	…			
1	×××	120	150	√（存）	√	√（存）		30	180	
2										
3										

表格的左侧为销售人员私域客户资源池中的客户名单。中间部分为产出预测数据，分列上年度实际产出、本年度预计存量产出和新增产出。举例如下。

在某客户2022年和2023年身上产出的销售额分别为100万元和120万元，那就以两年的平均值110万作为存量收入的计算基础，参考该客户过去3年的自然增长率及客户发展规划等因素，推演出该客户2024年存量需求的预计产出。

该客户2024年新增预计产出来自对客户新增需求的销售突破重点分析。例如，过往你与该客户只在产品A和C方面有合作，而基于对客户业务发展规划与需求的洞察，你有信心2024年在产品B方面与客户达成新的合作。

因为这张客户产出目标预测表是以具体的目标客户为分析主体的，所以有较高的参考价值和可追溯性。当然，你还可以根据管理需要，在表中添加一些其他功能列，如客户所在区域、客户级别、客户属性、客户行业、是否为上市公司等，方便你进行数据筛查与清洗。

销售漏斗产出预测法

以上两种销售业绩产出预测分析方法比较适合年度目标的规划。如果你需要进行以季度或月度为单位的销售业绩产出预测，则更适合使用商机赢单率和销售漏斗产出预测法来进行分析。

你可以梳理目前正在跟进的所有活跃商机，列入"销售漏斗商机汇总表"中（见表9-3）。这个表中设置了"预计成交时间"和"预计回款时间"两列。如果公司重点考核成交业绩，则只有预计成交时间在考核时段内的销售机会项目，才会被列入业绩产出的预测之中。同样的道理，如果公司重点考核回款业绩，则只有预计回款时间在考核时段内的销售机会项目，才会被列入业绩产出的预测之中。

表 9-3　销售漏斗商机汇总表

序号	商机项目名称	商机来源（活跃/潜在）	商机类型（契约/项目/订单）	需求创建时间	预计成交时间	预计回款时间	预计成交金额（万元）	销售流程步骤	赢单率	业务优先级	应收款管理（万元）		
											合同额	已回款	待回款
1	××××	活跃	项目型	2023/11/2	2024/3/15	2024/3/30	40	方案共识	35%	2			
2													
3													
4													

另外，还有以下两种例外情况可以纳入该考核时段内的业绩产出预测之中。

- 客户的某个潜在需求虽然还没有明确的采购时间，但你有信心推进该潜在商机在该考核时段内转化成活跃商机并完成成交或回款。

- 某个活跃商机的预计成交时间在考核时段之外，但你有信心推进该商机提前到该考核时段内完成成交或回款。

在本书的第2章"客户的采购模式与协同式销售流程"中，我们曾经介绍过赢单率的概念与计算方法。事实上，每个销售流程里程碑步骤都对应着不同的赢单率，每个商机在推进过程中都可以计算出到目前为止的累积赢单率。销售漏斗的预计产出的计算公式为

$$销售漏斗的预计产出=商机A的预计成交额×赢单率+$$
$$商机B的预计成交额×赢单率+\cdots$$

销售漏斗的产出预测法在使用中有以下几个最佳实践。

- 销售漏斗预测的精准度关键在于赢单率，所以务必正确定义每个商机所处的销售流程里程碑步骤。你不一定能做到100%的精准定位，但不允许因人为懈怠而导致里程碑步骤定位错误。

- 如果销售漏斗中的商机数量太多，且不同商机的预计成交金额相差很大，为了简化产出预测的工作量，同时锁定影响预测产出的重要商机项目进行分析，你可以通过设定里程碑步骤门槛或预计成交金额门槛的方式来处理。例如，只针对处于"引导需求标准"这一里程碑步骤之后的商机项目进行分析，或者只针对预计成交金额在5万元以上的商机项目进行分析，等等。

- 如果销售漏斗中还存在部分预计成交金额特别大，其是否成交和回款会特别影响整个销售漏斗产出预测值的情况，则可以将这些特殊商机抽离出来单独进行分析，不再参与基于赢单率的批量分析。

门槛值、期望值与挑战值

为了有效达成销售目标，同时还能全力以赴超额达成，我们建议为销售人员设立门槛值、期望值与挑战值3种业绩目标。

门槛值：销售人员在常规的工作模式与努力下预计可以实现的销售业绩表现。门槛值一般设定为上一年实际产出的100%～120%。虽然门槛值对业绩增长的要求不算高，但销售人员同样需要付出努力，也会面临竞争对手搅局或客户需求发生变化等不确定性因素的干扰。如果业绩表现低于门槛值，销售人员可能会面临被降级或被优化的负激励。

期望值：销售人员需要通过优化工作模式和付出较大努力才能实现的销售业绩表现。期望值可以基于自然增长率设定，但不得低于门槛值的120%。期望值与公司下达的销售目标值应该相等或接近。如果业绩表现达到期望值，可视为优秀的绩效水平。为了鼓励销售人员更好地达到或超越目标，公司也可能会基于期望值的达成比率进行强制排名，达成率低的个人或团队可能会面临被降级或被优化的负激励。

挑战值：销售人员需要在更高效的工作模式下付出更大的努力才能实现的销售业绩表现。挑战值可以设置为门槛值的120%～150%，但不能低于公司下达的销售目标值要求。销售人员尤其是个人经验与专业能力都较强的销售精英，应该敢于挑战更高目标。越来越多的公司也通过设立"勇挑重担奖"来激励销售人员实现更高的目标。可借鉴的做法如下。

销售人员与公司签订"勇挑重担奖"合同。以门槛值或期望值为正常业绩考核目标，以挑战值为额外激励目标。如果完成了挑战值目标，除了正常的收入兑现，销售人员还能获得"勇挑重担奖"专属的额外奖励。当然，如果销售人员未达成挑战值目标，原则上也不会被公司负激励，毕竟公司是鼓励销售人员勇于挑战更高的销售目标的。

"勇挑重担奖"应该聚焦在对客户新增需求的业绩突破上，而不是停留在过往已有的存量收入舒适区。毕竟，每个销售人员拥有的客户资源质量都不同，存量收入的绝对值也会有所不同，因此基于新增需求来设立"勇挑重担奖"，才是相对公平和有建设性意义的。

☑ 销售目标达成路径

销售人员不仅要做好销售产出预测分析与目标差距分析，还要做好目标差距的原因分析，进而制订个人业绩达标计划，设定最优的销售目标达成路径。

目标差距的原因分析

前文介绍了对造成客户痛点的原因项进行分析的方法，强调所有的原因项都应该是供应商的解决方案可以改善或解决的。此时，对造成目标差距的原因项定位也应遵循同样的原则：在影响目标达成的众多原因项中，销售人员最应该关注那些能通过自己工作方法的改进而得以解决的原因项。

有些销售人员习惯于将目标差距归因于一些外部因素的干扰，如宏观经济环境不好、竞争对手价格战太凶猛、自己的产品质量不过硬等。我们将这些客观存在但并非销售人员所能改变的影响因素称为"劣构原因"。销售人员若常对此抱怨和纠结，就很容易让自己成为"怨男"或"怨妇"，于事无益。销售人员应该将更多的注意力放在"良构原因"上，就是那些能够通过优化自己的行为模式而使目标差距得以弥合的积极因素。这是销售精英们最重要的正向思维模式。

对良构原因进行分析时，可以把销售漏斗拆解为客户开发漏斗与商机成交漏斗两部分，而且上下衔接，贯穿销售工作的全流程（见图9-1）。

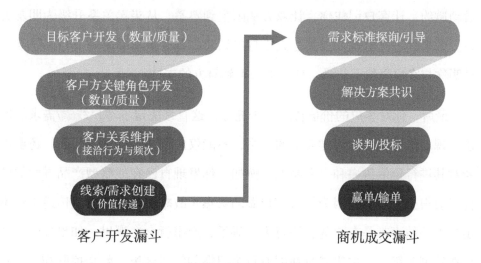

图9-1　客户开发漏斗与商机成交漏斗

客户开发漏斗

客户开发漏斗重点解决有没有充分且优质的客户需求产出的问题。如果缺少优质的销售机会，你就必须优化客户开发漏斗的管理。可以从以下几个维度进行检视。

首先，目标客户开发的数量与质量是否达标？如果在你的私域客户资源池中，大部分都是业务合作潜力不高的客户，就不可能有优质的合作机会产生；如果你没有覆盖足够数量的客户，销售机会的产生也会难以为继。另外，你还要在客户采购决策链中接触到正确和充分数量的关键人士，否则即使客户有活跃的采购需求，你也无法获得参与商机竞争的机会，导致"非接触型失败"。因此，你应该基于客户分类评级标准、客户跟进数量上限和客户质量结构要求，对自己的私域客户资源池进行全面检视。

其次，有没有可能是你的客户关系维护工作做得不够？与客户的关系维护就是一个日久生情和日久见人心的过程。对于暂时还没有活跃需求的目标客户，你应该通过定期的上门拜访、电话、微信、邮件、线上和线下的市场活动邀约，让客户记住你，让双方从陌生到熟悉，从买卖关系升级为朋友关系。如果你每次给客户方关键人士打电话时，都要重新介绍一下自己是谁，说明你与客户仍然不熟悉，那就无法得到对方的支持。

最后，你对客户的价值传递是否充分？这直接决定了客户线索/需求的创建表现。你与客户方关键人士的关系，不能仅停留在人际关系层面，还要不断对其进行价值传递和兴趣激发。例如，你发现自己在战略型产品方面的销售机会很少，是不是因为你对客户做的聚焦于战略型产品的价值传递工作不足？人的精力都是有限的，注意力在哪里，产出就会在哪里。如果你的公司正在转型升级，而你仍然待在旧有行为习惯的舒适区里，就会掉队和达不到公司的业绩增长期望。

商机成交漏斗

商机成交漏斗重点解决能不能把已经产生的商机项目转换成合同与订单的问题。如果你的赢单率不高或成交周期太长，则必须强化商机成交漏斗的管理。

销售人员的业绩表现差异，能直接反映其销售素养与销售方法使用能力的差异。如果你的解决方案建议无法得到客户的认可，说明你在需求引导与达成共识方面能力薄弱；如果你不缺客户订单，但是项目利润少，交付风险高，说明你在解决方案设计及谈判方面能力薄弱。要弥合当下的目标差距，你就要锁定自己的能力短板，重点突破，这样才能有的放矢，起到立竿见影的效果。

填补目标差距的行动策略

有一个经典的销售目标达成公式是：商机数量×平均客单价×赢单率=销售收入。例如，销售人员小张跟进了100个销售机会，平均客单价为6万元，赢单率为20%，则预计可以实现销售收入120万元。如果小张的销售目标是200万元，则目标差距为80万元。如何填补这个目标差距？我们推荐以下3个行动策略。

增加商机数量

在平均客单价与赢单率不变的情况下，小张还需要增加67（80万÷6万÷20%）个新商机。如果觉得新增这么多商机实在不容易，可以附加第二个策略——提高平均客单价。如果小张可以将6万元的客单价提高到9万元，则新商机数量的需求可以减少到44个左右，拓新的压力会小一些。当然，还有一个策略是提高赢单率。如果小张能将赢单率从20%提高到40%，则新商机开发的数量要求可以进一步减少到22个，可行性与可实现度会大幅提升。

增加商机数量是销售人员最常见也是最直接的行动策略，其典型做法与成功实践，可以参考本书第4章。我们鼓励你逐步抛弃私域客户资源池中的那些无产出或低产出的客户资源。虽然你也曾在这些客户身上付出了很多心血，但如果不下此决心，守着错误的目标客户，注定只能带来错误的结果，而且会消磨你的精力与斗志。

在淘汰非优质客户的同时，还要加紧对新优质客户的开发，尤其是在互联网和社交媒体盛行的今天，通过举办市场营销活动来实现集客与需求创建的目的，已成为大部分B2B销售型企业的战略共识。常见的沙龙、论坛、直播、展会、客户答谢会等形式，无论是采用线下活动还是线上活动形式举办，都有着很强的实战效能与可操作性。

另外，你还要做好对老客户资源的需求深挖工作。例如，你只是获得了某位老客户年度采购预算的很少一部分，或者说，客户方有多个部门的采购需求，而你只与其中一个部门达成了合作。我们建议销售人员把客户视为一座油田，而不只是一桶石油。要对老客户精耕细作，让双方从普通的浅度合作关系发展成深度的战略性合作关系。

提高平均客单价

客单价的高低与客户的采购预算大小直接相关。就像客户只有100万元的预算，你却一厢情愿地向其推介500万元的项目方案，那只会弄巧成拙，适得其反。尽管如此，你在提高客单价方面也还是大有可为的。

- 锁定合作潜力等级高的客户进行销售。只有找对"金主"，才能做成大生意。

- 拓展与客户高层的关系。客户方核心圈的人士有制定和修改预算的权力。而且，客户高层不太在乎投入多少，更关心能产出多少。只要你让客户高层看到了具有高吸引力的价值预期，就可以引导出更多的采购预算。

- 聚焦高客单价的产品方案的推广。客单价高的产品方案，其销售难度必然很大，成交周期也会相对较长。但有自信和有耐心的销售人员，会将自己的主要精力投入高客单价的产品方案销售推广上。

- 推动"产品+服务"的整体解决方案销售。

- 用批量折扣优惠来吸引更大的单次采购订单。

......

提高赢单率

科学的销售流程导入、销售工具和销售方法的使用、协同作战模式的强化，都能大大提高赢单率。具体的行动指引如下。

- 加大潜在商机的开发力度。如果只是一味地参与活跃商机的争夺，被动地应对客户的需求标准，你就很难成为客户心目中的Mr. A。

- 做好商机的立项审核与优先级评估管理，将有限的营销资源投入赢单率高的商机上。

- 开展销售机会的竞争策略制定与结案强度评估。

- 重视协同式销售流程的执行，使用对内的赢-协同工作计划和对外的客户成功计划来引导你的销售活动。销售流程的执行，看似慢，实则快。慢慢来，也很快。

☑ 销售过程管理

在企业所有的工作岗位中，销售应该是最注重目标管理的工作岗位。有人说销售工作是"用数据说话，以结果论英雄"的。有人认为在实现业绩的过程中，"不管白猫黑猫，抓到老鼠就是好猫"。也有人认为"结果可能与运气有关，而过程一定与努力有关"。这到底是怎么回事？结果和过程究竟哪个更重要？作为一名优秀的销售人员，你如何通过做好过程管理来促进业绩结果的产生呢？

实现高质量业绩增长

要理解结果和过程之间的关系，首先要对"高质量业绩增长"下一个定义。"高质量"的意思是可持续的、相对确定的业绩增长趋势。事实上，销售业绩的产生确实存在很多的不确定性，如遇上一个大客户、收获一张大订单，回款业绩就能一飞冲天，这种"天上掉馅饼"的事情也是时有发生的。当然，如果被竞争对手撬走一个大客户，那就意味着销售业绩会一落千丈。忽高忽低的业绩表现，不仅给个人，也给企业带来了很大的伤害。为了避免这种过山车式的、靠运气得来的业绩表现，唯有加强销售过程管理，让业绩结果的产生变得更加稳定，更具可持续性。

另外，我们强调的是"只有好的过程才会有好的结果"，而并非"有过程就会有好结果"。意思是说，最终的业绩结果是检验销售过程正确与否的重要依据。销售工作不是简单的体力劳动，而是需要更多的创意与智慧，需要更好的策略与计划。业绩不佳的销售人员，未必一定是懒惰的，很可能是用的方法不对，导致只有苦劳没有功劳；业绩良好的销售人员，也未必是没日没夜工作的"劳模"，很可能是找准了方向，用对了方法，所以既有苦劳，更有功劳。

我们之所以重视销售过程的管理，就是为了把无效和错误的销售行为及时纠正过来，借鉴和采用效能更高的销售方法，让销售业绩结果的产生更具确定性，也更加事半功倍。当然，过程与结果未必是同步的，当下的业绩结果未必能对应当下发生的销售行为，但从稍长的时间周期看，好的过程必然会带来好的结果，这一点是毋庸置疑的。

销售过程性指标体系

销售工作的哪些过程性指标是需要销售人员重视和管理的呢？可以将销售过程分为售前、售中与售后3个阶段（见图9-2），下面分别从这3个阶段提取一些有代表性的过程性指标进行阐述。

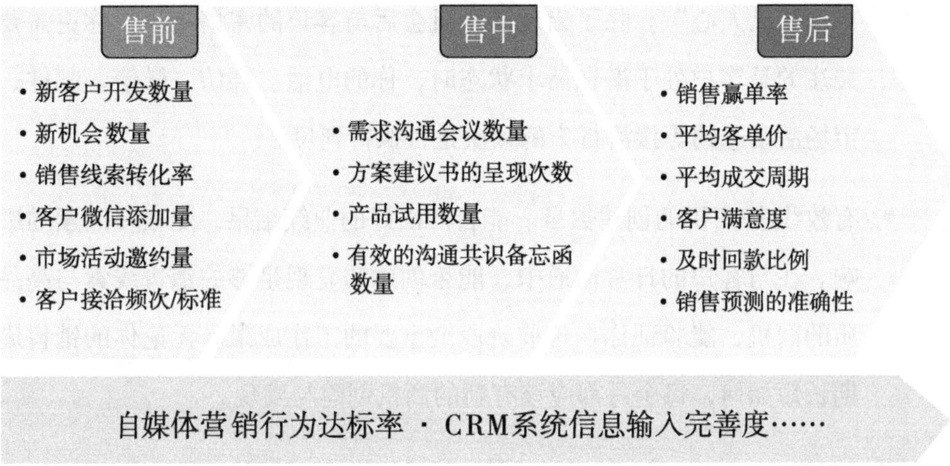

图9-2　销售过程性指标体系

售前阶段

在售前阶段，你需要锁定优质的目标客户，进行充分的价值主张信息传递，建立客户对你的兴趣与信任度，从而创建与发现更多、更优质的销售机会。因此，在此阶段的重要过程性指标有以下几个。

- 新客户开发数量与质量结构。如果你的私域客户资源池不够充盈，就需要以最快的速度，在最短的周期内，集中完成新客户开发目标。后续，你还可以继续保留此过程性指标，通过客户转介绍等方式持续优化你的客户质量结构。

- 客户方关键人士的微信添加量。找对了客户之后，还需要找到业务对接的客户方关键人士。而且在同一家客户中，你不能只和某个人联系，而应该与多个关键人士进行同步接洽。建立客户关键联系人档案的数量、添加客户方关键人士微信的数量，都能反映你的客情关系深度和广度。

- 客户接洽频次与行为标准。你与客户"日久生情"，客户也会对你

"日久见人心"。除了出现活跃机会后与客户的密集接洽，你更需要关注的是客户处于潜在需求状态时，你的电话、拜访、微信、邮件、市场活动邀约等接洽行为的频次是否执行到位。

- 有效线索/商机的创建数量。能否产出好的业绩结果，受很多因素的影响。在与客户的日常沟通中，能否创建和发现足够的销售线索与高品质的商机，能验证你在售前阶段最重要的工作成果。无论你的销售周期长短如何，每个月都应该有新的商机创建与发现。

售中阶段

在售中阶段，你需要围绕客户的活跃需求，开展商机的推进与结案工作。销售流程的执行与可验证的客户共识成果成为此阶段过程性指标管理的重点。

- 客户需求沟通会议的数量。除了与客户之间的单独沟通，在合适的时机，你还要促成公司的技术专家或主管领导与客户方关键人士的正式沟通会议，以围绕客户需求进行更全面的探询与引导，这是一个重要的销售里程碑动作。

- 试用与服务体验活动的数量。在共识解决方案阶段，与客户达成试用与体验的行动共识，继而追踪试用的结果与客户反馈，有助于证明你的能力，也能提高客户方的支持度。而客户方愿意同步投入精力来配合你的工作，也说明了客户对你的认可程度与合作倾向。

- 方案建议书的呈现次数。基于双方的共识成果，你精心设计的解决方案建议书，能否以正式的、面对面的方式向客户进行详细呈现与解读，是能否实现成交结案的关键事件。如果你只向客户发送了方案建议书而没有获得客户的反馈，说明你的方案并未真正得到客户的认可。

售后阶段

在售后阶段，你要对客户成功负责，要确保项目交付的顺利，以及合同款项的及时回收。同时，你还要以终为始，对商机推进工作进行复盘与总结。

- 客户满意度。客户对你的服务表示满意，意味着新的客户成功案例的诞生，也会为你带来更多新的合作机会。

- 及时回款比例。项目验收完毕与及时回款是商机成功结案的最终标志。只有将与客户签约前的沟通工作做到位，对可能的风险尽早地规避，才有可能及时回款。

- 平均利润率。把你在某个阶段成交订单的平均利润率与整个团队当期的平均利润率进行比对，可以了解你对利润的管控水平与可提升的空间。

除了以上列举的过程性指标，还有更多的过程性指标需要关注与管理，如销售人员自媒体营销行为的达标率、在公司市场活动中的客户邀约量、CRM系统信息输入的合格率等。需要注意的是，即使公司并没有对你进行这些过程性指标的考核，为了确保业绩结果的确定性与可持续性，你也应该自动自发地重视过程性指标的设立与达成。总之，抓过程，促结果。两手都要抓，两手都要硬。

结语

让专业销售成为一种信仰

多年前，我和家人一起去西藏旅行，沿途看到很多藏民在"磕长头"。每个人都是五体投地、身心合一，虽然不断重复，但不曾有一丝懈怠。当时我就在想，是什么力量在支持这些藏民如此诚心礼佛？是"信仰"，是礼佛者的宗教信仰。有此信仰加持，无论日晒雨淋，也无论最后的结果如何，礼佛者都会始终坚持，矢志不渝。

我又在想，销售人员应该秉持的信仰是什么？如果大家信奉的只是"请客送礼塞红包"的销售套路，只会让销售人员的职业生涯越走越窄，而且会误人误己。

销售从业者应该坚信：销售工作有专业的方法论，本书介绍的销售流程与工具方法，其专业程度不亚于人力资源或财务之类的专业技能要求。只有肯学习，肯钻研，肯实践，肯总结，才能成为一名真正专业的销售顾问，而不是一名低级推销员。

销售从业者应该坚信：一套科学的销售方法论，不仅可以帮助自己取得好的业绩，而且可以帮助自己所在的企业实现可持续的成长。更重要的是，可以帮助客户解决其业务挑战，取得可预期的改善效果，同时培养更高的客户满意度与忠诚度。

销售从业者更应该坚信：罗马不是一天建成的，旧的行为习惯的改变也绝对不是一朝一夕就能实现的。因此，你要下决心，将专业销售方法论当成自己的信仰。只有持之以恒，矢志不渝，才能真正学有所成，达成所愿。

我们认为，真正优秀的销售顾问，一定是超凡脱俗、遵循科学销售方法论的精英人士。从大客户营销的正确理念到顾问式销售的实战方法，从大客户采购模式到协同式销售流程，我们始终倡导大家"持正念，用正法，走正道，图正果"，让专业销售成为一种信仰，造福公司与客户，也让你的销售职业生涯更加富足和充满成就感。

反侵权盗版声明

电子工业出版社依法对本作品享有专有出版权。任何未经权利人书面许可，复制、销售或通过信息网络传播本作品的行为；歪曲、篡改、剽窃本作品的行为，均违反《中华人民共和国著作权法》，其行为人应承担相应的民事责任和行政责任，构成犯罪的，将被依法追究刑事责任。

为了维护市场秩序，保护权利人的合法权益，我社将依法查处和打击侵权盗版的单位和个人。欢迎社会各界人士积极举报侵权盗版行为，本社将奖励举报有功人员，并保证举报人的信息不被泄露。

举报电话：（010）88254396；（010）88258888

传　　真：（010）88254397

E-mail： dbqq@phei.com.cn

通信地址：北京市万寿路 173 信箱

　　　　　电子工业出版社总编办公室

邮　　编：100036